L'ÉQUITATION SAVANTE

ÉCUYERS
ET ÉCUYÈRES

Droits de Traduction et de Reproduction réservés.

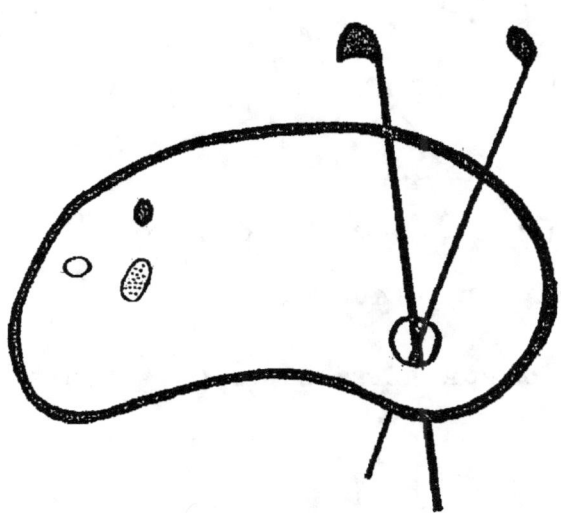

ORIGINAL EN COULEUR
NF Z 43-120-8

BARON DE VAUX

ÉCUYERS ET ÉCUYÈRES

HISTOIRE DES CIRQUES D'EUROPE (1680-1891)

AVEC UNE ÉTUDE

SUR L'ÉQUITATION SAVANTE

PAR MAXIME GAUSSEN

OUVRAGE ORNÉ DE 280 PORTRAITS ET ILLUSTRATIONS

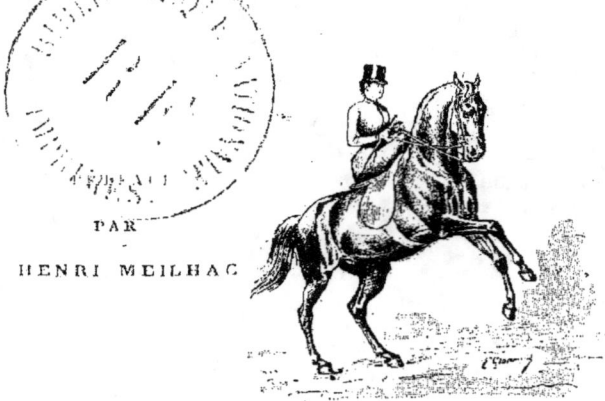

PAR
HENRI MEILHAC

INTRODUCTION
PAR
VICTOR FRANCONI

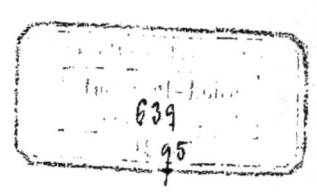

PARIS

J. ROTHSCHILD, ÉDITEUR

13, RUE DES SAINTS-PÈRES, 13

1893

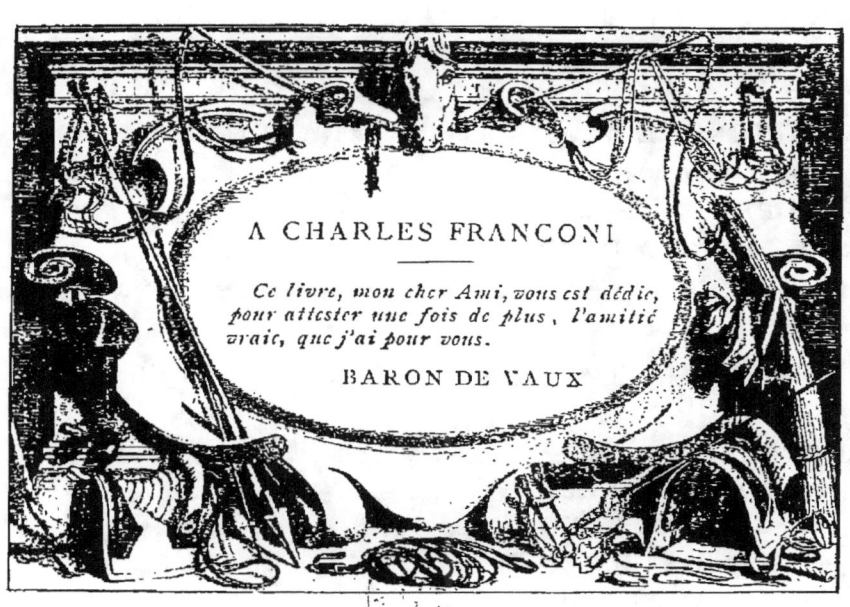

A CHARLES FRANCONI

Ce livre, mon cher Ami, vous est dédié, pour attester une fois de plus, l'amitié vraie, que j'ai pour vous.

BARON DE VAUX

SOMMAIRES

                                                         PAGES

DÉDICACE à M. Charles FRANCONI. .   v
SOMMAIRES.   vii
PRÉFACE de M. Henri MEILHAC . .   ix
INTRODUCTION   1
L'ÉQUITATION SAVANTE, par M. GAUSSEN. . 5 à 52

L'ART ÉQUESTRE AU XIXᵉ SIÈCLE — L'ÉQUITATION DU CIRQUE

LES ÉCUYÈRES. . . . . 55 à 223

   Mᵐᵉ Marie ISABELLE. 55
   Mˡˡᵉ Caroline LOYO 107
   Mˡˡᵉ Pauline CUZENT. 121
   Mˡˡᵉ Adèle DROUIN. 128
   Mˡˡᵉ Émilie LOISSET. 133
   La Comtesse GHIKA. 140
   Mˡˡᵉ Élisa PETZOLD 146
   Mˡˡᵉ Adelina PRICE 154
   Mˡˡᵉ Anna FILLIS 157
   Mˡˡᵉ Elvira GUERRA 162
   Mˡˡᵉ Diane DUPONT. 167
   Mˡˡᵉ Camille VAN WALBERG. 172
   Mˡˡᵉ Antoinette GONTARD 178
   Mˡˡᵉ Marguerite DUDLEY 182
   Mˡˡᵉ Maria GENTIS. 187
   Mˡˡᵉ Mathilde VIDAL. 190
   Mᵐᵉ JUTARD. 194

ÉCUYÈRES DES DEUX CIRQUES

	PAGES
Mme Angèle MAILLARD	199
Mlle AMALIA	201
Mme Emma CINISELLI	202
Mme de CORBIE	203
Mme BRADBURY	204
Mlle Virginie LÉONARD	205
Mlle Fanny LEHMANN	206
Miss JENNY	206
Mlle Louisa LANKAST	210
La Baronne de RHADEN	212
Mlle CHINON	214
Mme Ilona de SZÈLES	216
Mme MAËSTRICHT	220
Mlle Pia de VÉRIANNE	222

LES DRESSEURS 225
    LOYAL et CORRADINI 227

LES ÉCUYERS 235
    BAUCHER 237
    Auguste DANFELD 269
    M. de CORBIE 271
    M. James FILLIS 274
    MM. WULFF et GABEREL 284
    Gaëtano CINISELLI 288

LES CIRQUES 291
    LES FRANCONI 293
    L'HIPPODROME 311
    LE CIRQUE FERNANDO 319
    LE NOUVEAU CIRQUE 325
    LE CIRQUE MOLIER 333

A TRAVERS LES CIRQUES DE L'ÉTRANGER 341
    ÉCUYERS et ÉCUYÈRES de tous les pays 343
    Table du Placement des 20 Portraits hors texte 359
    Table des Illustrations 361
    Table alphabétique des Matières et des Noms cités 365

PRÉFACE

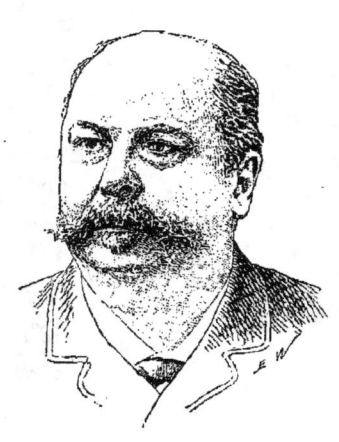J'ai chez moi une valise, remplie jusqu'aux bords de lettres singulières et bizarres, écrites par n'importe qui. Mes amis ne manquent pas de m'envoyer toutes celles qu'ils reçoivent ou que le hasard fait tomber dans leurs mains. Je jette tout cela dans la valise et, de temps en temps, quand je veux me distraire, j'allonge la main et je prends au hasard. C'est ainsi que, tout dernièrement, j'ai amené certaine supplique envoyée par un pauvre diable à un de nos principaux millionnaires. Le pauvre diable, supposant que le millionnaire devait, pour être remué, avoir besoin d'émotions fortes, lui offrait de se couper le bras devant lui, moyennant une modique rétribution de vingt-cinq mille francs. Tous mes autographes heureusement ne sont pas à ce point farouches; il y a des pages d'amour dans ma valise; à vrai dire, il y a un peu de tout. Au besoin même on y découvrirait ce qu'il faut pour faire des préfaces : positivement j'y ai trouvé ce matin deux lettres attachées

a

avec une épingle. La première de ces deux lettres est signée « femme Potiquet », cousine de la célèbre Madame Cardinal. Elle est adressée à une comtesse, la comtesse Soperani ; j'ai lu la lettre de Madame Potiquet, j'ai lu la réponse de la comtesse, et, tout en lisant je me suis souvenu que le baron de Vaux m'avait fait l'honneur de me demander une préface pour son dernier livre : *Les Écuyères de haute École*. Il m'a semblé que ces deux lettres étaient tout justement la préface qu'il fallait. Je me bornerai donc à les copier, sans prendre la peine d'y changer un mot. Mon chat, lorsqu'il saute sur quelque meuble, ne se donne jamais plus de mal qu'il n'est nécessaire ; je l'ai remarqué, et mon avis est qu'il y a toujours profit à imiter les bêtes, dans ce qu'elles font d'intelligent.

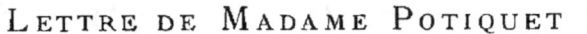

LETTRE DE MADAME POTIQUET :

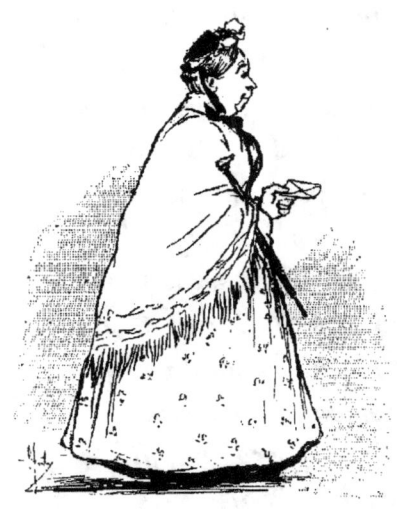

Madame la Comtesse,

Je prends la liberté de vous écrire et je suis sûre que vous me pardonnerez ; que ne pardonnerait-on pas à une mère ? Une autre raison que j'ai de compter sur votre indulgence, c'est que je ne suis pas tout à fait une inconnue pour vous. Avant d'être comtesse vous

vous êtes appelée Pauline Picou, tout comme une autre; et j'ai eu quelquefois le plaisir de vous rencontrer, vous et votre respectable mère, chez cette bonne Mme Cardinal, qui était alors moins connue qu'elle ne l'est aujourd'hui, mais qui n'en était pas moins ma cousine, étant nées Cruchet toutes les deux. Mon mari, qui lit par-dessus mon épaule, trouve la phrase un peu longue. Il me dit en outre que j'ai tort de vous parler de tout ça, que ce sont là des souvenirs qui n'ont rien de flatteur et que leur effet immédiat pourrait bien être de vous mal disposer pour moi. L'on voit bien que M. Potiquet ne vous connaît pas. Vous aviez douze ans à peine quand je vous rencontrais chez ma cousine; mais, en dépit de votre jeune âge, on pouvait très bien deviner que vous iriez loin et que vous ne pouviez manquer d'être comtesse un jour ou l'autre; on pouvait deviner aussi que les grandeurs ne gâteraient pas votre heureux naturel, que vous seriez une comtesse bonne comme le bon pain et que vous mettriez votre bonheur à obliger les personnes qui, vous ayant connue pendant les années d'épreuves, auraient, pour une raison ou pour une autre, l'idée de s'adresser à vous.

J'arrive maintenant au véritable objet de ma lettre : j'ai une fille, Madame la Comtesse, elle s'en va sur ses dix-sept ans, c'est vous dire que le moment est venu pour moi de songer sérieusement à l'avenir de mon Emma. Je vous vois d'ici, vous vous mettez à rire et vous me dites : Eh bien, mais puisque vous avez le bonheur d'être la cousine de Mme Cardinal, il me semble que rien n'est plus simple!... Eh bien, non! voilà justement ce que je ne veux pas. Certainement je ne suis pas une mère dénaturée, et je tiens à ce que plus tard ma fille soit riche et heureuse; il ne me déplaît pas qu'elle ait un jour son hôtel à elle, et des diamants, et des chevaux, mais j'entends *qu'elle ait tout cela honnêtement, j'écris le mot en gros pour me faire bien comprendre :* HONNÊTEMENT. *M. Potiquet partage mes idées sur ce point. Il n'a peut-être pas les capacités de M. Cardinal, M. Potiquet, mais il a un vieux fonds de vertu bourgeoise.*

Hier soir, nous avons profité de ce qu'Emma était sortie ; elle était allée chez une voisine qui donnait une petite sauterie sans importance. Nous en avons profité pour tenir un conseil de famille, nous étions trois, M. Potiquet et moi naturellement, et puis M. Frangipan, le parrain de la petite. M. Potiquet a pris le premier la parole et n'a pas dit grand'chose de bon ; j'ai parlé après lui, et je dois convenir que je n'ai pas été brillante. Quant au parrain, il ne disait rien et se contentait de boire, coup sur coup, pas mal de petits verres ; à la fin cependant il s'est décidé à donner son avis. C'est un homme en qui M. Potiquet a pleine confiance ; il s'occupe de courses, et plusieurs fois il nous a fait gagner de l'argent.

La question est simple a-t-il dit : Vous voulez que la petite reste sage et qu'elle n'en arrive pas moins, étant sage, à avoir tout ce que rêvent celles qui ne le sont pas...

Juste, ai-je répondu...

— J'ai votre affaire, faites-la débuter dans un cirque.

Mais là M. Potiquet s'est révolté, je vous ai dit qu'il a un vieux fonds... jamais il ne consentirait à ce que sa fille se tînt tout debout sur un cheval, pour montrer ses jambes au public...

— Qui parle de cela ? Faites-la débuter comme écuyère de haute École...

Et le parrain nous raconta ce que c'était qu'une écuyère de haute École et ce que c'était qu'un cirque : il ne s'agissait pas là, comme dans un théâtre ou dans un café-concert, de chanter des inepties ou de débiter des inconvenances, non; le travail de l'écuyère était avant tout correct et distingué; il n'était pas très difficile non plus, le cheval sachant généralement ce qu'il avait à faire et ne demandant rien à la personne qui le monte, si ce n'est de ne pas trop le contrarier pendant et après ses exercices; l'écuyère était applaudie à tout rompre par ce qu'il y a de mieux coté dans la haute société parisienne et dans la colonie étrangère. Quant aux amoureux, car au cirque aussi bien qu'à l'Opéra il y a des amoureux, mais ce sont des amoureux d'une espèce particulière, jamais ils ne se permettraient de parler d'amour sans parler immédiatement de mariage. Un adorateur qui ferait la cour à une écuyère sans avoir l'intention d'épouser se mépriserait lui-même, et l'on sait que pour un galant homme il n'y a pas un pire châtiment que le mépris de soi-même. Une chose encore à noter, c'est que, dans les coulisses du cirque, presque tous les adorateurs étaient princes, archiducs tout au moins.

Un coup de sonnette interrompit le discours, c'était Emma qui rentrait, la séance était terminée. Son parrain avala un dernier petit verre et nous souhaita le bonsoir. Emma s'en alla se coucher, et je restai avec M. Potiquet; il était dans tous ses états. C'est bien beau, murmurait-il, c'est bien beau, tout ce que le parrain nous a dit, mais est-ce vrai? Il se méfiait, moi aussi je me méfiais. Certes oui, c'était beau, trop beau même... mais quelle confiance pouvait inspirer un parrain qui buvait tant de petits verres? à qui s'adresser pour savoir la vraie vérité? Tout à coup, je poussai un cri qui fit bondir M. Potiquet; il était une heure du matin quand je poussai ce cri, et mon mari reposait près de moi; je venais de me rappeler que vous aviez, vous, traversé ce monde des cirques. Il me semblait bien même que vous aviez débuté à l'Étranger comme écuyère de haute École et que vous aviez fini, après une carrière rapide et brillante, par épouser M. le Comte... Monsieur Potiquet, qui s'est remis à lire par-dessus mon épaule, dit que j'ai encore tort de vous parler de ça, qu'il est fort possible que cette carrière, à laquelle je fais allusion, cette carrière rapide et brillante, n'ait été si rapide que parce qu'elle a débuté par quelque fait éclatant, et qu'alors... Je prie M. Potiquet de me laisser tranquille; je suis décidée à ne pas le croire et à m'adresser à vous quand même, je me mets dans vos mains. Cela vous touchera, n'est-ce pas ? Vous ne refuserez pas d'éclairer une mère qui lutte pour l'avenir de sa fille et qui n'en est que plus enragée parce qu'elle est décidée à lutter HON-NÊ-TE-MENT — j'écris encore le mot en gros. Vous me répondrez; si vous savez quelque chose sur ce sujet, qui me tracasse, vous me le direz sans rien cacher, sans rien exagérer, comme une brave Comtesse que vous êtes. C'est là ce que j'attends de vous : j'ai raison, n'est-ce pas ?

Dans cette espérance, Madame la Comtesse, je suis, avec le plus profond respect, votre humble et devouée servante.

Femme POTIQUET,
Cousine de la célèbre Madame Cardinal

n'étant pas à la maison, la concierge me monta la carte d'un M. François Chenu, et tout aussitôt M. François Chenu fit son entrée ; il me dit qu'il était homme de cheval et qu'en cette qualité il n'avait pu résister au désir de me connaître. Après ce préambule, il se mit à me parler de son amour et ne tarda pas à m'en parler dans des termes tels, que je m'aperçus qu'il me manquait quelque chose en tant qu'écuyère et que ce quelque chose était une cravache. N'en ayant pas, je me contentai d'appeler à mon aide tout ce que j'avais sur moi d'indignation et de vertu ; j'eus ce bonheur que cela suffit pour déterminer M. Chenu à prendre la porte. Telle fut ma première entrevue avec celui qui devait être mon mari. En dépit de ses façons de charretier, qui étaient le résultat de son éducation, je m'aperçus tout de suite qu'il était timide, très bon et très amoureux. Il était aussi très riche ; mais cela, je ne l'ai su que plus tard.

Cependant les choses marchaient ; un des bons amis de maman lui avait donné une lettre pour le directeur du cirque. Nous allâmes le voir ; il nous reçut le plus gracieusement du monde. Ma photographie ne lui était pas inconnue, il eut la bonté de me dire que l'on voyait tout de suite que c'était d'après moi qu'elle avait été faite. Quand maman lui eut expliqué ce dont il s'agissait : Mademoiselle a-t-elle déjà monté, demanda-t-il ? — Oui, une fois, à Montmorency, quand elle était petite ; je ne sais vraiment pas si cela peut compter.

— Non, Madame, dit le directeur, cela ne peut pas compter... et il me conseilla de prendre d'abord quelques leçons, il m'indiqua un manège. Revenez me voir, me dit-il, tenez-moi au courant de vos progrès, et plus tard, dans deux ou trois ans, nous verrons ce que l'on peut faire de vous...

Dans deux ou trois ans !... Ce n'était pas tout de suite, ainsi

a.

que je l'avais cru d'abord ; aussi, ce que j'avais de mieux à faire n'en était pas moins de profiter du conseil : j'allai au manège indiqué, et je pris ma première leçon ; après avoir pris la première, j'en pris pas mal d'autres. J'avais du zèle, mais mes dispositions, sans être nulles, n'étaient évidemment pas exceptionnelles. A la fin de chaque séance, l'écuyer chargé de mon éducation faisait une petite grimace. Ce n'est pas encore tout à fait ça, disait-il, mais ça viendra, ça viendra...

De temps en temps, nous profitions, maman et moi, de l'autorisation que nous avait accordée le directeur du cirque. Nous allions le voir, il nous donnait des billets pour la représentation du soir. Une fois même, il m'invita à me promener dans les coulisses afin de me familiariser avec ceux qui plus tard devaient être mes camarades, et ce fut ainsi que je me retrouvai en face de mon ancienne connaissance le jeune François Chenu. Il se montra plus amoureux que jamais, et à peine plus poli qu'à notre première rencontre. Il manqua de la façon la plus complète à cette règle qui, d'après le parrain aux petits verres, exige que dans les coulisses du cirque les amoureux, dès qu'ils ont prononcé le mot Amour, ne manquent jamais d'ajouter le mot Mariage. Il me déclara qu'il me voulait et qu'il finirait par m'avoir, n'importe par quel moyen. Il offrait du reste de mettre à mes pieds toute sa fortune... Je sus ce jour là qu'elle était considérable. Tout en l'écoutant avec indignation, je m'aperçus qu'il boitait d'une façon visible ; il m'avoua que le matin même, en se promenant au Bois, il était tombé de cheval. Cela me le fit regarder avec intérêt. Je vis qu'il avait les cuisses rondes et que, selon l'expression vulgaire, il devait se tenir à cheval comme une orange sur une assiette. Je le quittai en lui souhaitant d'être plus heureux la prochaine fois qu'il monterait ; quant à ses propositions, je n'ai pas besoin de vous dire qu'elles avaient été reçues avec toute la fierté qui convenait.

Maman n'était pas riche, mais elle n'était pas pauvre non plus; aussi, quand on lui annonça que, le moment approchant où tout de bon j'allais être écuyère, il fallait commencer par acheter deux ou trois chevaux de haute école et que chacun de ces chevaux coûterait environ 6,000 francs, maman n'hésita pas. Les chevaux furent achetés, et ils étaient beaux, les chevaux!!! Il y en avait un surtout qui était superbe, on le nommait Crocodile. *Mon écuyer ordinaire l'avait tout de suite pris en affection. Celui-là, il était arrivé à lui faire exécuter des choses merveilleuses sur un signe imperceptible.* Crocodile *vous faisait le pas Espagnol, et tournait, voltait, dansait, s'agenouillait; il faisait le tour de la piste les deux pieds de devant posés sur la balustrade. Je n'avais plus, moi, qu'à ajuster mes mouvements sur les mouvements de* Crocodile : *si l'ajustement était réussi, c'était un triomphe. Aussi, mon écuyer aidant, j'arrivai assez vite à faire ce qu'il fallait, et l'on convint de donner au manège une sorte de répétition générale. La presse ne fut pas invitée, le directeur du cirque eut la bonté de venir, et maman avait amené quelques personnes. Devant ce public bien disposé, nous eûmes,* Crocodile *et moi, l'un portant l'autre, un succès qui me parut de bon aloi. Le directeur, après quelques compliments sur la précision et l'exactitude de mes mouvements, me déclara que pour le moment il lui était impossible de me prendre avec lui. Il le regrettait, mais, si je voulais débuter à Madrid, il se faisait fort de me faire obtenir tout de suite un engagement pour l'Espagne.*

Les conditions étaient très acceptables : je les acceptai, et nous voilà tous partis pour Madrid, Crocodile, *ses deux camarades, maman, moi, plus un voisin qui n'avait jamais vu l'Espagne et qui profitait de l'occasion. Nous ne jugeâmes pas à propos d'emmener mon écuyer, ce en quoi nous eûmes le plus grand tort. Des affiches gigantesques annonçaient mes débuts, Mademoiselle Pauline montera son cheval* Crocodile... *c'était dit en Espagnol et ce n'en était que plus beau. Le matin même du jour où je devais monter mon cheval* Crocodile, *je lus dans un journal français qu'un de nos sportsmen les plus en vue, Monsieur Paul C., venait d'être, dans une chasse à courre, victime d'un accident assez grave : l'orange n'avait pas pu rester sur l'assiette. Dans un autre moment, la nouvelle m'aurait sans doute fait un certain effet, mais un jour de débuts, vous comprenez... Enfin l'heure de la représentation arriva. J'entrai dans le cirque au milieu d'un tonnerre d'applaudissements, j'eus un énorme succès de jolie femme, ce fut le seul.* Crocodile, *livré à nous-mêmes,* Crocodile, *n'ayant plus son dresseur à côté de lui, se conduisit d'une façon désastreuse. Il recula quand il fallait avancer; au lieu de s'agenouiller, il s'assit, et, quant au pas espagnol, il leur servit quelque chose d'inénarrable. L'Espagne se fâcha, il fallut résilier. Voilà, en toute sincérité, le récit que vous avez la bonté d'appeler ma rapide et brillante carrière.*

Le pire, c'est qu'après ce désastre, maman tomba sérieusement malade. Je la ramenai à Paris, mais je ne parvins pas à la sauver : le coup avait été trop violent. Elle mourut au bout de quelque temps, et je restai seule; je disparus. Quelqu'un trouva moyen de me découvrir dans la retraite que j'avais choisie. Qui était ce quelqu'un, vous le devinez; il ne vint pas me voir, mais il m'écrivit. Depuis la mort de ma mère, il se montrait plus poli; ses lettres, quant à la forme, étaient à peu près convenables; le fond, par exemple, était toujours le même. Je vous veux, vous savez, je vous veux, et je vous aurai, et tou-

jours des offres... Je n'eus pas grand mérite à les refuser ; j'étais née honnête, heureusement pour moi. Une année se passa, l'argent que maman m'avait laissé commençait à disparaître avec une rapidité inquiétante. J'étais née honnête, mais pas mal dépensière. J'avais, depuis longtemps, vendu Crocodile *et mes deux autres chevaux, et je les avais, je dois le dire, très bien vendus. Je n'en voyais pas moins arriver le moment où je serais obligée, pour vivre, de faire quelque chose... Or, que savais-je faire ?... Monter à cheval, pas très bien il paraît, mais enfin, à tout prendre, c'était encore ce que je savais le mieux.*

J'allai revoir le directeur du cirque ; il fut charmant comme toujours et ne se moqua pas trop de moi. Il m'offrit de paraître dès le lendemain dans un quadrille Louis XV : justement il lui manquait quelqu'un. Un quadrille Louis XV, pas même ce chapeau d'homme qui m'allait si bien ! J'acceptai tout de même. Dans une de ces visites faites autrefois dans les coulisses du cirque, j'avais eu, pendant quelques minutes, l'honneur de causer avec cette pauvre Emilie Loisset ; elle m'avait dit que le directeur était le meilleur professeur qu'elle eût jamais rencontré. Je me souvenais de cette parole, et j'espérais qu'un jour peut-être je pourrais grâce à lui... Le lendemain, comme il avait été dit, je parus dans le quadrille Louis XV. Ce qui se passa ce jour-là a été raconté dans presque tous les journaux, mais j'étais si peu connue que je ne fus pas nommée. C'était à moi, je donnai un coup de cravache... mais mon cheval n'avança pas et se mit debout. Je donnai un second coup de cravache, la maudite bête alors manquant des deux pieds de derrière se renversa par-dessus la balustrade et tomba, avec moi, sur les premiers rangs des spectateurs... J'entendis des cris, je sentis à la tête un choc assez violent, et je m'évanouis.

Quand je repris connaissance, j'étais dans mon petit appartement de la rue du Cirque. François Chenu était près de moi, appuyé sur deux cannes, et il me regardait avec bonté ! Croyez-vous, me dit-il, qu'il y ait au monde un animal plus bête que le cheval ; quand il ne vous flanque pas par terre, il trouve moyen de tomber sur vous... Je lui demandai combien mon accident avait fait de victimes... Il me rassura : il n'y en avait que deux, lui et moi, et la Faculté répondait de nous. Il garda un moment le silence, puis brusquement : Il faut vous épouser, alors, pour vous avoir ? Il n'y a pas moyen de réussir autrement ?... Je fis un geste vague... Eh bien, c'est dit, je vous épouse... On peut vous épouser, maintenant que vous êtes absolument seule au monde... Je devinai là une pensée désobligeante pour maman, et je me gendarmai. Le nom de Chenu n'était pas si beau, après tout, et il n'y avait pas de quoi être si fier... Il se mit à rire : Si le nom de Chenu ne vous convient pas, nous en prendrons un autre, nos moyens le permettent... et il acheta un titre de comte romain, c'est de cette façon que je suis devenue Comtesse.

La conclusion maintenant. Certes le rôle d'écuyère de haute école n'est pas toujours une poupée mécanique adaptée à un cheval également mécanique, et il y a un art, et celles qui savent en surmonter les difficultés méritent d'arriver à la fortune et à la réputation, mais pour les surmonter, ces difficultés, il faut du temps, beaucoup de temps, huit ou dix ans pour le moins, il faut encore des dispositions que tout le monde n'a pas, j'en sais quelque chose. Il est bon que l'écuyère de haute école ait été prise toute petite, qu'elle soit enfant de la balle, et qu'elle ait commencé par traverser des cerceaux et faire de la voltige... et avec tout cela, combien, depuis 1870, en comptez-vous qui soient connues ? Une demi-

douzaine tout au plus, et encore, parmi les cinq ou six que je veux dire, y a-t-il des degrés.

Je sens bien que je vous décourage, mais, à une demande sincère, j'ai cru devoir répondre sincèrement. Je conseille à mademoiselle votre fille de se contenter du bonheur à pied. Elle est jolie, je n'en doute pas ; elle est honnête, je l'en félicite ; il ne lui reste plus qu'à lui souhaiter un peu de bonheur. Dresser des chevaux est bien, mais il n'est pas mal non plus de savoir dresser un mari, c'est ce que j'ai fait, et je suis enchantée des résultats obtenus. Le comte n'en est pas trop mécontent non plus, car le voilà qui fait tout comme M. Poliquet : il lit par-dessus mon épaule, et il m'embrasse pour me remercier de la dernière phrase. — Ah ! j'oubliais... J'ai obtenu de mon mari qu'il ne monterait plus jamais à cheval... Pour l'y décider, j'ai pris l'engagement de ne plus jamais y monter, moi non plus.

Recevez, chère Madame, l'assurance de mes sentiments distingués.

Comtesse SOPERANI.

Pour Copie conforme :

H. Meilhac

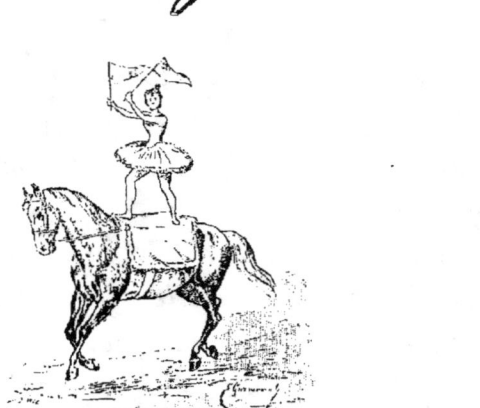

AU BARON DE VAUX

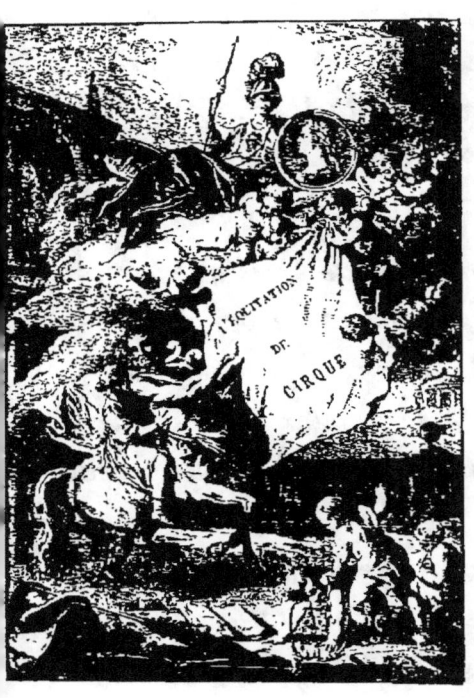

Cher Monsieur,

Dans la lettre que vous avez bien voulu m'adresser, vous me demandez quelques renseignements sur l'équitation des cirques. Cette équitation est la même qui a été de tout temps pratiquée dans les écoles anciennes et modernes. Les airs de manège sont les mêmes: on n'a rien inventé, si ce n'est dans les cirques, ce que je crois pouvoir appeler des excentricités équestres: pas espagnol, trot espagnol, le cheval marquant le passage les jambes de devant tendues, le mouvement croisé des jambes de devant, soit de l'arrière-

main, et bien d'autres, qui n'ont jamais fait partie de la haute école proprement dite. Il est vrai que les anciens écuyers pourraient opposer à ces trucs, pardonnez-moi l'expression, les airs relevés, presque tous abandonnés depuis longtemps, les croupades, ballottades, lançades, courbettes, etc.

Cependant il n'est peut-être pas inutile de faire observer que le dressage en haute école dans les cirques présente certaines difficultés que l'on n'a pas à vaincre au manège carré, où le cheval étant sur la ligne droite, son équilibre est régulier, tandis qu'il n'en est pas de même sur une surface circulaire.

En vertu de ce principe immuable de physique connu sous le nom de loi centrifuge, le cheval ne porte jamais également sur ses quatre membres; pour s'opposer à l'action d'une force qui tend à le rejeter constamment en dehors, l'effort pèse principalement sur le bipède placé à l'intérieur du cercle.

Cette fausse position de l'équilibre se trouve accentuée par le talus de terre qui entoure la piste, talus indispensable pour les écuyers ou les écuyères qui travaillent debout.

Dans ces conditions, le côté en regard du centre se trouve sur un terrain moins élevé que le côté opposé, d'où il résulte que l'équilibre naturel se trouve compromis. Si l'on joint à cela que le bipède intérieur placé en seconde piste est comprimé par le cercle plus rétréci qu'il parcourt, on demeure persuadé sans peine que de ce chef on se trouve en présence d'un obstacle qui, pour n'être pas insurmontable, n'en est pas moins fort appréciable.

Pendant la première période de dressage, presque toujours les hanches résistent au rassembler en se jetant de droite et de gauche, et quelquefois même plus tard, malgré le talent de l'écuyer, les écarts de l'arrière-main persistent chez le cheval dressé, si, soit faiblesse ou souffrance, le rassembler lui est pénible.

Que voulez-vous, cher Monsieur ? Le cheval n'est pas parfait, et les cirques encore moins !

Ce que j'avance ici sur la contrainte relative de l'équilibre est tellement vrai qu'un cheval au trot dans un cirque, la piste n'étant jamais de niveau, comme je viens de le dire, ce dernier semble parfois boiter. Il m'est arrivé souvent, ainsi qu'à mes écuyers, de faire trotter le cheval sur la ligne droite pour avoir la certitude qu'il n'était pas boiteux.

De ce qui précède on peut conclure assez logiquement que, si l'équitation de cirque s'appuie sur les mêmes bases et sur des principes semblables à ceux dont on fait l'application dans les écoles, le dressage n'en offre pas moins dès l'abord une difficulté plus grande.

Voilà, cher Monsieur, les quelques particularités que j'ai cru pouvoir vous signaler; sans trop insister, et sans accorder à ce point plus d'importance qu'il n'en a en réalité, on ne saurait méconnaître un certain intérêt à la question envisagée à ce point de vue spécial.

Avec l'assurance de ma plus entière considération, veuillez agréer, cher Monsieur, l'expression de mes meilleurs sentiments.

VICTOR FRANCONI.

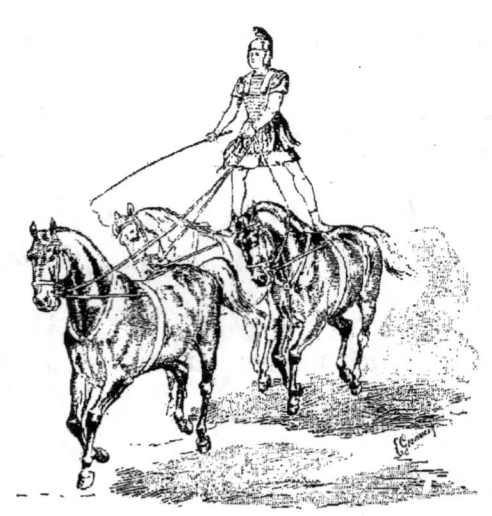

ÉQUITATION SAVANTE

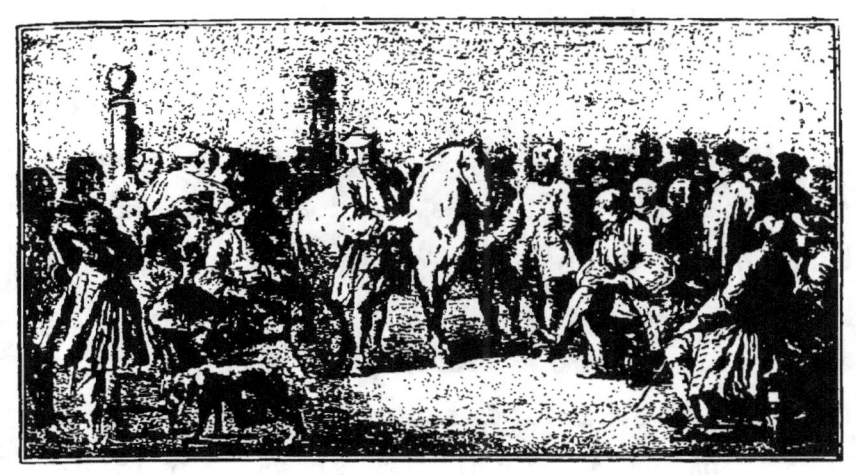

L'ÉQUITATION SAVANTE

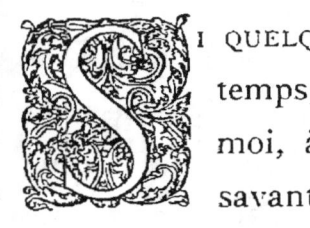I QUELQU'UN était venu me dire, il y a peu de temps, que je serais entraîné, comme malgré moi, à écrire de nouveau sur l'équitation savante, et cela peut-être avec autant de verve que dans le passé, j'aurais secoué doucement la tête avec une certaine incrédulité, en répondant : Non ! croyez-le bien, j'en ai fini avec toutes les théories équestres. Et puis, aurais-je ajouté, quels sont ceux qui attachent aujourd'hui la moindre importance aux grandes difficultés de l'art ? Qui est-ce qui s'occupe d'avoir des chevaux se rassemblant facilement aux trois allures, et prêts à exécuter, avec énergie et sans humeur, un travail d'école un peu compliqué ?

Mais l'homme est ainsi fait : quand il s'est longtemps passionné pour une chose, quand il doit à cette chose ses plus vifs souvenirs, la sagesse, l'expérience de la vie lui commande de ne jamais affirmer qu'il ne s'en occupera plus.

Du reste, deux motifs d'ordre différent me font aujourd'hui prendre la plume, pour revenir, encore une fois, sur la partie la plus délicate à traiter de l'art équestre, sur cette partie de l'équitation si appréciée par nos pères, au moins par les hommes qui pouvaient se donner le luxe de véritables chevaux de selle, et qui, par goût et par métier, tenaient à ce que le compagnon de leurs plaisirs ou de leurs dangers fût véritablement un cheval bien dressé.

Le premier motif, c'est qu'ayant toujours bien voulu vous intéresser à mes élucubrations équestres, vous avez cru devoir me dire dernièrement ceci, à propos de mon petit essai de vade-mecum : « Je viens de lire votre résumé d'équitation usuelle, et il m'a semblé qu'au point de vue de la pratique ordinaire, vous faites aujourd'hui assez bon marché de l'équitation savante. » Or, précisément, il se trouvait que la veille, en rangeant quelques vieux livres couverts de poussière, j'avais feuilleté un album, depuis longtemps jauni, qui a été publié il y a plusieurs dizaines d'années, par un vieil écuyer (1) que j'ai beaucoup

---

1. — M. Aubert.

connu dans ma jeunesse, album qui servait en quelque

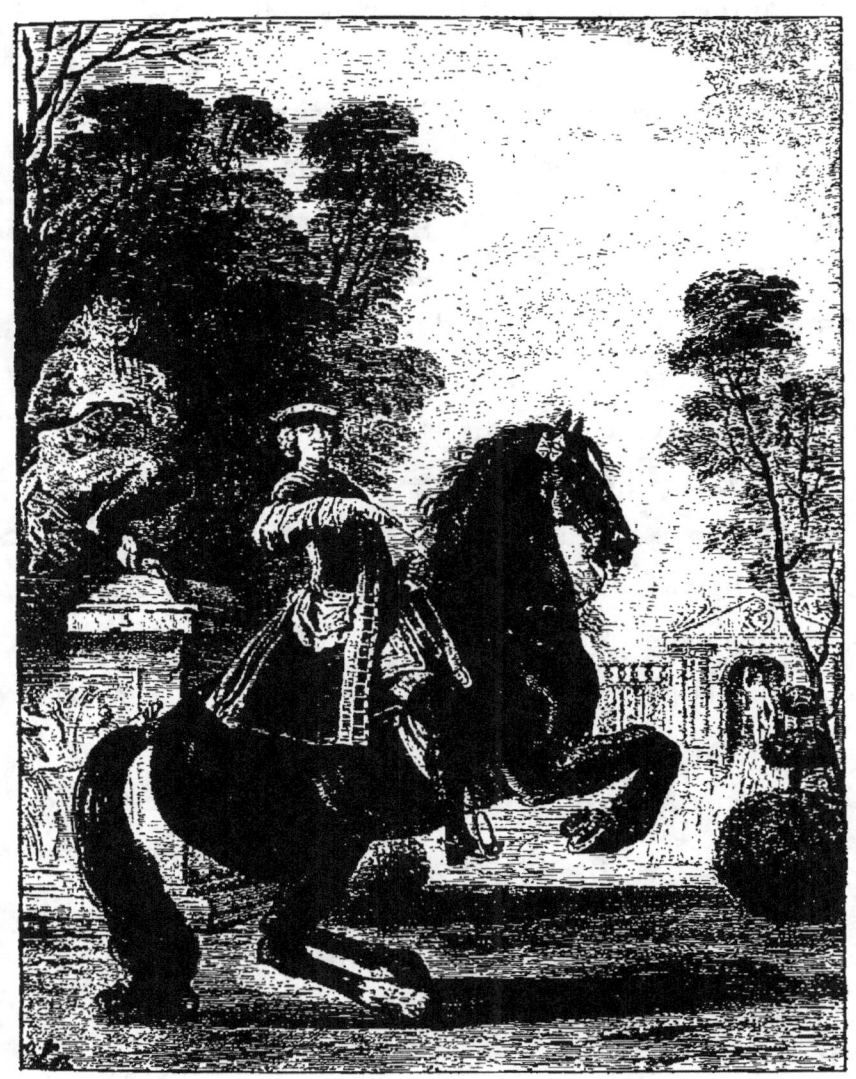

Fig. 5. — Les Courbettes.

sorte d'illustration à son ouvrage sur l'équitation, que je regrette bien d'avoir perdu depuis longtemps. Quoi qu'il en soit, en feuilletant ce recueil, qui renferme des lithographies fort curieuses, représentant les différents manèges qui existaient encore au commencement de ce siècle, entre autres celui que l'on désignait sous le nom de manège des Tuileries, je me sentis ramené, comme malgré moi, à une des choses qui intéressent le plus ceux qui se sont occupés d'équitation savante, surtout lorsque je me suis trouvé en face d'une lithographie au trait, pour ainsi dire, mais faite avec beaucoup de soin, et représentant avec une grande fidélité de pose, si l'on se reporte aux meilleures gravures du temps, MM. d'Aure et de Nestier à cheval. Or la position des deux écuyers, le genre d'équilibre de ces chevaux, tous les deux au rassembler, me donnèrent beaucoup à réfléchir; car je compris, peut-être pour la première fois, qu'il y avait encore quelque chose à dire sur le rassembler, sur ce mouvement qui est en réalité la base de l'équitation savante. Aussi, cette question me vint tout naturellement à l'esprit : Quel est, en définitive, le rassembler le plus favorable au cheval d'école, c'est-à-dire celui qui facilite le plus le travail de ce genre de chevaux et le rend plus brillant ? De là, à mon point de vue, l'utilité de bien définir et de mettre en comparaison les différents rassemblers qui ont été pratiqués de nos jours par les écuyers les plus marquants, comme MM. d'Aure et Baucher, par exemple, avec le rassembler qu'exigeaient les hommes auxquels nous devons les principes qui ont fait la supériorité de l'ancienne école française, tels que M. de la Guérinière et M. de Nestier; puis, enfin, d'arriver, comme

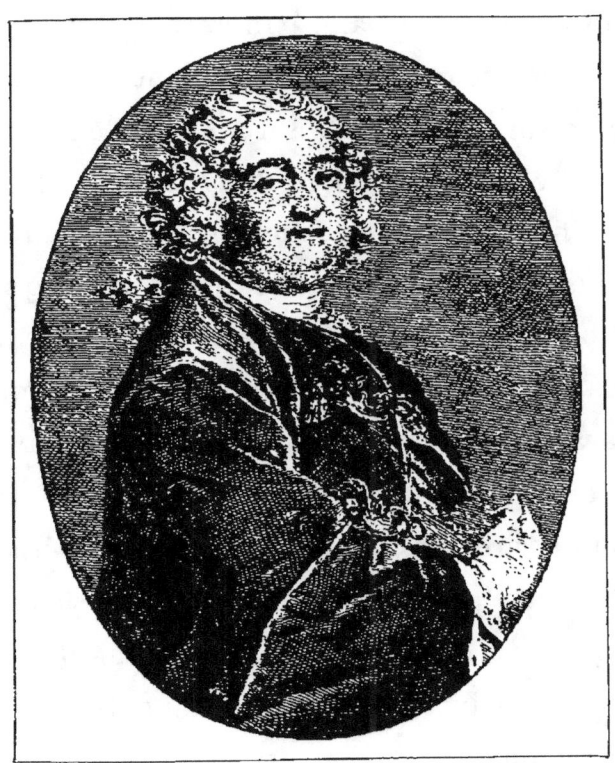

Fig. 6. — La Guérinière.

conclusion, à donner les raisons qui motivent une préférence en faveur du genre de rassembler s'accordant le mieux avec les nécessités du travail de haute école.

C'est donc à cet ordre de considérations que j'obéis en écrivant encore quelques pages sur l'équitation savante, me proposant aussi de profiter de l'occasion pour faire ressortir l'utilité et les avantages que l'on peut retirer de la pratique des véritables difficultés équestres.

Et c'est au moment où il semblerait que je fais bon marché de cette partie de l'art de l'équitation, que je me sens poussé, comme malgré moi, à exprimer de nouvelles idées sur ce qui en est la base même. Mais ce qu'il y a de plus singulier, c'est qu'il me semble en ce moment que tout ce que j'ai pu écrire dans le temps sur ce sujet n'a pas l'intérêt de ce qui me reste à dire aujourd'hui. Aussi, tous mes souvenirs de jeunesse, en ce qui regarde l'équitation, tout cet entraînement pour un art que mon état de santé m'a fait abandonner depuis nombre d'années, paraissent se réveiller en moi plus vivaces que jamais ; et, quoique bien désabusé sur la portée de ce qu'on peut écrire sur cet art, je me trouve même, en prenant la plume pour parler d'équitation savante, dans une disposition d'esprit particulière, car il me semble que je vais revivre un instant dans les milieux qui m'ont tant charmé, et que mes plus lointains souvenirs vont prendre l'aspect de la réalité. Mais, malgré tout, un certain sentiment de tristesse, que je ne puis trop définir, se mêle à tout cela et fait qu'involontairement ma pensée se reporte sur une des choses assez singulières qui m'ont vivement frappé dans le temps, et que je demande la permission de mettre sous les yeux de vos lecteurs. Il s'agit, du reste, d'un vieux cheval de guerre et de l'influence qu'a eue le souvenir sur l'état moral d'un de ces animaux.

Il y a une dizaine d'années environ, j'étais à la campagne, et j'allais me promener quelquefois sur une route assez solitaire, bordée d'un côté par des prairies appartenant à une petite ferme détachée d'un village voisin. Or, dans ces prairies, divisées par de frêles clôtures et qu'une haie assez basse séparait de la route, on mettait, une fois les regains rentrés, des chevaux au vert. Mais, pour l'instant, il n'y avait dans l'une d'elles qu'un vieux cheval, avec lequel j'avais déjà fait connaissance. Il était très familier, du reste, et venait à moi dès qu'il m'apercevait, pour prendre quelques poignées de feuillage que je coupais toujours à son intention. C'était, m'avait-on dit, un cheval de uhlan, sérieusement blessé au garrot pendant l'invasion prussienne de 1870-1871, et qui, vendu à vil prix au propriétaire de la petite ferme en question, lui avait rendu, une fois guéri, de grands services. Ainsi l'on s'en était tout naturellement servi comme cheval de selle, puis on l'avait attelé à la carriole, à la charrette, à la herse, etc., etc. *Il a été mis à toutes sauces*, me disait une fois le fermier. Mais, à ce moment, le pauvre animal, ayant une jambe de derrière très engorgée, était devenu boiteux, et on le parquait assez souvent dans la petite prairie dont je viens de parler. Là, il se traînait tout doucement, la tête basse, broutant quelques minces touffes d'herbes qui, par places, offraient encore un peu de prise à ses dents. Or, un jour, après lui avoir présenté, comme à l'ordinaire, quelques menues branches garnies de

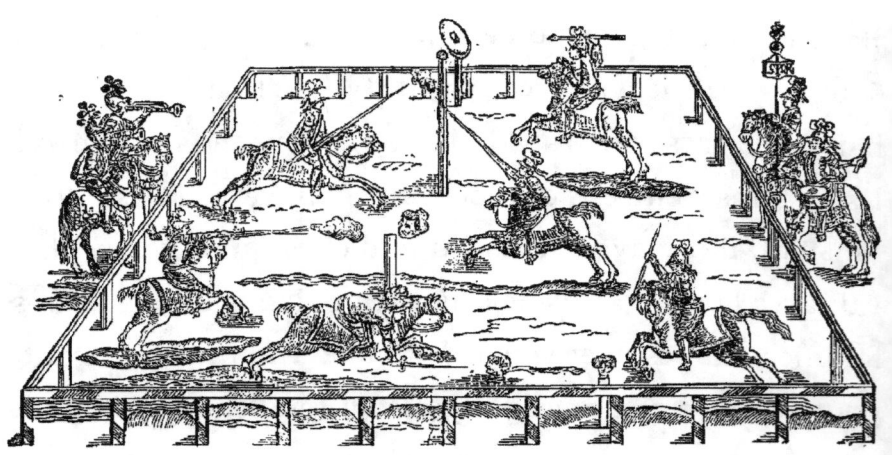

Fig. 7. — Le Jeu de Bagues.

leurs feuilles, qu'il mangeait avidement, j'étais en train de le caresser sur le chanfrein, quand, tout à coup, il releva brusquement la tête, cessant de faire agir sa mâchoire, les oreilles tendues dans la direction d'un bois où semblait se perdre la route. Puis, il resta comme immobile, percevant sans doute des bruits lointains que je ne pouvais encore entendre. Ses narines étaient dilatées, sa queue tendue et un peu retroussée, comme s'il posait, avec connaissance de cause, devant un statuaire. Mais, plusieurs secondes ne s'étaient pas écoulées, que je commençais à entendre à mon tour quelque chose de sonore qui semblait sortir des profondeurs de ce bois. Peu à peu, du reste, ce bruit devint caractéristique, et son rythme était celui d'une fanfare. Enfin une petite troupe de cavaliers, marchant en éclaireurs, parut sortir de la lisière du bois. A ce moment, la fanfare devint éclatante, et un fort groupe de musiciens appartenant à l'arme des chasseurs à cheval se montra à son tour. C'est alors que mon attention fut surtout attirée par les mouvements singuliers de l'animal dont je viens de parler : il quittait brusquement la haie qui nous séparait, puis s'en rapprochait tout à coup à un trot cadencé, la queue en trompette, comme on dit vulgairement, les narines de plus en plus dilatées, soufflant bruyamment, par moments, et paraissant très inquiet ou au moins très émotionné. Et, malgré l'état pitoyable d'une de ses jambes, il ne me semblait plus boiter. Son agitation devint même extraordinaire au moment où la musique militaire de ce régiment, précédant son état-major, passa devant nous. Aussi se porta-t-il tout à coup sur la haie comme pour la franchir ; mais, reconnaissant son impuissance, il resta la tête appuyée sur l'obstacle, soufflant de plus en plus avec précipitation, jusqu'à ce que le dernier cavalier de l'arrière-garde de cette troupe, qui faisait une promenade militaire et saluait par une fanfare son entrée dans le village, fût passé. Enfin, quand tout eut disparu derrière un rideau de peupliers qui masquait, du côté opposé au bois, l'entrée de ce village, le pauvre animal se promena encore un instant, tout agité et revenant souvent vers la haie, mais la tête basse, la queue tombante et traînant de nouveau sa pauvre jambe. Il semblait toujours attristé ; néanmoins, peu à peu, il se remit à chercher les quelques petites touffes d'herbes un peu plus vertes que les autres, et ne parut plus se souvenir de ce qui venait de se passer...

Pauvre cheval ! une réminiscence du métier qu'il avait fait dans sa jeunesse, provoquée par les sons de cette musique militaire si longtemps entendue, et sous l'empire de laquelle il avait contracté une obéissance machinale, comme la vue de ces cavaliers, à peu près semblables à ceux au milieu desquels il s'était trouvé si longtemps, semblait avoir galvanisé momentanément sa pauvre intelligence ; aussi avait-il répondu instinctivement à leurs appels guerriers. Après tout, les bêtes pensent, qui peut en douter ? Et le passé du vieux coursier lui étant revenu en mémoire, il s'était cru un instant obligé de rejoindre ceux qui lui apparaissaient comme de vieux compagnons de fatigue. Mais, plus heu eux que l'homme, sans doute, l'animal vit s'effacer bien

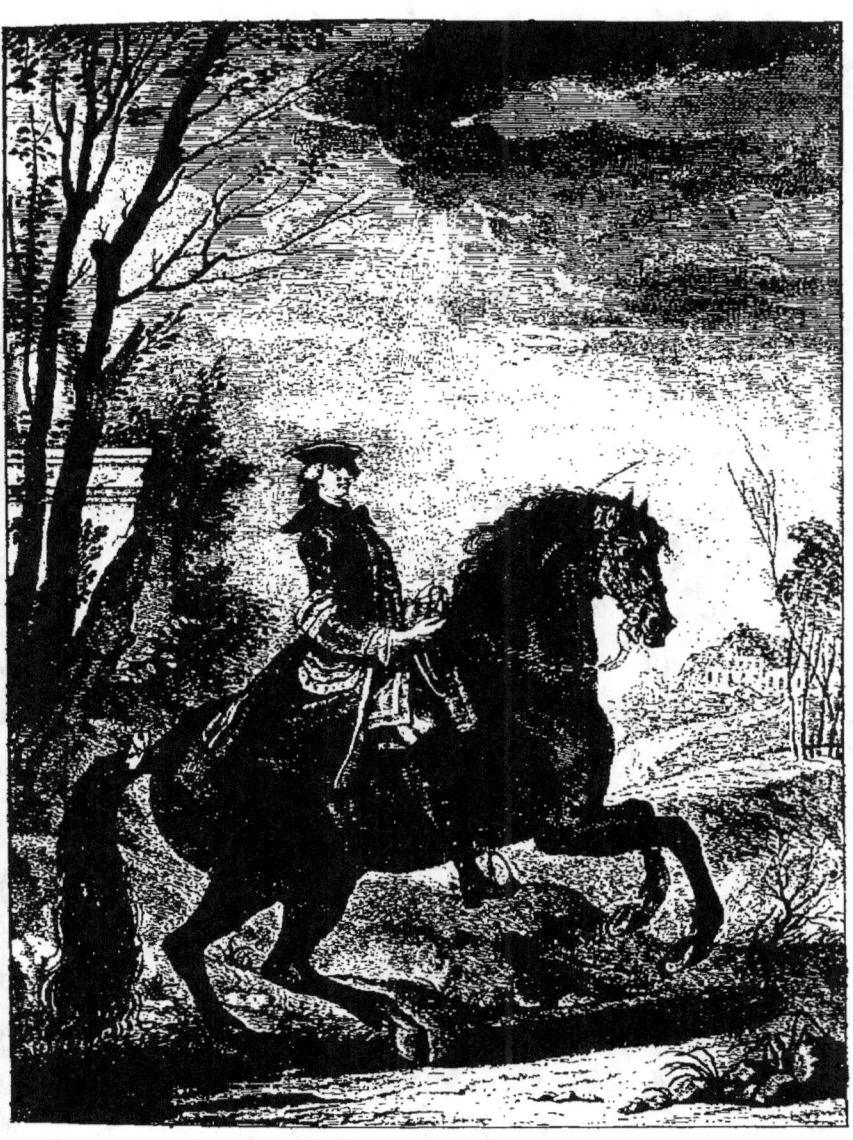

Fig. 8. — Du Galop.

vite, avec les causes qui les avaient fait naître, ses ressou-
venirs d'un passé lointain ; et, sans être poursuivi par de

tristes retours sur lui-même, il était rentré avec calme dans les réalités de sa condition présente...

Quant à moi, je dois l'avouer, c'est sous le coup de certaines tristesses, venant se mêler, malgré tout, à l'enchantement des plus belles réminiscences, que je me suis rappelé le vieux cheval de troupe. Est-ce parce que je voudrais, après m'être bercé dans les songes dorés d'un passé lointain, pouvoir, comme lui, retrouver le calme et l'insouciance, et ne pas surtout voir surgir ces regrets qui assaillent l'homme dans ses vieux jours ? Je ne sais trop ; mais je sens de plus en plus que les plus douces visions d'un monde à jamais disparu sont payées bien cher, lorsqu'elles s'évanouissent et font place aux tristes réalités de l'heure présente. Et cependant, pour peu que l'occasion se produise, ma pensée se reporte involontairement à ces longues heures qui m'ont paru si courtes, et que j'ai passées à faire de l'équitation. Quelquefois même je me suis revu presque enfant et éprouvant déjà le plus vif plaisir à recevoir, dans cet ancien manège Royal qui était situé rue Cadet, les leçons de celui que nous nommions, dans notre langage familier, *le père Pellier*, écuyer méthodique, déjà vieux et cassé à cette époque, et l'un des hommes de cheval marquants de cette famille de Pellier, qu'un écuyer distingué, directeur d'un de nos plus jolis manèges, représente dignement aujourd'hui

Mais quelle fraîcheur de souvenirs au sujet de ces premières impressions équestres! Ainsi, il me semble ressentir encore le bonheur que nous éprouvions quand le vénérable écuyer qui a formé tant de cavaliers remarquables, à peu près satisfait de notre sagesse à cheval dans la première reprise, nous faisait monter pour la seconde, celle du galop, un de ces vieux chevaux qui avaient appartenu au manège de Versailles, et que nous parvenions à faire changer de pied à l'endroit voulu, c'est-à-dire au bout de la diagonale qui constitue le changement de main. Mais, hélas! le plus souvent, ces intelligents animaux, routinés à ce mouvement, changeaient de pied malgré nous et trop tôt, tout en bondissant un peu sur place quand nous voulions nous y opposer.

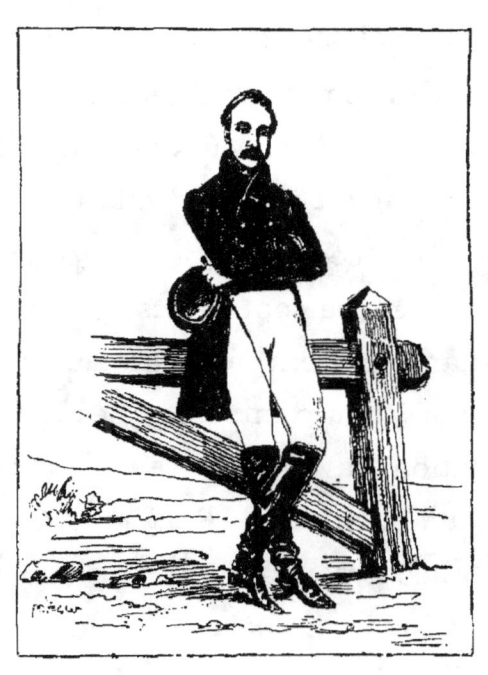

Fig. 9. — JULES-CHARLES PELLIER.

Je vois encore, dans ce moment, *le père Pellier* se baisser les mains sur ses genoux pour soulager ses jambes,

— c'était son mouvement habituel quand il était resté trop longtemps debout, — et rire silencieusement à la manière du vieux *Bas de cuir*, cette création si originale du célèbre romancier américain, en voyant ses vieux amis, les quadrupèdes, ne pas tenir compte de nos inutiles agissements...

Ces temps sont cependant bien loin de moi; néanmoins, pour peu que ma pensée les évoque, ils me reviennent aisément à la mémoire.

Mais ce qui ne sortira pour ainsi dire jamais de ma pensée, ce sont toutes ces choses auxquelles j'ai assisté dans ce petit manège du faubourg Saint-Martin, les jours, par exemple, où l'écuyer inimitable, auquel l'équitation savante devra tant, faisait travailler ses admirables chevaux, *Partisan*, *Capitaine*, etc., devant certains personnages. Il me semble l'entendre encore disant un jour à Lamartine, venu en compagnie d'un prince, et qui lui faisait des compliments à la suite de ses merveilleux tours de force équestres : *Voyez-vous, la haute école, c'est le côté poétique de l'équitation !*

Et maintenant je n'ai plus qu'à faire de nouveau des excuses à vos lecteurs, au sujet des digressions auxquelles je me suis toujours laissé entraîner, et à rentrer plus intimement dans mon sujet.

C'est en regardant, ai-je dit, dans l'album de M. Aubert, la lithographie au trait représentant M. de Nestier et M. d'Aure à cheval, très fidèlement représentés, que je compris bien clairement que le rassembler, tel qu'il avait été pratiqué par notre ancienne école, avait une véritable supériorité, d'abord sur celui que paraît avoir mis en pratique le dernier écuyer de Versailles, et même, dans une certaine mesure, sur les deux genres de rassembler préconisés par M. Baucher. Aussi m'a-t-il semblé que, dans l'intérêt de la science équestre, il y avait quelque chose à dire de nouveau sur ce mouvement. Mais, pour ne pas être influencé par certaines réminiscences, je me suis bien gardé de relire ce que j'ai écrit,

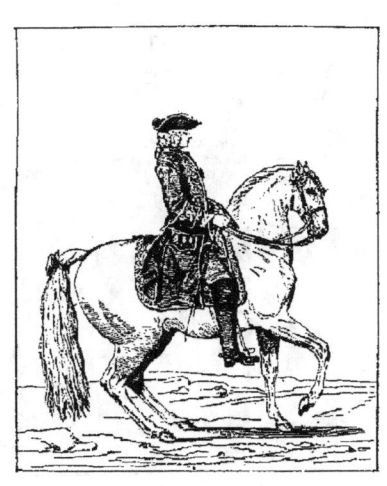

Fig. 10. — DE NESTIER.

dans un temps, sur le rassembler, afin de pouvoir traiter plus à mon aise la question, telle que je la comprends aujourd'hui. Néanmoins, de prime abord, je tiens à en finir une bonne fois avec cette autre question : L'équitation savante a-t-elle vraiment sa raison d'être, contrairement à ce que croient une foule de gens, qui ne sont que des cavaliers d'habitude, et ne se doutent guère qu'au point de vue de la pratique de l'art équestre, comme de son enseignement, il y a toujours une très grande utilité à être en état, non seulement de monter des chevaux d'école, d'en tirer un parti convenable, mais surtout de les dresser ? On peut affirmer, en effet, que l'équitation savante donne, à celui qui la pratique avec un peu de suite, un tact, un à-propos, une spontanéité d'action que ne peuvent jamais obtenir, à de bien rares exceptions près, ceux qui ne l'ont pas pratiquée. Or cela constitue déjà une grande supériorité pour un cavalier, non seulement lorsqu'il s'agit de monter le premier cheval venu, mais encore quand il faut arriver à bien régler les allures de l'animal, à le rendre, en un mot, agréable à monter.

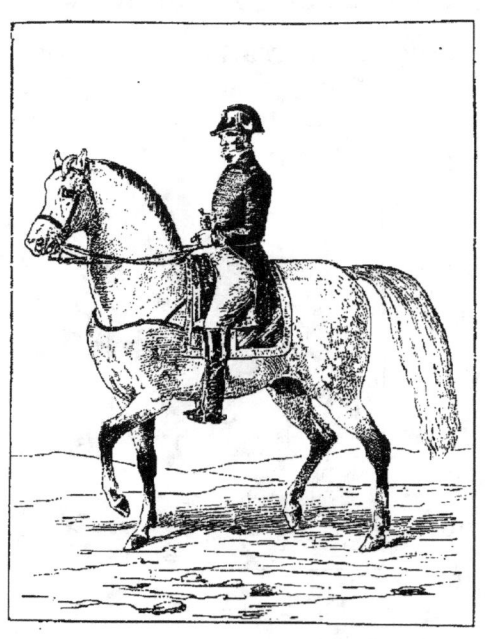

Fig. 11. — Louis-Charles Pellier.

Quant à l'homme qui professe, comme il est appelé à bien faire comprendre l'emploi méthodique de nos moyens d'action et à prêcher d'exemple, au besoin, vis-à-vis des élèves les mieux doués, il est très nécessaire qu'il arrive à posséder une grande habileté d'exécution ; et c'est surtout à l'étude des mouvements de haute école qu'il la devra.

Enfin, en dernière analyse, n'est-il pas évident, que lorsqu'il s'agit de bien définir les nuances délicates qui caractérisent certains effets de mains et de jambes, comme de bien déterminer la portée des différentes résistances que peut vous opposer l'animal, il faut être rompu à toutes les finesses de l'art, à la pratique raisonnée de ses difficultés ? Aussi, dans un manège où l'on a la prétention de faire des cavaliers instruits, est-il de toute nécessité d'avoir des chevaux d'école, voire même des sauteurs, pour leur donner le plus de tact et d'aisance possible à cheval. Il faut donc qu'un écuyer, qu'un directeur de manège, soit en état d'en dresser et, au besoin, d'en faire dresser sous ses yeux.

A ce sujet j'ajouterai, en opposition avec ce que l'on croit généralement, qu'un cheval d'école convenablement dressé peut être un des instruments les plus utiles, car il doit pouvoir être monté agréablement par des femmes ayant un peu l'habitude du cheval ; de même qu'un sauteur, s'il est bien mis, doit pouvoir aussi être monté par des débutants et, surtout, travailler avec autant de calme en dehors des piliers que dans les piliers. C'est-à-dire qu'il doit être bien réglé dans sa cadence, se présenter à volonté et sans humeur à courbettes et à capriole, et s'arrêter pour ainsi dire de lui-même, à la suite de son mouvement, quand le cavalier est par trop déplacé. Il faut

donc, je le répète, être écuyer consommé pour dresser
de tels chevaux, devenus bien rares aujourd'hui. Ce qui
tient, d'une part, à ce que les professeurs d'équitation
ayant fait des études convenables sont en bien petit
nombre à présent, et que, d'un autre côté, on ne comprend pas assez l'utilité de ce genre d'instruments.

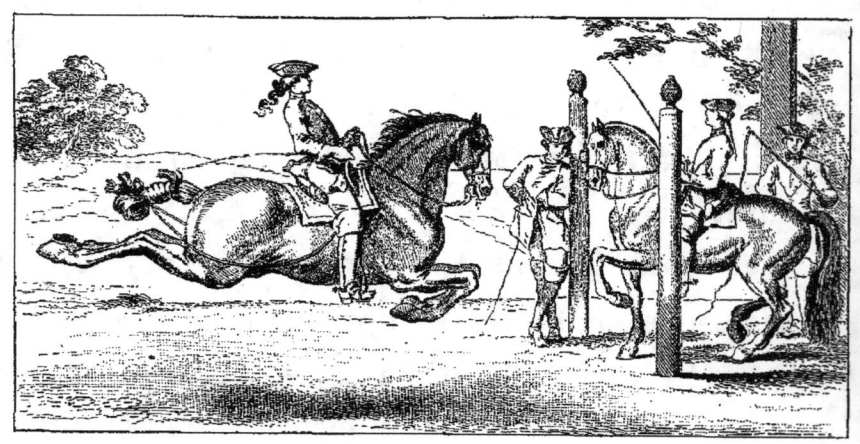

Fig. 12. — La Capriole.

J'arrive enfin à l'objet principal de cette causerie, à cette
grosse question du rassembler, lequel doit être obtenu
d'abord en place, et, ensuite, dans les trois allures mères,
car c'est la base obligée de tout travail de haute école, la
seule chose qui le rende à la fois brillant et relativement
facile à exécuter. En effet, quels que soient le genre
d'allure et les mouvements exigés, l'animal doit toujours
pouvoir se maintenir aisément dans l'équilibre artificiel

qui constitue le rassembler. Ainsi le piaffer, par exemple, exige un rassembler en place correct et complet; le passage, un rassembler également facile, quoique moins complet, puisque l'action des extenseurs doit dominer dans une certaine mesure celle des fléchisseurs; et il en est de même au galop ralenti. Mais, en résumé, c'est le

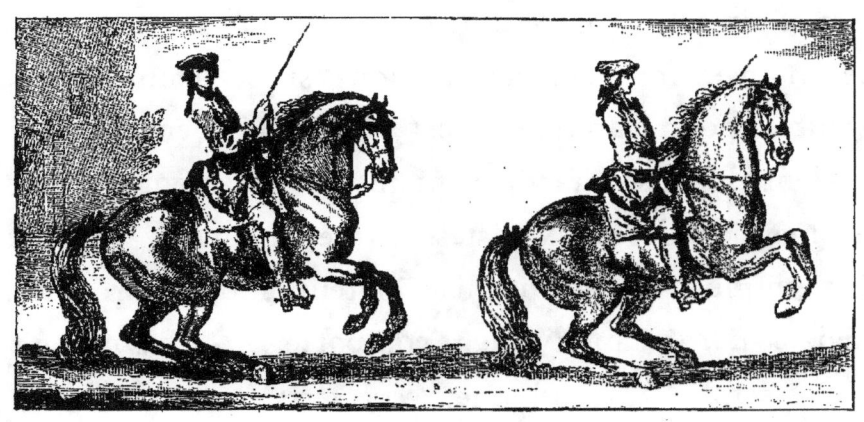

Fig. 13 et 14. — Le Terre à Terre.   Le Mezair.

rassembler complet qu'il faut d'abord obtenir, afin que l'animal arrive peu à peu à contracter l'habitude de répondre, sans résistance, aux oppositions alternées et les plus énergiques de jambes et de mains.

Ai-je besoin, maintenant, de dire ici que ce qui constitue le rassembler, c'est une action en place à laquelle les quatre extrémités participent également, mais à des degrés un peu différents selon l'équilibre exigé; enfin, que cet équilibre, quel qu'il soit, ne doit provoquer aucune résistance, et doit laisser toujours le cheval disposé à se porter en avant.

Cette définition est, du reste, nécessaire pour mieux apprécier les conséquences des différents genres de rassembler dont je vais parler. Mais, avant tout, il doit rester bien entendu que, si le rassembler est devenu facile en place, on l'obtient d'autant plus aisément au pas, au trot et au galop, parce que, dans ses différentes allures, ce mouvement de concentration est beaucoup moins pénible pour l'animal. C'est ce qui fait encore qu'il devient alors assez facile de maintenir le rassembler dans les marches des deux pistes, et même sur les voltes de plus en plus rétrécies jusqu'à l'obtention de la pirouette; mais ce dernier mouvement comporte, on le comprend, un rassembler exceptionnel, caractérisé par un rapprochement énorme de l'arrière-main.

J'aborde à présent cette importante question : Quel est, en réalité, le genre d'équilibre qui convient le mieux pour le rassembler, ou, plutôt, quel est le genre de rassembler qui facilite le mieux, donne le plus de brillant, si l'on veut, au travail de haute école ? Ceci implique tout naturellement qu'il y a plusieurs genres de rassembler, ou revient à dire que, dans le rassembler le plus exact, les extrémités peuvent être plus ou moins rapprochées, le poids de la masse partagé plus ou moins exactement sur ces deux extrémités ; et, comme conséquence, que le cheval, tout en exécutant correctement le mouvement, peut rester plus ou moins disposé à se reporter en avant. Or c'est là pour moi le point principal. Ainsi je pose en principe que tout rassembler à la suite duquel l'animal marque un peu d'hésitation pour s'impulsionner de nou-

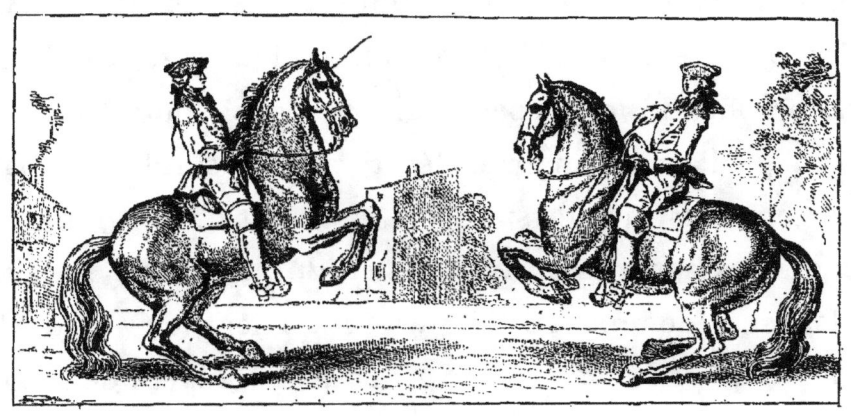

Fig. 15 et 16. — La Pésade.   La Courbette.

veau, laisse à désirer, car alors ce rassembler participe plus ou moins de ce qu'on a appelé l'effet d'ensemble ; ce qui prouve que la concentration des forces, — pour me servir d'une heureuse expression de M. Baucher, — a été opérée, plus ou moins aussi, aux dépens de cette disposition impulsive, qui doit toujours persister quand les oppositions de mains et de jambes cessent.

Je passe maintenant à l'étude des différents rassemblers qui peuvent être employés, et, d'abord, à celle du rassembler de l'ancienne école française, lequel est très bien caractérisé, dans l'album de M. Aubert, par la pose du cheval que monte M. de Nestier, comme dans toutes les anciennes gravures représentant M. de la Guérinière sur un cheval d'école. Ainsi, chez le cheval monté par M. de Nestier, l'action des fléchisseurs de la croupe paraît parfaitement en rapport avec celle des fléchisseurs de l'encolure, et la tête de l'animal, quoique assez élevée, se rapproche de la perpendiculaire. Sans doute, on sent bien que l'arrière-main est légèrement en surcharge, mais on sent aussi qu'elle supporte aisément cette surcharge, et que les hanches doivent rester *diligentes*. Ce rassembler est évidemment celui que pratiquaient les MM. d'Absac, et qu'ont pratiqué, en général, les écuyers de l'école de Versailles. Quant à la position à cheval de M. de Nestier, elle est admirable ; l'écuyer entre, on peut dire, dans sa selle ; les jambes restent tombantes et assez près des sangles pour pouvoir agir sans mouvement apparent.

Mais l'équilibre du cheval sur lequel est représenté M. d'Aure est sensiblement différent ; l'arrière-main de l'animal semble contractée ; elle accuse de l'écrasement. La tête et l'encolure paraissent aussi trop élevées, et l'on est disposé à croire que cet équilibre n'est maintenu que par la puissance d'action du cavalier.

Enfin, au résumé, il parait évident que, dans le rassembler qu'exigeait M. d'Aure, c'est l'action de la main qui amenait la surcharge de l'arrière-main, au lieu que, dans celui de M. de Nestier, il est visible que c'est l'arrière-main qui, par sa flexion, est venue s'emparer du surplus de poids dont elle est chargée.

Quant à la position du célèbre improvisateur équestre, elle est assez notablement différente de celle de M. de Nestier; le puissant cavalier est, en somme, moins magistralement placé à cheval, j'oserais même dire moins bien assis; ses

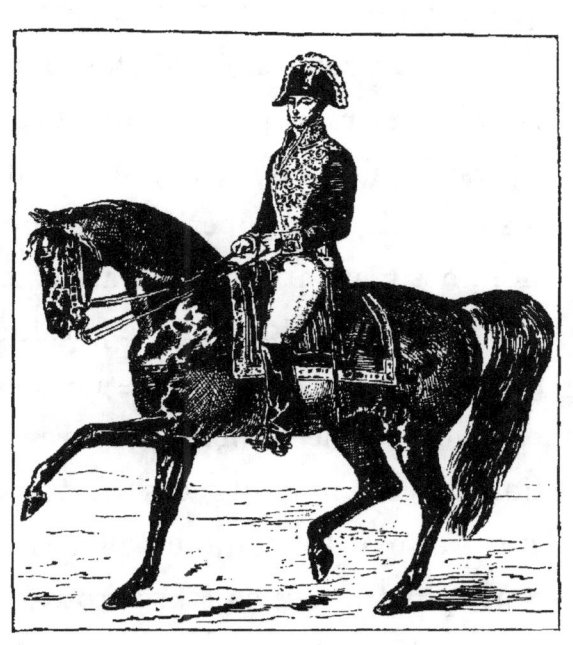

Fig. 17. — Comte d'Aure.

jambes sont moins tombantes, et leur position indique qu'il voulait être toujours prêt à provoquer une impulsion énergique.

Il faut dire qu'à une certaine époque, M. d'Aure avait cherché à acquérir une grande *tenue* à cheval, à devenir un cavalier entreprenant et très osé. J'ai raconté dans le

temps quel avait été le point de départ de ce genre
d'études équestres. En réalité, le futur écuyer en chef du
manège de Saumur avait compris qu'avec les nouvelles
idées ayant cours, en matière d'équitation, on ne pouvait
conserver son prestige d'homme de cheval hors ligne
qu'en faisant mieux et à première vue que le plus habile
cavalier du dehors. Aussi était-il parvenu à posséder une
solidité extraordinaire, laquelle, jointe au sentiment
équestre qu'il devait à la pratique de l'équitation savante,
lui donnait une supériorité incontestable sur tous les
hommes n'ayant qu'une grande habitude du cheval.

Mais, en définitive, il me paraît certain que M. d'Aure
n'a jamais mis en pratique le genre de rassembler des
chefs de l'école française. Du reste, dans sa préoccupation d'avoir toujours des chevaux *perçants*, il voulait
que l'animal fût toujours plus ou moins sur la main.
Son opinion, à ce sujet, se trouve nettement formulée à
la page 33 du traité d'équitation qu'il a publié en 1834,
car voici ce qu'on y trouve : « *Je préfère la manière de
renfermer un cheval dans la main et dans les jambes,
en se servant de la main comme soutien et des jambes
comme action, c'est-à-dire en mettant le cheval sur la
main au lieu de le mettre derrière la main* (1). » Or,

---

1. — M. Baucher a dit plus tard : « Derrière la main, mais en avant
des jambes. »

dans ces conditions-là, le rasembler ne peut être exact. Aussi l'équitation libre qu'exigeait M. d'Aure devait avoir la plus grande analogie avec celle que préconisait Xénophon quand, pour rendre le cheval fier et brillant, il recommandait *d'élever la main et de rapprocher les jambes.* Quoi qu'il en soit, il n'en est pas moins vrai qu'en examinant avec un peu d'attention la lithographie que j'ai sous les yeux, on sent que le cheval monté par M. d'Aure est dans une position gênée, et qu'il ne subit que contraint et forcé l'équilibre que lui impose le cavalier; conséquemment, qu'il ne doit exécuter son travail qu'avec certaines résistances, plus ou moins paralysées par l'énergie et l'à-propos de son puissant dominateur.

Je passe maintenant, avant d'arriver à ma conclusion, aux deux rassemblers préconisés, à tour de rôle, par l'homme inimitable qui nous a tous charmés et entraînés dans une voie où les écueils, pour être évités, exigent un grand tact et une grande gradation dans l'emploi des moyens d'action.

Je vais d'abord chercher à bien faire comprendre que le premier rassembler indiqué par M. Baucher diffère essentiellement de celui que recherchaient les écuyers de l'ancienne école. Mais ici il me paraît nécessaire d'ouvrir une parenthèse en quelque sorte tardive. Cependant, comme les lignes que je trace en ce moment ne représentent, en

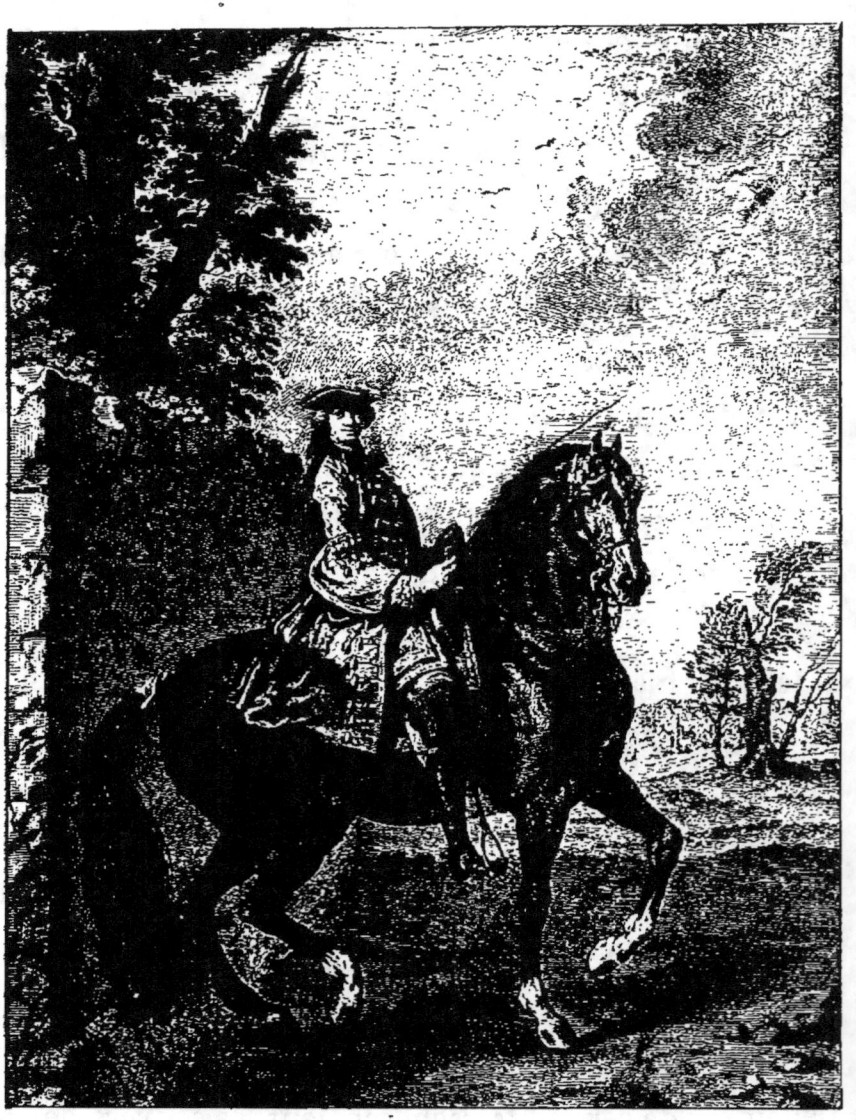

Fig. 18. — De la Croupe au Mur.

définitive, qu'une simple causerie équestre, je me sens

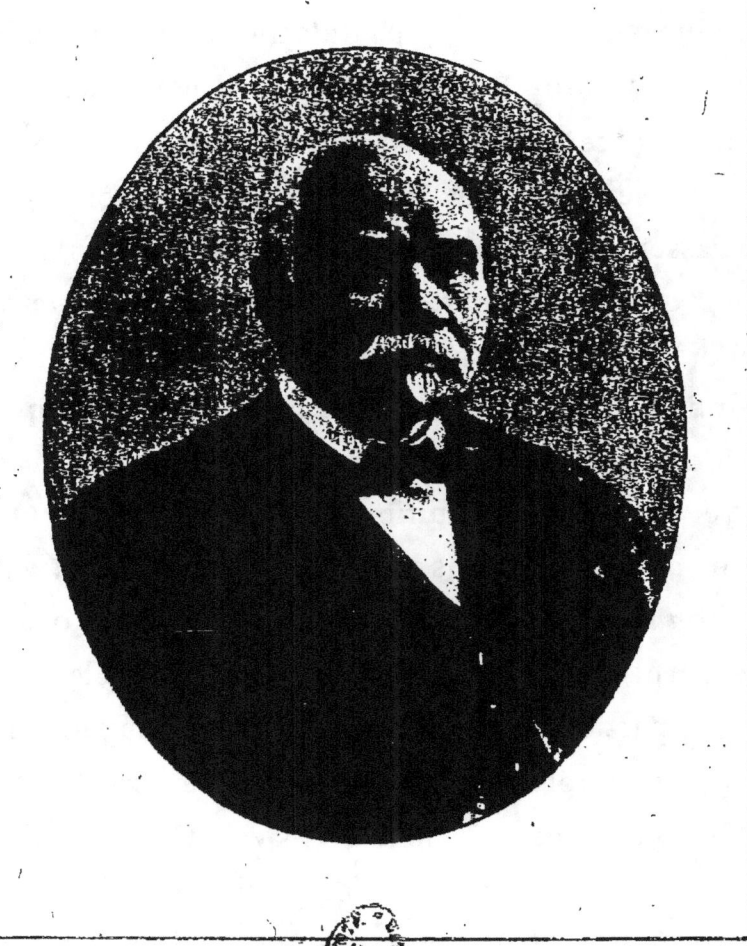

Maxime GAUSSEN

très à mon aise à ce propos. Dans tous les cas, une véritable étude sur l'équitation savante exigerait quelque chose de plus complet et de plus didactique que ce que je présente aujourd'hui à vos lecteurs. Voici donc, en quelques mots, ce que je crois utile de dire avant tout.

Jusqu'à présent, et pour faciliter ma petite tâche, j'ai parlé du rassembler des anciens écuyers comme s'ils en avaient fait une chose à part, un mouvement *sui generis* et en dehors de tous les autres ; mais il n'en est pas ainsi. Le rassembler complet, en tant que mouvement pratiqué à part, est dû à M. Baucher, et nous lui devons aussi la première et lumineuse définition de ce mouvement. On peut même ajouter que dans son premier écrit, le *Dictionnaire raisonné d'équitation,* le créateur de la nouvelle méthode ne paraît pas encore faire du rassembler un mouvement particulier. Quant aux anciens écuyers, ils rassemblaient simplement leurs chevaux en raison de l'allure plus ou moins artificielle qu'ils voulaient obtenir ; néanmoins, il est évident que, lorsqu'ils exigeaient du piaffer sans percevoir aucune résistance à la main, ils arrivaient, en définitive, à un rassembler complet et méthodique ; d'autant plus que l'équilibre de ce rassembler laissait intactes les dispositions impulsives de l'animal. On doit entendre en effet, selon moi, par rassembler méthodique celui où le cheval se cadence en place, non seulement sans résistance, mais reste toujours disposé à se porter en avant, quand les oppositions alternées de mains et de jambes cessent. C'est à ce propos, je ne crains pas de le dire ici, que l'effet d'ensemble que M. Baucher recommande à la suite du rassembler me paraît une chose inutile et peut même présenter certains inconvénients, surtout pour des cavaliers ordinaires. Ainsi, à mon avis, le rassembler complet obtenu sans résistance ne doit être suivi d'aucun effet d'ensemble, lequel ne peut avoir pour effet que d'immobiliser la masse, et, conséquemment, tend plus ou moins à prendre sur les dispositions impulsives du sujet. Sans doute, en tout état de cause, M. Baucher savait conserver quand même ces dispositions impulsives, mais il ne faut jamais oublier que l'homme était doué d'un tact équestre merveilleux, et qu'il ne faut pas spéculer sur les exceptions en matière d'enseignement.

Maintenant il me paraît essentiel d'ajouter qu'en réalité, et comme l'a démontré M. Baucher, il y a des degrés différents dans le rassembler; du reste, il ressort de ces derniers enseignements qu'un rassembler peut être exact avec peu de rapprochement des extrémités du centre de gravité, et même, pour ainsi dire, sans ce rapprochement. Oui, mais alors, selon moi, si l'on peut obtenir du piaffer et exécuter méthodiquement la plus grande partie des grandes difficultés équestres, il n'en est pas tout à fait de même de celles qui exigent un rapprochement extraordinaire des extrémités postérieures, comme les voltes rétrécies et les pirouettes.

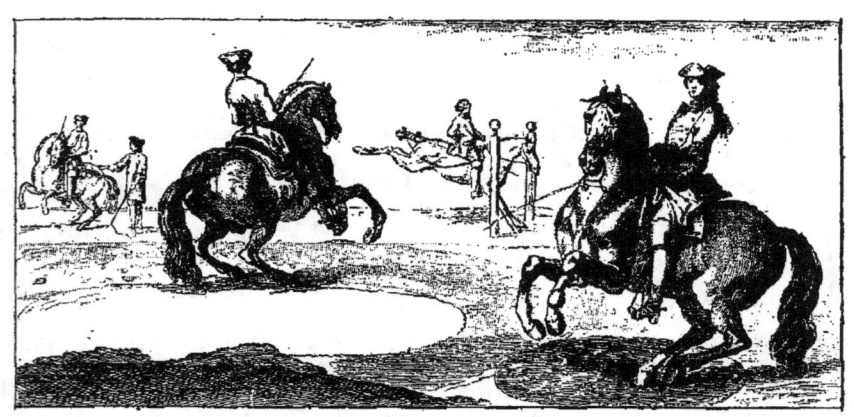

Fig. 19 et 20. — La Volte à droite.   La Pirouette à gauche.

J'en reviens au premier rassembler de M. Baucher et à cet effet d'ensemble qui devait le terminer, car ce point a une grande importance. Dans ce rassembler, puisqu'il est évident que le poids doit se trouver réparti également sur les quatre extrémités, et, d'un autre côté, que ces extrémités restent à égale distance du centre de gravité, on peut en conclure que, si l'on arrête cette mobilisation en place de la masse par un effet d'ensemble, cette opposition simultanée de mains et de jambes peut avoir comme conséquences, au moins morales, celles de s'opposer plus ou moins à ce que l'animal se reporte de lui-même en avant. C'est pourquoi je ne suis pas disposé à admettre l'effet d'ensemble à la suite du rassembler, mais, tout simplement pour le faire cesser, l'abandon des moyens d'action qui le produisent; ce qui ne peut empêcher le mouvement en avant de s'ensuivre, puisque les puissances musculaires restent agissantes.

Évidemment M. Baucher a toujours su tirer un parti énorme des effets d'ensemble et de bien d'autres choses; mais, encore un coup, il était doué d'un sentiment équestre extraordinaire, que les plus habiles cavaliers ne peuvent avoir la prétention de posséder. Maintenant, je crois devoir le répéter sous une autre forme, le rassembler en question aura toujours un inconvénient : c'est qu'en habituant l'animal à prendre un équilibre artificiel, dans lequel l'emploi des puissances musculaires tend à maintenir une lutte égale entre les forces qui poussent la masse en avant et celles qui la retiennent, les allures dans lesquelles on est forcé de l'employer doivent s'en ressentir, et que cela nécessite trop souvent l'emploi fréquent des moyens impulsifs. De là ces effets continuels de jambes, cet abus de l'éperon qui nuit à la pose du cavalier, sans donner, on peut l'affirmer, du brillant au travail. Néanmoins, on ne saurait trop le redire, le sentiment exquis du maître des maîtres en équitation savante a toujours suppléé aux inconvénients que présentait ce genre de rassembler ; mais tous ses élèves, et je parle ici des meilleurs, n'ont pas toujours su les éviter. Aussi a-t-il paru se rendre compte de cela plus tard, car c'est à ce rassembler et au ramener complet qui doit le précéder, qu'il a appliqué l'épithète d'équilibre du second genre, c'est-à-dire d'un équilibre dans lequel le cheval manifeste encore certaines résistances, résistances qui, suivant moi, ont une cause toute naturelle que j'ai déjà signalée, et sur laquelle je reviendrai un peu plus loin en quelques lignes.

Quant au second rassembler de M. Baucher, qui paraît s'éloigner beaucoup plus de celui des anciens écuyers, en ce sens que le poids de la masse, non seulement est partagé également entre les quatre extrémités, mais que ces extrémités, quoique restant à égale distance du centre de gravité, en sont maintenues assez éloignées, je le trouve néanmoins plus pratique que le premier, et je reste convaincu qu'il peut rendre de grands services, surtout quand on a affaire à des chevaux peu disposés pour un travail d'école ; et cela d'autant plus que son obtention n'exige pas du cavalier un tact équestre aussi grand que le premier, et n'offre pas autant de danger de paralyser la détente, pour peu que l'action de la main, dépassant un peu le but, provoque une action exagérée des fléchisseurs de l'encolure.

C'est au moyen de l'élévation de la tête, sans s'occuper du ramener, et en maintenant la légèreté complète par de petits effets spontanés de la main, accompagnés d'actions alternées et répétées de jambes, conséquemment en diminuant l'allure sans *prendre* sur l'activité générale des puissances musculaires, que l'on arrive à harmoniser,

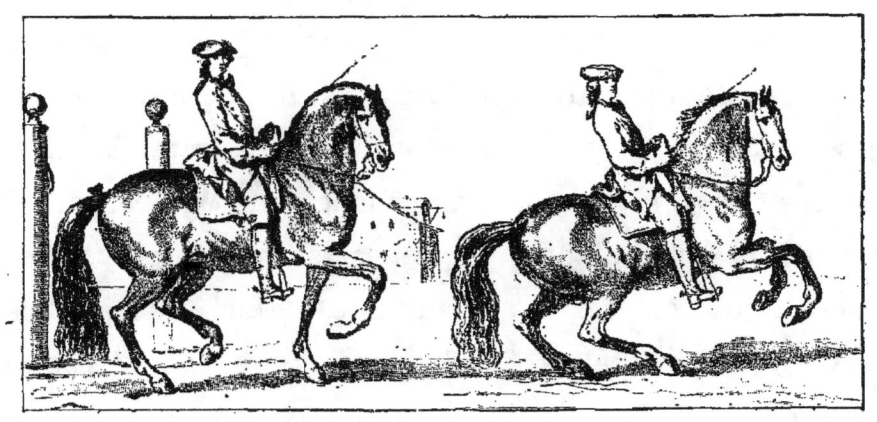

Fig. 21 et 22. — Le Passage.   La Galopade.

en quelque sorte, par une gradation ménagée, le jeu des fléchisseurs et celui des extenseurs ; enfin, à obtenir une mobilisation en place, qui peut légitimement se qualifier de rassembler. On doit comprendre que, dans ce cas, l'animal se trouve dans l'équilibre qu'il prendrait de lui-même si, en liberté, il pouvait être disposé à exécuter un mouvement semblable. Cet équilibre, cela va de soi, est le même au trot cadencé (le passage) et au galop, si ce n'est, bien entendu, que l'action des extenseurs domine plus ou moins, selon l'allure exigée, celle des fléchisseurs.

Il devient donc évident que, dans ce dernier genre de rassembler, M. Baucher ne devait plus percevoir certaines petites résistances qui se manifestaient encore dans le premier, toutes les fois, par exemple, qu'il fallait passer à un mouvement nouveau ou changer de direction. Et en voici encore une fois la raison : pour maintenir, comme dans le rassembler, un équilibre aussi fragile entre le jeu des extrémités postérieures et celui des extrémités antérieures, en un mot, un rapprochement égal et aussi grand des points d'appui, il est nécessaire d'employer des oppositions répétées et alternées de mains et de jambes très adroitement faites. Or, dans les moments où il s'agissait de changer de direction ou de passer à un nouveau mouvement, ces oppositions ne pouvant être maintenues, l'animal devait tendre tout naturellement à sortir de l'équilibre, en quelque sorte trop artificiel, dans lequel il n'était contenu que par l'action continue de ces mêmes oppositions. De plus, dans ce maintien des extrémités à égale distance du centre de gravité et très rapprochées, les tendances impulsives sont évidemment moindres que lorsqu'elles restent éloignées comme dans la seconde manière de M. Baucher, et, à fortiori, comme dans le rassembler de l'ancienne école ; là où en raison du jeu naturel des fléchisseurs de la croupe, légèrement en surcharge, et l'harmonieuse disposition des releveurs de l'encolure et de leurs antagonistes, l'animal reste toujours disposé à s'élancer en avant. De même que par le fait de l'éloignement relatif des extrémités, le jeu des extenseurs, dans l'équilibre, que M. Baucher a qualifié d'*équilibre de premier genre*, doit se produire assez facilement lorsque l'opposition de la main cesse de se manifester.

Maintenant, pour être mieux compris, et avant de conclure, je crois devoir entrer encore dans quelques considérations sur les différents rassemblers dont je viens de parler, sans trop m'appesantir, et pour cause, sur le genre de rassembler qui a été pratiqué par M. d'Aure, et qui me paraît si fidèlement rendu par la lithographie en question. D'autant plus que, à mon avis, ce rassembler ne peut être considéré comme un rassembler méthodique, en ce sens surtout que l'arrière-main reste trop éloignée du centre pour être maintenue en surcharge, et, conséquemment, que le jeu naturel des fléchisseurs se trouve en quelque sorte gêné dans son action, puis, enfin, que d'un autre côté, les releveurs de l'encolure priment trop sur les fléchisseurs, ce qui amène forcément une certaine résistance aux effets de la main ; résistance qui n'a aucun rapport avec cet appui ferme et léger qu'ont préconisé plusieurs de nos anciens maîtres.

A présent, il me paraît nécessaire de revenir un peu sur

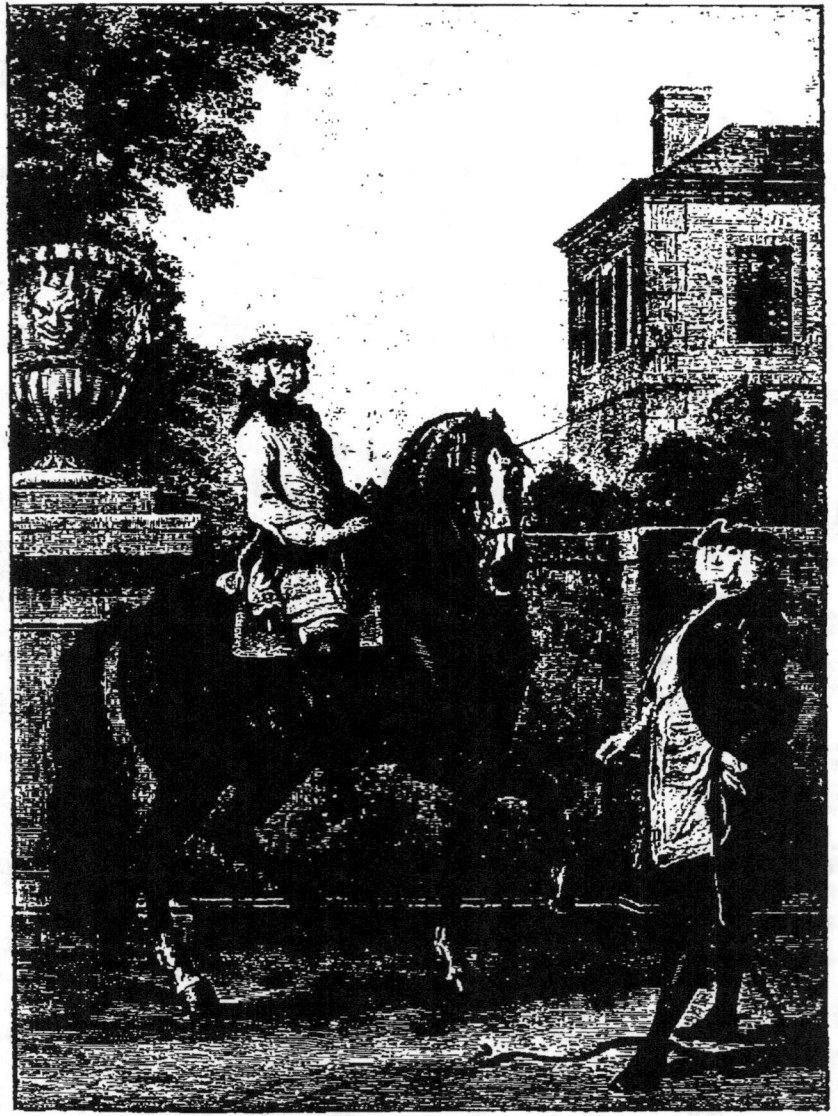

Fig. 23. — De l'Épaule en dedans.

le genre de rassembler qu'indiquent les gravures du

3.

temps représentant MM. de Nestier et de la Guérinière à cheval.

Dans ce rassembler, je le répète, l'arrière-main est légèrement en surcharge, puisque les extrémités postérieures sont évidemment plus rapprochées du centre de gravité que les autres, mais il y a harmonie d'action entre les fléchisseurs de la croupe et ceux de l'encolure, ce qui constitue une position naturelle et aisée, celle de l'animal prêt à s'élancer en avant. Aussi la légère surcharge de la croupe ne peut produire aucun acculement (1) et les dispositions impulsives restent intactes. Du reste, un œil exercé est meilleur juge en pareille matière, et la pose des sujets en question est pleine d'aisance et de noblesse. Or, si cet équilibre est maintenu dans le travail d'école, il en ressort un brillant qu'on ne peut, je crois, obtenir dans tout autre rassembler.

Sans doute dans le rassembler qu'a pratiqué en premier lieu M. Baucher, l'arrière-main ne peut être en surcharge, par suite de l'affaissement de l'encolure et de l'action presque exagérée de ses fléchisseurs, et cela d'autant moins que les quatre extrémités restent à égale distance du centre de gravité; conséquemment, que le poids de la masse est exactement partagé entre l'arrière-

---

1. — Il n'y a acculement que lorsqu'il y a désaccord entre la surcharge de l'arrière-main et le mouvement exigé.

main et l'avant-main. Mais il s'ensuit forcément que, toutes les puissances musculaires agissant dans le sens de la *concentration des forces*, les tendances impulsives de

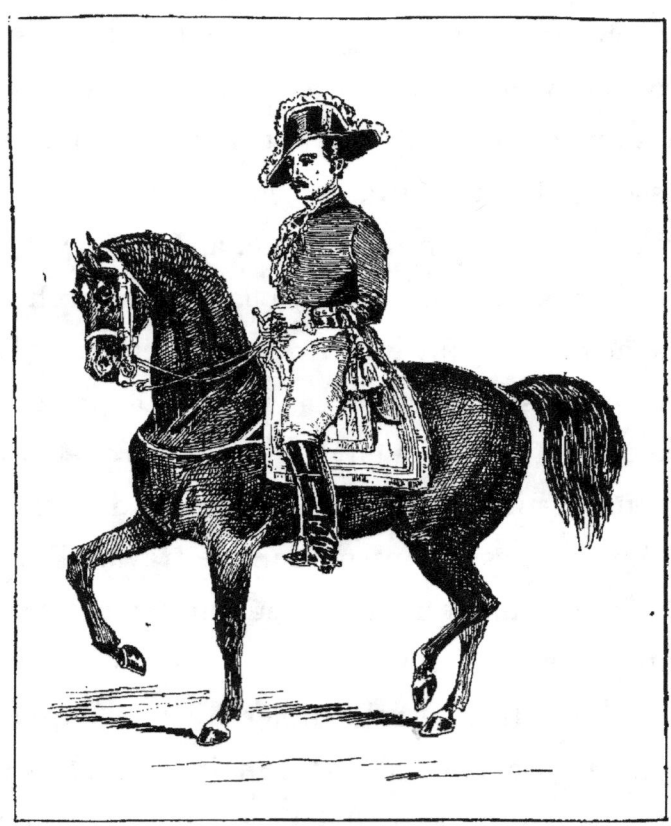

Fig. 24. — Baucher.

l'animal sont presque nulles, et qu'il faut évidemment un grand tact, surtout quand on a beaucoup employé l'effet d'ensemble à la suite du rassembler, pour qu'elles ne soient pas plus ou moins paralysées. Du reste, je le redis, les oppositions de jambes et de mains ont besoin d'être très multipliées, pour que ce genre d'équilibre, ou plutôt ce rapprochement des extrémités, se maintienne à toutes les allures et dans tous les mouvements. Néanmoins, je ne cesserai pas non plus de l'affirmer, M. Baucher a tiré un parti énorme de ce genre de rassembler, car, on ne doit pas l'oublier, il a été la base du travail de Partisan, de Capitaine, de Neptune, et de la plupart de ces chevaux qui, pour les amateurs d'équitation savante, deviendront légendaires.

Encore quelques mots, je les crois utiles, sur le rassembler qu'a préconisé en dernier lieu M. Baucher, et qui est beaucoup moins artificiel que celui dont il vient d'être question ; conséquemment, d'une obtention plus facile. Ainsi, dans ce rassembler, il n'y a pas à s'occuper du ramener complet ou du rapprochement des extrémités ; ensuite, il ne nécessite pas autant d'oppositions de mains et de jambes pour être maintenu. C'est, aurait pu dire son promoteur, un rassembler sans *concentration de forces*. Aussi, les fléchisseurs et les extenseurs ont une part égale à l'action ; mais, ne l'oublions pas, comme dans le premier, le poids reste également partagé entre les deux extrémités. Ce rassembler s'obtient, je l'ai déjà dit, en élevant d'abord l'encolure sans qu'il soit question de ramener, et par la recherche constante de la légèreté, sur des effets de jambes et de mains qui ont pour but de solliciter, dans le sens de l'élévation du mouvement, l'action des puissances musculaires, jusqu'à ce qu'elle ait lieu en place. Ses grands avantages, c'est, d'une part, comme je viens de le dire, qu'il est plus facile à mettre en pratique que le précédent, et ensuite qu'il peut mieux s'appliquer à la généralité des chevaux de selle tels que l'emploi du pur sang nous les donne aujourd'hui. Rend-il le travail aussi brillant que le rassembler de nos anciens écuyers ? Je ne le crois pas, mais il faudrait, pour se prononcer en parfaite connaissance de cause, voir deux chevaux d'une construction passable travailler, dans ces deux rassembler, sous le même écuyer.

Quoi qu'il en soit, le dernier rassembler de M. Baucher a incontestablement un avantage, c'est de moins tendre à paralyser les forces impulsives de l'animal que le premier. Néanmoins, comme je viens de le dire, je doute qu'elles se produisent aussi facilement qu'avec celui de nos vieux maîtres. Aussi, quand on a affaire à des chevaux qui ont de l'action naturelle, de bons reins, de bonnes hanches — pour me servir du langage équestre habituel — je pense qu'il est préférable de mettre en pratique le rassembler de l'ancienne école, d'autant plus qu'au fond je reste disposé à croire qu'il rend le travail plus brillant.

Au sujet du rassembler, je ne puis omettre d'ajouter

qu'il ne peut être question ici des allures artificielles, lesquelles s'obtiennent sur l'éloignement des *forces* ou plutôt des points d'appui, tel que le trot à extension et les passages qui en dérivent. Ces mouvements, en effet, ne nécessitent aucune espèce de rassembler; seulement, il faut bien se garder de rechercher ce genre d'allures, bien véritablement artificielles, avant d'avoir obtenu à volonté un rassembler facile en place et dans les trois allures mères.

Maintenant, qu'on me permette de dire encore ici qu'un rassembler exact et méthodique est, de toute nécessité, le point de départ d'un travail de haute école; et que, naturellement, lorsqu'il a été rendu facile en place et dans les trois allures, la série de mouvements qu'il s'agit de pratiquer, en dehors du trot à extension et des allures qui s'en rapprochent, ne demandent plus pour être obtenus que de la suite et de la gradation dans le travail. Je n'ai pas du reste l'intention de m'étendre sur ce sujet, car j'ai déjà indiqué la marche qu'il faut suivre. Ce qu'il est seulement nécessaire de répéter sans cesse, c'est qu'avant de s'occuper du travail de la haute école, le sujet doit satisfaire à toutes les exigences de la pratique ordinaire, c'est-à-dire avoir une impulsion très franche, s'arrêter sans la moindre résistance à la main; enfin, prendre à volonté ses trois allures, s'y maintenir calme, partir facilement sur les deux pieds au galop, et changer de direction avec aisance sur l'effet latéral de la main de la bride.

Quant à l'obtention d'un rassembler, quel qu'il soit, c'est une question de méthode et de suite dans le travail ; il s'agit, on ne saurait trop insister sur ce point, d'arriver par des oppositions alternées de mains et de jambes à ce que, le cheval étant au pas, son allure gagne en élévation ce qu'elle perd en impulsion ; puis de faire que, peu à peu, la cadence se produise en place sans que l'animal offre aucune résistance à la main et perde ses dispositions impulsives.

Il est évident, du reste, que, lorsque l'on obtient à volonté la mobilisation en place, il devient facile de maintenir le rassembler nécessaire au pas cadencé comme au passage qui n'est également qu'un trot cadencé, et au galop ralenti avec élévation du devant. Et ce n'est que quand toutes ces choses sont devenues familières au cheval que l'on doit s'occuper du piaffer ; car non seulement cette cadence régulière en place, se produisant avec rythme et énergie, est une des grandes difficultés de l'équitation savante, mais, si on la pratique trop tôt ou même un peu trop souvent, elle peut contribuer à ôter de la franchise au jeu de la détente.

Pour obtenir le piaffer, je crois devoir le redire ici, il

suffit, lorsque l'animal se mobilise facilement en place, d'employer alternativement des effets latéraux de jambes, en ayant soin de suivre et de chercher à accentuer de plus en plus cette espèce de balancement d'un bipède diagonal sur l'autre qui le constitue. Seulement, il est bien entendu que l'action des jambes doit être accom-

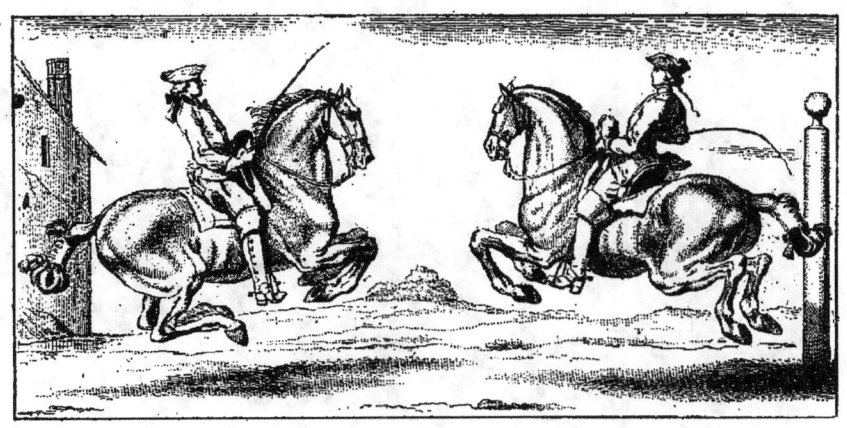

Fig. 25 et 26. — La Croupade.   La Ballottade.

pagnée de celle de la main, soit, suivant l'occasion, en serrant simplement les doigts pour s'opposer à l'éloignement de la tête, soit en employant, en plus, des petits mouvements latéraux et spontanés du poignet, les *vibrations* de M. Baucher.

Mais, quels que soient les moyens employés, il faut surtout toujours viser à parler à l'intelligence de l'animal, car il n'y aura jamais d'équitation rationnelle là où ce précepte ne sera pas suivi.

Enfin, je ne saurais trop le recommander, ce n'est

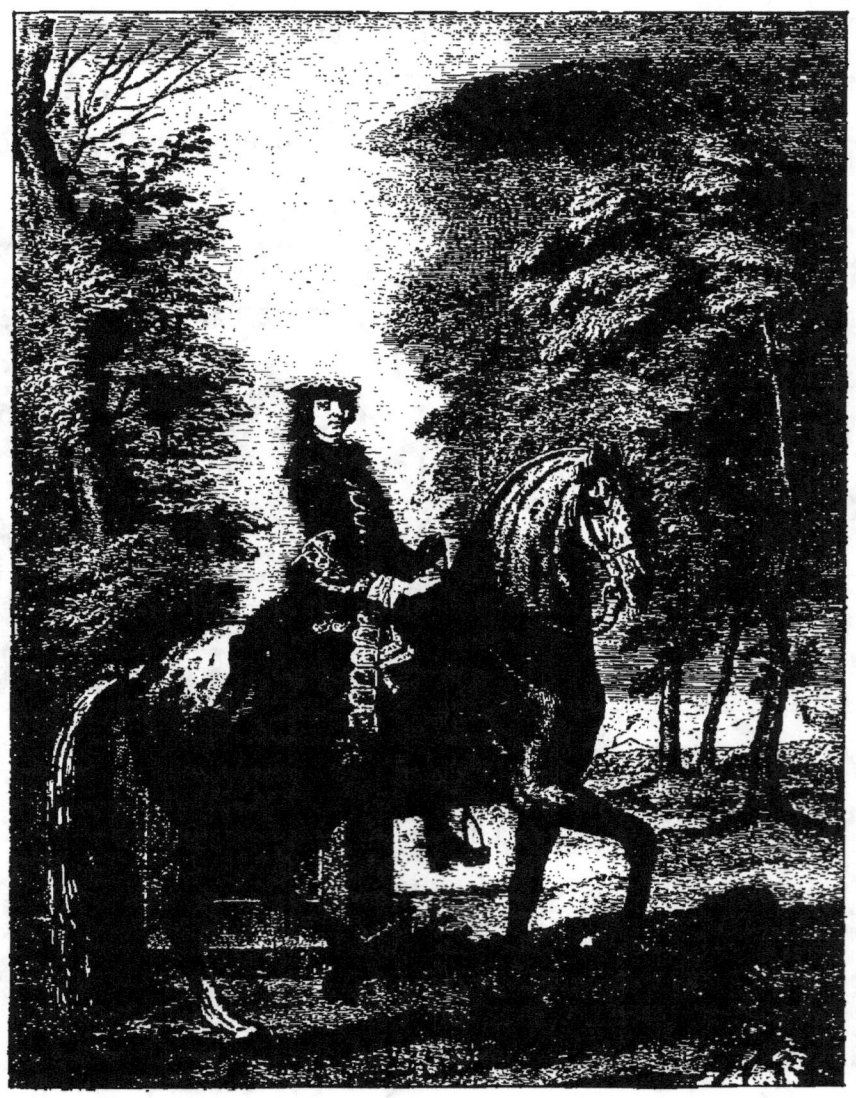

Fig. 27. — Du Passage.

qu'en dernier lieu que l'on peut raisonnablement exiger certaines allures artificielles ; c'est-à-dire celles que l'homme extraordinaire, qui laissera une si grande page dans l'histoire de l'équitation, nous a fait tout particulièrement admirer, et dont le trot à extension, dit trot espagnol, — je ne sais trop pourquoi, — est la plus brillante. Mais, encore une fois, il faut pour cela que tout ce qui nécessite un rassembler facile soit obtenu.

A ce propos, je ne crois pas devoir terminer cette causerie sur l'équitation savante, où il est principalement question du rassembler, sans parler d'un moyen très efficace, sans être absolument méthodique, de l'obtenir plus promptement. Je veux désigner ici le travail à la chambrière et au mur indiqué par M. Baucher. Ainsi, lorsqu'un cheval se porte facilement en avant sur le simple attouchement de la cravache au poitrail, il devient très aisé, en le mettant au mur et en se servant de la chambrière pour actionner la croupe, de provoquer les premiers temps de concentration ; mais là, plus que jamais, il faut avoir soin de parler à l'intelligence de l'animal et de suivre une gradation bien ménagée. On comprend, du reste, que, dans ce travail, le cavalier étant à pied peut se servir des rênes tenues dans la main droite, avec un grand à-propos et une puissance irrésistible ; de même que la chambrière a une action toute spéciale et déterminante, pour provoquer la flexion de la croupe et son rapprochement. Mais il va sans dire qu'au début la main, en s'opposant à l'action de la détente, ne doit pas chercher de suite à maintenir le cheval en place ; et qu'il suffit d'arriver à ce que le sujet, tout en avançant, entre dans un commencement de cadence sans qu'aucune résistance ne se manifeste. On cesse alors d'agir et on le caresse ; puis on recommence à opposer de plus en plus la main au jeu de la détente, jusqu'à ce que l'animal en arrive à se mobiliser sur place. Ce travail, on le comprend, rend le rassembler bien plus facile à obtenir lorsqu'il est monté.

Mais mon intention n'étant pas de revenir sur ce que je crois avoir indiqué dans une suite d'articles, je m'arrêterai donc ici, en me contentant de formuler de nouveau une règle générale et applicable à tous les cas, celle-ci : Quel que soit le degré d'éducation qu'il ait atteint, le cheval d'école doit être remis de temps à autre aux allures ordinaires et promené au grand air, non seulement pour qu'il prenne toujours facilement les positions nécessaires à ce genre d'allures, mais aussi pour qu'il conserve toutes ses tendances impulsives. Enfin, un véritable cheval d'école, méthodiquement dressé, doit toujours pouvoir être monté dehors par un cavalier ordinaire, pour peu que ce dernier soit maître de ses moyens d'action.

J'ai fini, et il me semble que, dès ce moment, la petite

tâche que vous m'aviez tracée est accomplie, et que je n'ai plus rien à dire sur un art qui m'a passionné dans ma jeunesse et dans mon âge mûr. Aussi je n'ambitionne plus qu'une chose : c'est d'être lu avec quelque intérêt par vos lecteurs.

M. GAUSSEN.

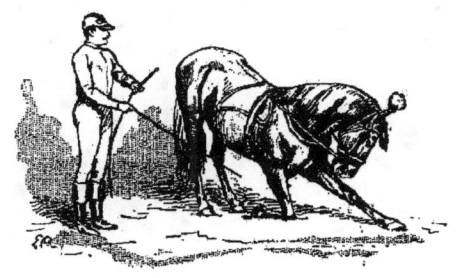

LES ÉCUYÈRES

L'ÉQUITATION DE CIRQUE

LES ÉCUYÈRES

L'ART ÉQUESTRE AU XIXe SIÈCLE

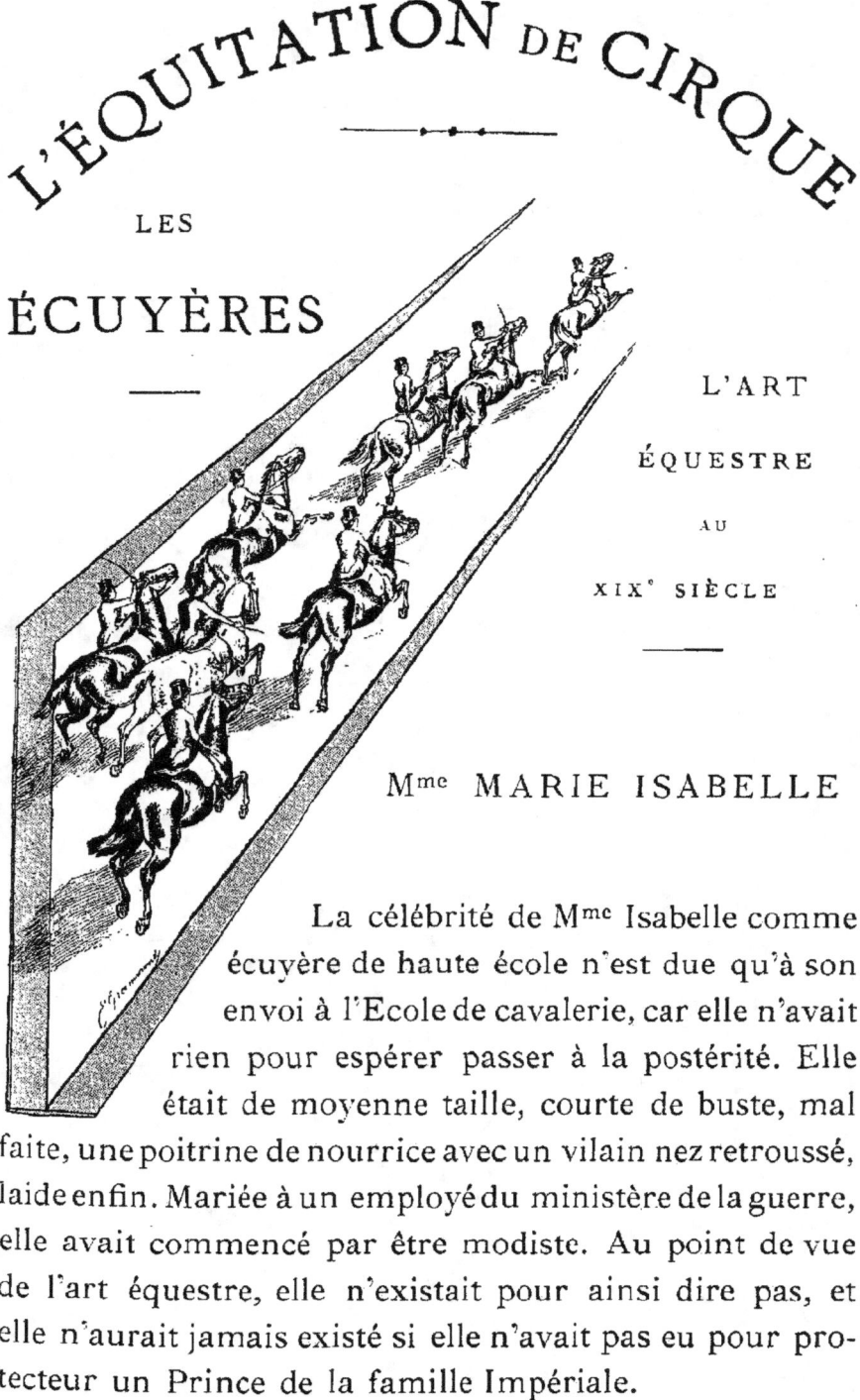

Mme MARIE ISABELLE

La célébrité de Mme Isabelle comme écuyère de haute école n'est due qu'à son envoi à l'École de cavalerie, car elle n'avait rien pour espérer passer à la postérité. Elle était de moyenne taille, courte de buste, mal faite, une poitrine de nourrice avec un vilain nez retroussé, laide enfin. Mariée à un employé du ministère de la guerre, elle avait commencé par être modiste. Au point de vue de l'art équestre, elle n'existait pour ainsi dire pas, et elle n'aurait jamais existé si elle n'avait pas eu pour protecteur un Prince de la famille Impériale.

Isabelle commença à prendre des leçons d'équitation au manège de la rue Duphot, dirigé alors par M. le comte de Lancôsme-Brèves. Elle prit un goût particulier pour l'exercice du cheval — passion malheureuse, car elle était maladroite, disgracieuse et de plus très poltronne.

Elle quitta bientôt son professeur, le comte de Lancôsme-Brèves, parce qu'il la forçait à monter à cheval, et vint prendre des leçons spéciales de dressage, d'après les principes de la méthode Baucher, au manège du faubourg Saint-Martin. Ce qui lui souriait le plus, dans cette méthode, c'était le travail à pied, les flexions, le travail à la cravache pour le rassembler, le piaffer, le pas espagnol, les pirouettes, etc.

M. Pellier, le père de l'écuyer que tout Paris connaît, lui donnait consciencieusement ses leçons tous les matins ; mais que de gaucheries, et avec cela que d'orgueil ! On la voyait en corsage d'amazone, en pantalon d'homme, ayant ôté sa jupe, les poches bourrées de morceaux de carottes pour amadouer les chevaux. Les morceaux de sucre et les carottes constituaient le fond de sa méthode de l'avenir.

Elle essayait de dresser pour la haute école une grosse jument hollandaise commune, mais très sage et ayant un peu de tride, comme tous les animaux de cette race. Cette jument, on la nommait *Ravinette*. Ce nom souvent répété exaspérait sa propriétaire. Pourquoi, on ne l'a jamais su, comme on n'a jamais su pourquoi cette brave Isabelle, qui aurait peut être fait une modiste de premier ordre, s'était faite écuyère. Les mauvaises langues de l'époque prétendaient que c'était pour complaire au prince J.

Lorsque M. Pellier, pour cause de santé, ne pouvait donner sa leçon, c'était son fils Jules Pellier, directeur aujourd'hui du manège du bois de Boulogne, qui le rem-

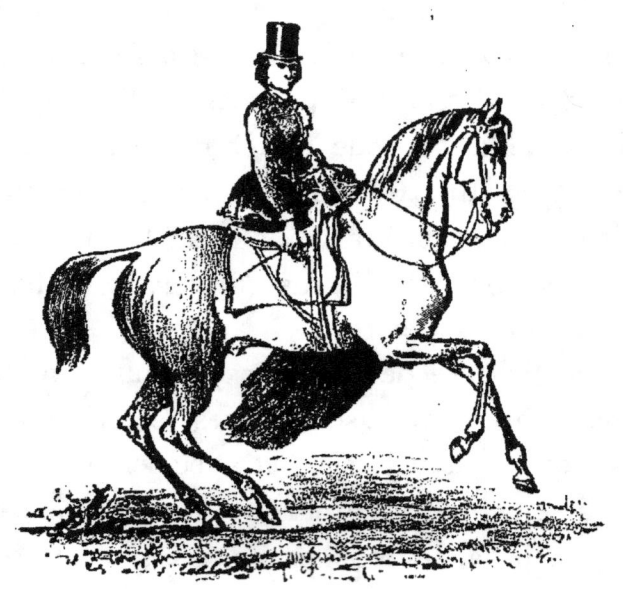

Fig. 30. — Mme MARIE ISABELLE.

plaçait. Comme à cette époque l'excellent professeur était fort jeune, il s'amusait surtout à taquiner cette pauvre Isabelle, dont la poltronnerie l'amusait beaucoup. Il l'engageait toujours à monter *Ravinette*, et une fois en selle à l'attaquer violemment, ce dont elle se gardait bien ; mais de sa cravache le jeune Pellier caressait alors la croupe de *Ravinette* qui, en se défendant, faisait pousser des cris épouvantables à Marie Isabelle.

4.

Son grand bonheur était de la produire en public, mais, chaque fois qu'il lui proposait de sortir, elle trouvait un prétexte pour refuser. Enfin, un jour, il parvint à la décider à faire une promenade au bois, c'est la seule fois qu'elle soit sortie, et cette promenade a été pour elle une telle affaire que certainement elle a dû la faire figurer sur ses états de service.

Mme Isabelle était arrivée enfin à faire piaffer un peu sa jument, qui faisait quelques tours de manège au pas espagnol, et galopait sur les deux pistes; quelquefois elle changeait de pied du tac au tac. Voilà tout son travail.

On conçoit mal son envoi à Saumur à l'époque où l'Ecole avait à sa tête les meilleurs écuyers du monde, tels que MM. le général comte de Rochefort, le comte d'Aure, écuyer en chef, Michaux, de Saint-Ange, le comte de Montigny, Guérin, Daudet, de Novion, Duthil et tant d'autres, sans compter les sous-maîtres de manège.

Mais la haute protection dont cette femme était entourée explique bien des choses, même le titre qu'elle s'était arrogé le droit d'inscrire en tête de l'ouvrage qu'elle a publié : *Nouvelle méthode*, par Mme Marie-Isabelle, approuvée et achetée par son Excellence le Ministre de la guerre pour être mise en usage dans toutes les Écoles de dressage de l'armée; adoptée par sa Majesté l'empereur Nicolas pour être mise en usage dans toute la cavalerie de l'armée russe.

De même elle a cru pouvoir dire que sa méthode avait obtenu les suffrages : de l'empereur Napoléon III, de l'empereur Nicolas, de la reine d'Angleterre, du maréchal

Vaillant, du général Fleury, du duc de Washington et de plusieurs généraux et grands écuyers étrangers.

Le titre de l'ouvrage publié par Mme Isabelle est celui-ci : *Dressage par le surfaix-cavalier des chevaux de cavalerie, d'attelage et de course en six et douze leçons.*

Je ne puis mieux faire que de reproduire cette méthode,

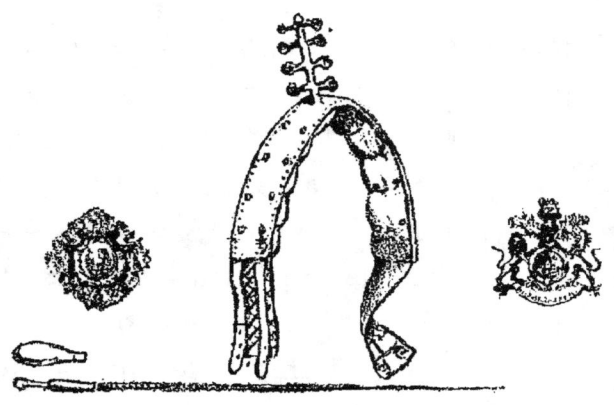

Fig. 31 à 35. — Cravache et Surfaix-Cavalier de Mme Isabelle.

afin que les cavaliers qui ont entendu parler de cet enseignement s'en rendent compte.

Le système de Mme Isabelle avait emprunté quelques procédés à la méthode Baucher, et se pratiquait à pied, au moyen d'un surfaix-cavalier à enrênement, et d'une cravache dans le pommeau de laquelle il y avait un éperon, renfermé dans un étui.

L'enrênement se produisait sur les diagonaux en même temps que le cavalier, à pied toujours, faisait sentir l'éperon du côté opposé à l'enrênement, donc à droite quand le cheval était enrêné à gauche et inversement.

On devait obtenir de cette manière le ramener et de la souplesse dans l'avant-main, et surtout du geste dans les membres antérieurs. Avec la mèche de la cravache on frappait la croupe pour engager les membres postérieurs sous la masse, et obtenir leur mobilité.

DRESSAGE PAR LE SURFAIX-CAVALIER des chevaux de cavalerie, d'attelage et de course en six et douze leçons.

Nous relevons quelques idées émises par Mme Isabelle dans sa préface, et qu'elle donne comme base de son système : Pour qu'un cheval soit bien placé, parfaitement droit, la tête doit être perpendiculaire, et, pour obtenir cette position sans fatigue et sans souffrance pour l'animal, il est nécessaire, avant de le placer, de l'assouplir à la jonction de la tête au cou, à droite et à gauche. Cet assouplissement a pour résultat de diminuer considérablement les glandes salivaires et de faciliter la position de la tête.

Lorsque les rênes sont fixées séparément l'une de l'autre, elles ont pour effet inévitable de développer énormément les glandes salivaires, et de rendre la jonction de la tête au cou si roide, que par la suite il devient presque impossible de placer le cheval à droite ou à gauche. Cette manière de fixer les rênes est diamétralement opposée à ce qu'on doit faire pour arriver au résultat qu'on désire obtenir.

Il y a une chose indispensable pour dresser un cheval, sans laquelle il est impossible de réussir, c'est une grande fixité de main, afin de forcer le cheval à obéir, sans jamais peser à la main et tirer sur les rênes. Si les rênes sont en caoutchouc ou en toute autre matière élastique, l'action produite est tout à fait opposée à celle qui est nécessaire pour dresser un cheval, car, dans ce cas, elles

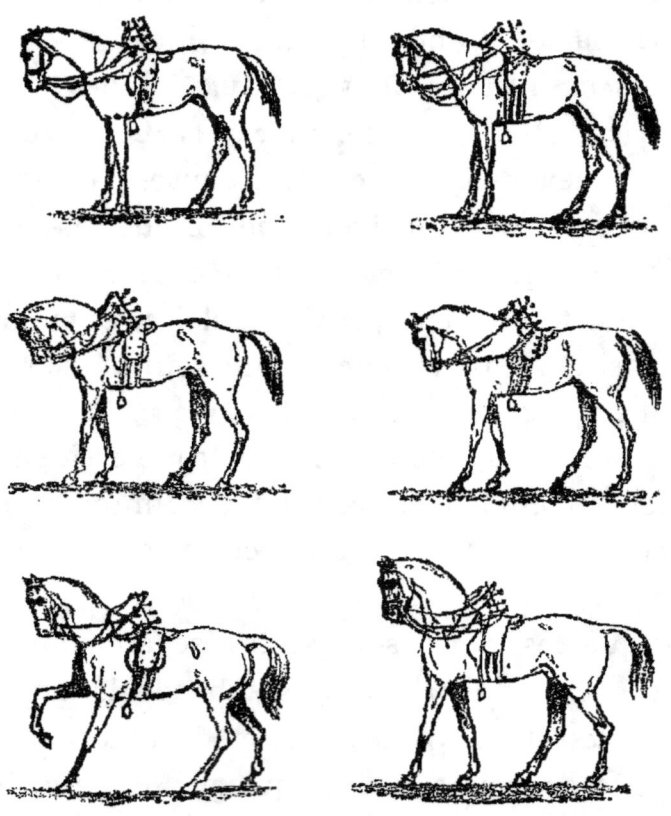

Fig. 36 à 41. — Les Assouplissements par le Surfaix-Cavalier.

cèdent chaque fois que le cheval tire dessus, et il contracte l'habitude, lorsqu'il est monté, de tirer constamment pour tâcher de les arracher de la main du cavalier..... Alors j'inventai le cavalier de fer; j'avais combiné tous ses effets de manière à produire exactement la main du meilleur écuyer, mais avec une grande supériorité résultant de sa fixité, et ses effets directs sur les glandes salivaires, dont il diminue considérablement la grosseur. De plus, il rend la bouche parfaite, augmente la vitesse des allures du cheval, et lui donne un gracieux, une élégance, qu'on n'a jamais pu obtenir avec les autres méthodes.

Ainsi, selon moi, le surfaix-cavalier a résolu le problème du dressage, car il l'a mis à la portée de tout le monde avec les immenses avantages de diminuer les dangers pour le cavalier, de dresser le cheval sans lui faire éprouver la plus légère fatigue, et d'augmenter ses moyens d'une manière considérable.

Les instructions préliminaires résument à peu près la progression de ce dressage :

Pour suivre une progression aussi rapide, il est indispensable que le cheval ait au moins cinq ans.

Avant de dresser le cheval, on doit le monter en bridon et en couverture deux heures par jour pendant quinze jours.

On le promènera dans les rues et sur les grandes routes, et on aura soin de le caresser chaque fois que quelque chose paraîtra l'inquiéter.

Si c'est un cheval d'une nature craintive, on le tiendra à la main, à côté d'un vieux cheval bien doux.

Si le cheval est monté pendant tout le cours du dressage, on doit, pendant les six premières leçons, le monter seulement un quart d'heure avant la fin de chaque leçon, et avec les six dernières, une demi-heure. Le cavalier aura soin d'exiger très peu de chose à la fois, et de cesser immédiatement chaque fois qu'on aura obtenu un bon travail.

Si au contraire le cheval a été dressé sans être monté, le cavalier lui fera répéter tout le travail du dressage par le surfaix-cavalier en suivant la même progression, mais en ayant soin d'exiger beaucoup moins à la fois.

Comme le dressage surexcite toujours un peu le cheval lorsqu'il est dressé, il est préférable, avant de rien lui demander, de le promener au pas trois heures par jour, en bridon et en couverture, afin de lui donner le temps de se calmer.

Si le cheval n'a que quatre ans et qu'il n'ait pas encore été monté, on lui donnera six leçons par le surfaix-cavalier, avant de le monter en bridon et en couverture.

A la première leçon, on lui mettra la selle, le surfaix-cavalier et la bride, et on fixera les quatre rênes du surfaix-cavalier aux premiers trous.

On fera marcher le cheval au pas d'équilibre décomposé en avant et en arrière pendant une demi-heure, et ensuite au pas, sur une ligne droite pendant vingt minutes.

A la seconde leçon, on fixera les rênes aux troisièmes trous, et on répétera le travail de la première leçon.

A la troisième leçon, on fixera les quatre rênes aux cinquièmes trous ; on fera marcher le cheval au pas d'équilibre décomposé en avant et en arrière, puis au trot sur une ligne droite. Cette leçon doit durer une heure.

Aux quatrième, cinquième et sixième leçons, on répétera le travail de la leçon précédente, en raccourcissant, à chaque leçon, les quatre rênes de deux trous.

Chacune de ces leçons ne doit pas durer plus d'une heure.

Pendant le cours de ce travail préparatoire, on mon-

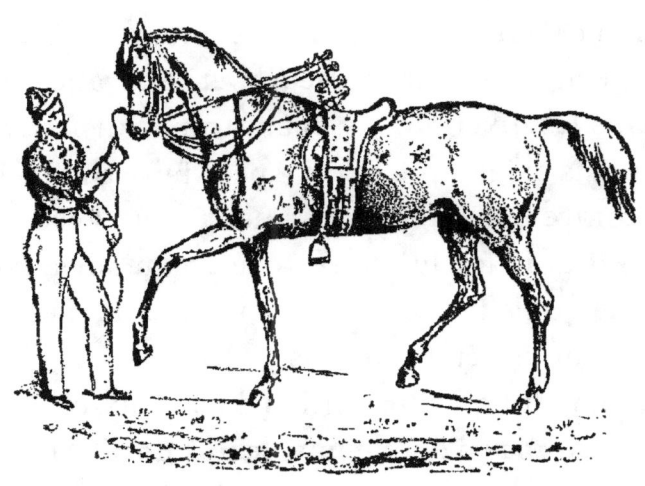

Fig. 42. — Dressage par le Surfaix-Cavalier.

tera le cheval à la fin de chaque leçon ; ensuite, on le promènera en bridon et en couverture, à la main, à côté d'un vieux cheval, une heure le matin et une heure le soir; si, au bout de huit jours, le cheval est confiant, on le montera ; si au contraire il est craintif, on continuera de le promener en main, à côté d'un vieux cheval, jusqu'à ce qu'il n'ait plus peur.

Les six premières leçons doivent être répétées chacune successivement pendant deux jours de suite ; ce qui fait en tout trente leçons.

Comme les forces d'un cheval ne sont pas entièrement développées à quatre ans, il faut le dresser sans le fatiguer, que la progression soit beaucoup plus lente que pour les chevaux plus âgés.

Pendant la première moitié du dressage, le cheval sera monté au pas et au trot pendant un quart d'heure seulement avant la fin de la leçon.

Pendant l'autre moitié, on le montera à toutes les allures pendant une demi-heure, et le cavalier aura bien soin, dans les divers mouvements qu'il lui fera exécuter, de ne jamais exiger que ce qu'il peut faire très facilement ; s'il rencontre quelques mouvements dont l'exécution soit difficile, il doit les lui faire répéter au surfaix-cavalier, jusqu'à ce qu'ils lui soient devenus très faciles, avant de les lui demander étant monté.

En admettant que l'invention du surfaix-cavalier eût été une chose bonne en elle-même, le tort de Mme Isabelle était d'en vouloir faire une panacée universelle. Est-ce utopie d'inventeur ou charlatanisme, toujours est-il que l'écuyère promettait monts et merveilles de son invention et la conseillait pour réduire toutes les difficultés. Aussi n'est-ce pas seulement le dressage du cheval de selle qu'elle traite dans son ouvrage, mais le dressage des chevaux d'attelage, le dressage des chevaux de course, le dressage des chevaux qui forgent, le dressage des chevaux qui sont sous eux du devant et le dressage des chevaux qui reculent difficilement. Enfin dans un chapitre intitulé : « Leçons auxquelles on se réfère dans le cours de divers dressages qui précèdent », Mme Isabelle explique ses procédés. Nous allons les citer en en transcrivant quelques-uns :

Manière de seller et de brider le cheval et de placer le

surfaix-cavalier. — Précautions à prendre et moyens à employer avec les jeunes chevaux qui n'ont jamais été sellés ni bridés. — Manière d'enrêner un cheval au surfaix-cavalier. — Manière d'apprendre au cheval à lever les jambes. — On placera la selle et le surfaix-cavalier sur le cheval et on fixera les quatre rênes aux deuxièmes trous. Le cavalier se placera à l'épaule gauche du cheval, et lui prendra la jambe gauche sous le genou, et la lèvera très doucement ; il grandira progressivement le mouvement, puis il lui posera la jambe par terre.

Aussitôt que le cheval la donnera de lui-même à l'approche de la main du cavalier, il faudra avoir soin de bien le caresser.

Ensuite le cavalier prendra la rêne gauche de bride de la main droite, et de l'autre main il lèvera la jambe gauche du cheval, en faisant en même temps sentir un petit effet de la rêne gauche de bride. A mesure que le cheval répondra à l'effet de la rêne, on diminuera l'effet de la main et on continuera jusqu'à ce qu'il donne la jambe sur l'effet seul de la rêne ; s'il la donne trop mollement ou s'il y met de la mauvaise volonté, on le frappera sur l'avant-bras avec la cravache, jusqu'à ce qu'il obéisse.

Il ne faut pas essayer de faire lever au cheval l'autre jambe, avant qu'il ait parfaitement compris.

Cet exercice est très important pour assouplir les épaules et donner de beaux mouvements à l'avant-main ; on est certain, en employant ce moyen, de réussir avec tous les chevaux, même avec ceux qui ont les épaules droites.

Ce travail doit durer une demi-heure ; lorsqu'il sera terminé, on donnera au cheval une poignée d'avoine pour le récompenser.

Moyens à employer pour conduire le cheval au manège. — Pas d'équilibre décomposé en avant et en arrière. — Le cheval étant placé sur la piste à main gauche, le cavalier tiendra la longe flottante de la main gauche, et la rêne gauche du filet à huit centimètres du menton du cheval ; il tiendra la rêne gauche de bride de la main droite, à la même distance. Il tirera doucement le cheval en avant par un petit effet de la rêne gauche du filet. Aussitôt que le cheval aura avancé le pied gauche de devant et le pied droit de derrière, le cavalier arrêtera le second pied de devant par un léger effet de la rêne gauche de bride, en faisant précéder l'action de la main par le mot : Holà ! La main du filet fera avancer un pied de devant, et le cavalier comptera : un ; la main de la bride retiendra le second pied et le fixera au sol, en disant : Holà ! et on ne comptera rien, la main du filet fera partir l'autre pied et on comptera : deux, ce qui marquera un mouvement à deux temps. Le cavalier comptera : un, deux, ce qui formera la cadence.

Ainsi le cheval ne devra jamais lever un pied sans que la main qui tient la rêne du filet le lui demande. S'il avance un pied de lui-même, il faudra le lui faire reculer immédiatement, jusqu'à ce qu'il attende qu'on le lui demande. On continuera de compter un, deux, pendant tout le temps que durera la leçon. Il faudra que le cavalier compte assez haut pour fixer l'attention du cheval.

Il marchera au pas le plus allongé possible, en réglant le pas de son cheval sur le sien. Il aura soin de ne faire parcourir aux membres diagonaux que la longueur du terrain indispensable pour que le cheval ne sorte pas de ses aplombs, et il fera bien attention à ce que les deux membres latéraux qui soutiennent le cheval se rapprochent également du centre de gravité.

A main droite employer les moyens inverses. — Pas d'équilibre décomposé en arrière. — Leçon de cravache pour mobiliser l'avant-main et pour habituer le cheval au contact de la cravache sur toutes les parties du corps. — Leçon de chambrière, première leçon d'éperon.

Comme toutes ces leçons se donnaient à pied, la cravache était munie à son pommeau d'un éperon qu'on recouvrait d'habitude avec un étui.

Seconde leçon d'éperon pour faire partir le cheval sur les effets diagonaux. — Leçon de drapeau. — Leçon de tambour et de pistolet. — Leçon de musique. — Leçon de sabre. — Demi-tour à gauche, demi-tour à droite. — La pirouette sur les épaules. — Pirouette sur les hanches. — On placera le cheval bien droit sur la piste à main gauche s'il y en a plusieurs; on les placera à quatre mètres de distance les uns des autres.

Après avoir fait faire au cheval des demi-tours à droite et des demi-tours à gauche pendant quatre leçons, on le fera marcher au pas pendant deux tours de manège, et on lui fera faire un à gauche ; ensuite on le fera avancer dans l'intérieur du manège de manière que la croupe se trouve à 4 mètres de distance du mur.

Le cavalier se placera face à la tête du cheval, il tiendra la longe de la main droite près du nez du cheval, et posera la main gauche à l'épaule droite.

Une personne se placera à gauche du cheval à la hauteur des sangles, elle posera la main droite sur le milieu de la hanche, et la main gauche en avant des sangles.

Une seconde personne se placera à droite du cheval à la hauteur des sangles, elle posera la main gauche au milieu de la hanche et la main droite en avant des sangles.

Avec la longe et par une pression de la main sur l'épaule, le cavalier dirigera le cheval à gauche pas à pas, de manière à décrire un cercle avec l'avant-main.

Pendant ce travail, la personne placée à gauche du cheval laissera ses mains posées sans faire aucun mouvement à moins que le cheval ne jette ses hanches de son côté. Dans ce cas, il faudrait le redresser immédiatement par une pression de la main sur la hanche, ou en frappant légèrement, si cela était nécessaire.

La personne placée à droite devra, à chaque pas du cheval, faire une légère pression avec la main gauche sur la hanche pour contenir les hanches à leur place, de manière à pouvoir obtenir un pivot sur le membre postérieur droit.

En résumé, il est bien entendu que la personne placée à gauche du cheval doit maintenir les hanches à leur place, et que la personne placée à droite doit les contenir.

Travail de deux pistes décomposées avec l'aide de la longe et de la main. — Changement de main de deux pistes avec l'aide de la longe et de la cravache. — Troisième leçon du travail de deux pistes. — Quatrième leçon du travail de deux pistes avec l'aide de l'éperon. — Pour faire partir le cheval au pas et au trot. — Pour grandir le cheval. — Le cavalier se placera face à la tête du cheval ; il tiendra la longe de la main droite à six pouces du nez ; il marchera en arrière en faisant le pas aussi long que possible ; il fera marcher le cheval au pas et lui relèvera la tête de temps en temps par une petite saccade donnée avec le caveçon de bas en haut ; et, chaque fois qu'il aura obéi, on aura bien soin de le caresser.

Aussitôt qu'il relèvera la tête et l'encolure sur un effet imperceptible du caveçon, le cavalier se placera à l'épaule gauche ; il tiendra de la main gauche la longe flottante et la rêne gauche du filet à dix centimètres de la bouche, de la droite les rênes de bride croisées, légèrement tendues, et la cravache à l'épaule, à la hauteur du cercle en cuivre, la pointe en bas.

Chaque fois que le cheval baissera la tête, le cavalier la lui fera relever instantanément par une légère saccade de la rêne gauche du filet donnée de bas en haut et un petit coup de cravache donné simultanément à l'épaule.

Pour faire reculer. — Pour faire connaître au cheval l'effet des rênes pour le départ au galop. — Pour rassembler le cheval. — Pour faire sauter le cheval. — Pour faire sauter le cheval étant monté. — Leçon progressive de montoir pour les chevaux neufs.

Leçon d'équitation. — Nous ne nous arrêterons pas aux leçons d'équitation de Mme Isabelle ; nous relèverons cependant une de ses idées pour en montrer le raisonnement spécieux :

L'abus du bridon ruine le cheval et perd la main du cavalier. Cet abus est une des causes du petit nombre de bons cavaliers et de bons chevaux qu'on possède en général dans les armées. Dans toutes les écoles de cavalerie où je fus appelé, j'ai été à même de m'en convaincre, j'y ai vu souvent de beaux et bons chevaux ruinés complètement dans l'espace de deux mois.

Tout cela provient d'une lacune dans l'instruction, car l'emploi du bridon n'a jamais été défini. On s'en sert et voilà tout : chacun fait par imitation ce qu'il a vu faire, sans se rendre nullement compte du pourquoi. En faisant remarquer à des instructeurs de mérite les funestes résultats de l'abus du bridon, ils les reconnaissent eux-mêmes en disant que cela était fâcheux, mais que malheureusement il n'y avait aucun moyen pour l'éviter.

Je crois nécessaire d'expliquer ce que j'entends par l'abus du bridon : c'est une espèce de dressage préparatoire généralement en usage dans les écoles de cavalerie et dans les régiments. Ce travail consiste à faire exécuter par des effets de force, à de jeunes chevaux non équilibrés, tous les mouvements de l'ordonnance de cavalerie. Dans ce travail, le cavalier fait emploi d'une force considérable des jambes et de la main qui produit constamment le flux du poids de l'arrière-main et le reflux de l'avant-main. Chaque fois que le cheval reçoit par les jambes du cavalier l'impulsion de se porter en avant et se trouve arrêté instantanément dans son élan par l'emploi d'une force égale de la main, qui lui donne une impulsion rétrograde, l'animal, ne sachant alors que faire, roidit ses extrémités sous lui et se rassemble pour s'élancer de nouveau ; mais la main du cavalier l'arrête, et ce sont les genoux et les jarrets qui reçoivent alternativement un choc qui les brise. Le bridon ayant pour effet de grandir le cheval, il est très dangereux de s'en servir pour lui faire exécuter un travail quelconque avant d'avoir assoupli les jarrets ; s'ils sont assouplis, ils fléchissent naturellement sans la moindre fatigue, tandis que dans le cas contraire ils se brisent seuls.

Aujourd'hui, on peut se demander ce qui reste de cette fameuse méthode, non seulement dans les endroits où elle a été enseignée et a eu le plus de succès apparents, mais aussi dans la pratique journalière ? Rien, que je sache. Il paraît donc vraiment difficile d'expliquer l'appui dont elle a été l'objet dans nos sphères officielles et ailleurs, surtout si l'on fait entrer en ligne de compte l'insuccès qui a suivi les épreuves qu'elle a subies à Saumur.

Cependant, en y regardant de près, et si l'on tient compte surtout de la répugnance avec laquelle ont été accueillis dans les sphères gouvernementales les idées et les principes équestres de M. Baucher, on arrive à s'expliquer les choses, en apparence peu compréhensibles ; et cela d'autant mieux que, dans l'introduction de son ouvrage, Mme Isabelle s'attache exclusivement à faire la critique des doctrines du célèbre écuyer.

On comprend alors que les hommes qui n'allaient pas

au fond des choses, non seulement aient pu croire que la méthode de cette écuyère avait une valeur pratique, mais n'ont pas été fâchés d'opposer à M. Baucher, toujours un peu tranchant dans ses affirmations, une femme dont les moyens d'action leur paraissaient efficaces et nouveaux. Cela, en effet, pouvait avoir quelque chose de piquant pour des personnages n'ayant que le droit de se dire cavaliers, et toujours disposés à jeter un peu de ridicule sur ceux qui croient que l'équitation est un art devant s'appuyer sur des règles fixes et rationnelles ; et qu'il ne suffit pas de se servir tant bien que mal de tous les chevaux en état d'être montés, pour être à même d'apprécier la valeur et la portée de nouveaux moyens d'action.

Quant aux critiques formulées par Mme Isabelle contre certaines affirmations de M. Baucher, elles ont, en général, d'autant moins de signification qu'elles s'attachent à des points isolés ! Pour avoir une véritable valeur, c'est l'ensemble de l'œuvre du grand maître que ces critiques auraient dû embrasser. D'un autre côté aussi, elle essaye bien de mettre le grand novateur en contradiction avec lui-même, mais il faut se rappeler que Baucher a été un novateur d'une fécondité sans exemple. Ses découvertes ne sont pas sorties d'un seul jet de son cerveau ; elles ont été incessantes et, jusqu'au dernier jour, l'illustre écuyer a travaillé au perfectionnement de son œuvre. Ainsi, pour choisir un exemple, elle prétend que M. Baucher émet deux opinions diamétralement opposées parce qu'il a écrit quelque part : *L'application bien entendue de ma méthode mettra le commun des hommes de che-*

val à même d'obtenir des résultats qui n'appartenaient autrefois qu'aux organisations équestres les plus favorisées ; et que dans un autre endroit il dit que, pour réussir avec sa méthode, *le cavalier devra déployer autant de savoir que de tact.* On le voit, cette critique n'a qu'une bien faible raison d'être.

Sans doute, Mme Isabelle a pu critiquer, avec une apparence de raison, l'expression dont s'est servi M. Baucher, quand il a dit : *Le cheval en mâchant son mors constatera sa parfaite soumission* ; car elle prétend, avec justesse, que dans certains cas l'animal peut mâcher son mors et rester contracté, et même manifester, non pas précisément sa *colère,* comme elle le dit, mais son impatience. Néanmoins, on peut répondre à cela que, quand M. Baucher a employé l'expression de *mâcher,* il entendait par là le relâchement de la mâchoire inférieure ; ceci ressort, du reste, de vingt passages de ses écrits et de ses constantes pratiques.

Quant à ce relâchement de la mâchoire, qui est, on peut dire, l'objectif constant de ses enseignements, et constitue à ses yeux la parfaite soumission de l'animal, Mme Isabelle la préconise à son tour, et ce n'est pas la seule chose, comme on le verra plus loin, qu'elle a empruntée à celui dont elle censure toutes les doctrines.

Du reste, tout ce qui est contestable dans les idées émises par M. Baucher trouve de bien larges compensations quand on songe à la puissance et à la variété des moyens d'action qu'il nous a laissés.

Je passe maintenant à ceux préconisés par Mme Isabelle, et je dois dire, tout d'abord, qu'elle recommande certaines pratiques qui, d'un emploi journalier, devaient singulièrement lui faciliter sa tâche. Ainsi, elle dit quelque part : *Il est indispensable* (pour commencer son dressage) *que le cheval ait au moins cinq ans, et il faut d'abord le monter en bridon et en couverture deux ou trois heures par jour; le promener sur les grandes routes, et, s'il est d'une nature craintive, le tenir à la main à côté d'un vieux cheval bien doux.* Il ne s'agit donc pas ici d'une méthode, il s'agit tout simplement d'une pratique que tout le monde peut employer et qui l'a toujours été, mais qui a en réalité ses inconvénients. En effet, si le jeune cheval est convenablement monté, il arrivera à se familiariser beaucoup avec son cavalier et ses moyens d'action, et on peut dire alors qu'au bout de quelque temps il est à moitié dressé; au lieu que, s'il est mal monté, il prend l'habitude de certaines résistances qui ne font qu'accroître les difficultés que peut présenter son dressage. Il y a donc, en général, des risques à courir, en faisant promener, sans une surveillance de tous les instants, de jeunes chevaux par leurs palefreniers.

Quant aux principaux moyens d'action de notre écuyère, ils consistent principalement dans l'*enrênement* de l'animal au moyen du surfaix-cavalier, espèce de jockey de bois modifié et rendu plus dur, et disposé de façon à obtenir à volonté un ramener plus ou moins élevé; ensuite, à soumettre le sujet à un exercice qualifié de pas d'équilibre décomposé, en avant et en arrière, et dans lequel le cheval est maintenu au moyen du surfaix-cavalier dans une position pour ainsi dire artificielle.

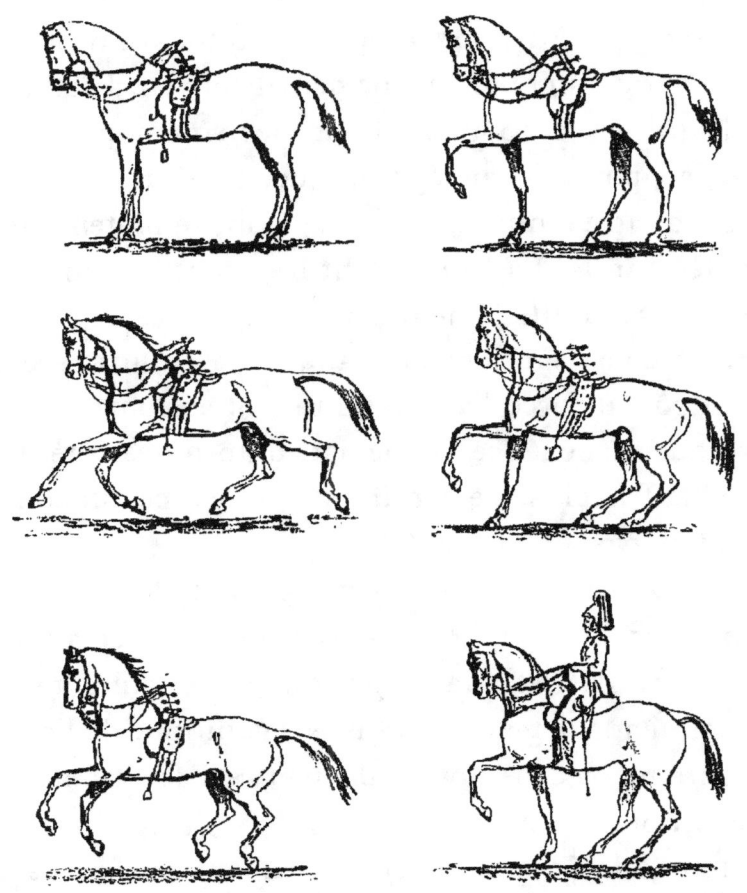

Fig. 43 à 48. — Positions diverses obtenues au moyen du Surfaix-Cavalier.

Dans tous les cas, l'ensemble des moyens d'action préconisés par cette écuyère ne légitiment guère ce qui s'est passé : l'adoption de sa méthode par le Ministre de la guerre, après, il est vrai, l'avis favorable d'une commission prise, je crois, dans le régiment des Guides, et dont ce qui eut lieu à l'étranger a été en quelque sorte la conséquence.

Ainsi, comme le demandait M. Gaussen dans la *Revue des Haras* que M. Raux a bien voulu mettre à notre disposition, que signifie son principal moyen d'action ? Ce pas d'équilibre décomposé d'une façon même peu logique, — car, au point de vue dynamique, puisque le pas ordinaire a quatre temps et que Mme Isabelle prétend arrêter la foulée sur la diagonale dont les points d'appui ne se posent pas simultanément sur le sol, — cela ne peut vraiment servir à rien dans la pratique de l'allure. De plus, si d'un côté il force l'animal à une attention dont on ne retire aucun bénéfice immédiat, d'un autre côté, il doit nuire à la franchise de son impulsion, en ce qui concerne surtout le pas.

Je ne parlerai ici que pour mémoire de la cravache-éperon, car son emploi n'est pas nouveau, et aura toujours l'inconvénient de n'agir que d'un seul côté ; conséquemment, de tendre à fausser l'équilibre de l'animal, ne donnant pas le moyen de mettre l'accord dans ses forces impulsives.

A tout cela j'ajouterai que le fameux surfaix-cavalier doit avoir tous les inconvénients du jockey de bois, plus encore par suite de sa rigidité, et qu'il habitue l'animal à prendre un lourd point d'appui sur le mors, ce qui a été affirmé par la commission nommée à Saumur pour constater le résultat des expériences faites par Mme Isabelle à cette célèbre école de cavalerie. Et, pour mieux faire comprendre ce qui s'est passé, je ne puis mieux faire que de reproduire le travail remarquable du général Michau, membre de la commission, que m'a confié la famille de M. Gaussen, mon vénéré et regretté ami.

« C'était à la fin de 1854, le général comte de Rochefort, cavalier militaire hors ligne et de plus sportman remarquable, commandait l'Ecole.

« Le comte d'Aure était à la tête du manège.

« C'est dire que l'instruction équestre, confiée à d'aussi habiles mains, était en pleine prospérité.

« Dans cette situation, jugez de l'effet que dut produire sur tous la nouvelle inattendue, incroyable de l'envoi de Mme Isabelle à l'Ecole et de la mission officielle dont elle était chargée.

« Ce fut un *tolle* général, chacun se demandait quelle était cette dame, d'où elle venait et où elle avait exercé ses talents équestres.

« Les sceptiques disaient : la nouvelle est fausse ; les grincheux : ce n'est pas possible que le Ministre, qui est un homme sérieux, inflige à l'École la honte de voir une femme venir professer dans les manèges au nez et à la barbe des excellents écuyers qui en sont l'honneur. Pourquoi pas ? disaient nos jeunes officiers disposés à tout tourner en plaisanterie ; si elle est jolie et qu'elle porte bien le tricorne, ce sera amusant.

« Bref, chacun disait son mot et manifestait son étonnement ou plutôt son mécontentement, d'une façon plus ou moins hostile ou goguenarde, suivant son tempérament.

« Le plus affecté de tous était d'Aure.

« Connaissait-il déjà Mme Isabelle ? Avait-il seulement entendu parler d'elle ? Je ne le sais trop ; mais, ce que je puis affirmer, c'est qu'il était furieux et qu'il me dit : « Je « vais demander un congé, je ne veux pas voir cette « femme, qui n'est qu'une intrigante, une écuyère de « cirque et probablement une ignorante, qui voudrait « parader et commander dans mes manèges.

« Il le fit, comme il l'avait dit, et ce à mon grand chagrin, car lorsque, le 7 novembre 1854, l'ordre officiel parut annonçant à l'École : 1º que Mme Isabelle y était envoyée pour procéder à la démonstration

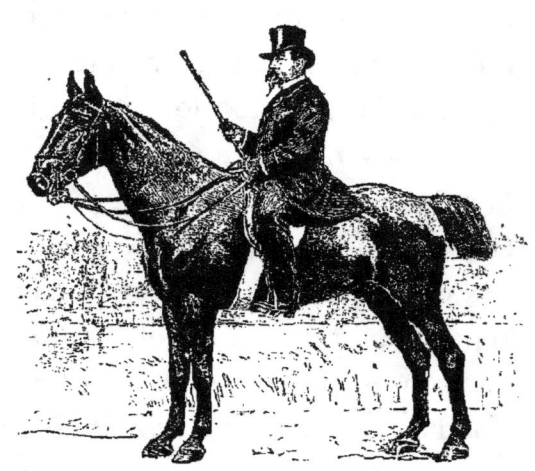

Fig. 49. — Le Comte de Montigny.

d'une méthode de dressage *adoptée* par le gouvernement ; 2º qu'une commission était formée pour suivre les travaux de cette dame et rendre compte des résultats obtenus, ce fut à moi qu'échut le triste honneur d'en être le président.

« J'avais pour me seconder : M. le comte de Montigny (1), écuyer civil ; M. le capitaine instructeur Humbert (2),

---

1. — Montigny, mort aujourd'hui, fut quelque temps rédacteur en chef de la *France chevaline*.
2. — Humbert, mort colonel.

MM. les lieutenants écuyers Janchêne (1) et Barrada (2).

L'idée d'envoyer une femme dans une école de cavalerie comme celle de Saumur pour y professer l'équitation paraissait à tout le monde tellement bizarre, tellement baroque, que tous nous cherchâmes à nous soustraire à cette ridicule mission ; mais les ordres du ministre étaient formels, il fallut bien se résigner à les exécuter.

Mme Isabelle arriva à l'École le 11 novembre 1854.

« Il fut décidé que, le 13 suivant, elle commencerait ses leçons par l'enseignement de sa méthode aux officiers et aux sous-officiers du cadre.

« Je me rappelle encore tous les incidents de ce jour néfaste comme si c'était d'hier.

« Soit calcul ou non, le général de Rochefort était absent ; je crois qu'il avait été appelé en mission à Paris.

« Le colonel Schmit, commandant en second, votre serviteur, les chefs d'escadrons les écuyers, les capitaines, les lieutenants, sous-lieutenants et les sous-officiers du cadre se trouvaient tous réunis au manège des écuyers, où l'on devait désigner à chacun le cheval qui lui était destiné.

« On attendait Mme Isabelle.

« A midi précis, elle arriva dans un coupé de louage. Je la vois encore : elle était en amazone noire, chapeau à haute forme, planté crânement sur le haut de la tête, avec un voile noir.

1. — Janchêne, mort capitaine écuyer.
2. — Barrada Duthil a été écuyer en chef à Saumur, mort en retraite.

« Elle descendit à la porte du manège, ni émue ni intimidée ; elle vint, avec un aplomb incroyable et le sourire aux lèvres, saluer le colonel, et moi qui nous étions portés à sa rencontre.

« C'était une femme ayant dépassé la trentaine, de taille moyenne, mais déjà forte et grasse ; ses cheveux blonds formaient derrière son chapeau un épais chignon : c'étaient en un mot les restes d'une femme qui était plutôt laide que jolie.

« Elle fut présentée au corps d'officiers, dont l'attitude, sans être hostile, était cependant, je dois le dire, peu avenante.

« On échangea quelques paroles de courtoisie.

« Mme Isabelle, sachant que je devais présider la commission chargée de suivre ses essais, me dit, avec son plus gracieux sourire, qu'elle comptait sur mon concours et faisait appel à mon indulgence.

« Puis on procéda à la désignation des chevaux.

« Pendant cette opération, Mme Isabelle causait avec l'un, avec l'autre, cherchant à être aimable pour tous ; en un mot, elle jouait son rôle avec l'aplomb d'une véritable écuyère du cirque.

« Le 14, les leçons régulières commencèrent.

« Mon intention n'est pas de retracer ici la série complète de ses leçons, ni d'expliquer les différents mouvements composant la soi-disant méthode de cette écuyère. Tout ce que je puis dire, c'est qu'elle expliquait très mal et démontrait plus mal encore les principes qu'elle se proposait d'enseigner.

« On ne remarquait dans cet enseignement rien de nouveau, rien de méthodique ; c'étaient de véritables rengaines.

« Son surfaix-cavalier, pour enrêner le cheval, son pas d'équilibre, sa cravache-éperon, son travail à pied, tout cela nous parut d'une insignifiance rare.

« Cependant, le premier rapport de la commission, fait après la cinquième séance, fut tout à fait courtois et encourageant, car il déclarait que les résultats obtenus dans le double but de rendre le cheval attentif et docile, de l'assouplir et de l'équilibrer non monté, en cadençant son allure au pas, lui avaient paru *simples, méthodiques, d'une exécution facile et agissant sur le cheval sans contrainte.*

« Le deuxième rapport, fait après la onzième leçon, conclut à peu près dans les mêmes termes, en signalant toutefois que, dans beaucoup de cas, le toucher de la cravache-éperon avait été insuffisant, et que les cavaliers avaient dû avoir recours alors à l'emploi des jambes.

« Le troisième rapport, fait après la seizième leçon, déclare que, « *sans se préoccuper du plus ou moins de*
« *mérite et surtout de progression des moyens employés*
« *par Mme Isabelle, chose que lui interdit son mandat,*
« *elle a été unanime pour reconnaître que le travail sur*
« *les pistes, au pas et au petit trot, ainsi que les*
« *marches de front et le passer de la tête à la queue de*
« *la colonne ont été faits avec beaucoup de calme et d'en-*
« *semble, mais qu'il n'en a pas été de même du travail*
« *au galop qui, bien qu'exécuté sur des chevaux soumis*

« *à un certain degré d'instruction, a laissé à désirer
« dans beaucoup de ses parties.* »

« Ici, il y a lieu de faire remarquer que, tant que les chevaux n'ont travaillé qu'au pas et au petit trot, les mouvements ont été en général satisfaisants ; mais, à mesure que les allures ont dû s'accentuer, qu'avec le travail sur deux pistes et au galop, les difficultés ont augmenté, l'insuffisance et le défaut de méthode et de progression dans les moyens de dressage préconisés par Mme Isabelle deviennent plus sensibles.

« Ce défaut même devient si évident que, dans son procès-verbal de la dix-huitième leçon, la commission, si réservée jusque-là, si bienveillante même dans ses appréciations, croyait de son devoir de le signaler d'une manière toute spéciale et disait :

« *Les chevaux ont été soumis dans cette leçon au tra-*
« *vail par deux, par quatre et par peloton, à l'allure*
« *du galop, sans y avoir jamais été préparés ni au pas*
« *ni au trot, ce qui est opposé à tous les principes rai-*
« *sonnés d'équitation. Ce n'est pas la première fois du*
« *reste qu'elle remarque ce défaut de progression de la*
« *méthode nouvelle ; ce n'est que parce que les résultats*
« *dans le travail au galop d'aujourd'hui témoignent*
« *d'une manière trop impérative contre ce système de*
« *dressage, que la commission croit devoir consigner*
« *cette observation dans son procès-verbal.* »

« Dans son quatrième rapport, fait après la vingtième leçon, la commission insistait sur cette impression fâcheuse et la motivait ainsi :

« *Si maintenant on demandait à la commission d'où
« provient cette différence de régularité entre le travail au
« pas et au trot et celui au galop, elle n'hésiterait pas à
« répondre que, dans son opinion, cette différence doit
« être attribuée à ce fait que les chevaux ne sont pas suf-
« fisamment préparés, par les leçons de la méthode, à exé-
« cuter des mouvements aux allures vives et surtout à des
« départs et à des arrêts trop brusques et trop répétés.* »

« Ces critiques, bien que très justes et très modérées, n'étaient pas toujours du goût de Mme Isabelle, qui, malgré son outrecuidance, avait, j'en suis convaincu, le sentiment intime de son infériorité équestre. Chaque leçon donnée, venant démontrer *ipso facto* l'insuffisance et l'inanité de sa méthode, amenait pour elle un nouveau crève-cœur. Pour faire diversion à cet état de choses et masquer l'échec qu'elle prévoyait, elle déclara tout à coup qu'elle considérait « *l'instruction de MM. les officiers*
« *d'état-major comme complètement terminée et qu'elle*
« *regardait ces messieurs comme étant suffisamment*
« *initiés aux principes de sa méthode pour pouvoir*
« *l'enseigner lorsqu'elle aura remis à chacun d'eux ses*
« *leçons écrites.* »

« Sur cette déclaration, il fut décidé par l'autorité supérieure qu'on passerait à l'instruction de MM. les officiers d'instruction et à celle des sous-officiers du cadre et d'artillerie.

« Passons donc au deuxième acte de cette farce, que je nomme : *une grande mystification équestre*, et voyons si les résultats seront plus satisfaisants.

Dans le cinquième rapport, fait après cinq leçons données à cette nouvelle catégorie de cavaliers, la commission déclare qu'elle a toujours les mêmes observations à formuler : « *Le travail au pas et au trot est fait avec
« plus ou moins de régularité, mais, au galop, on
« remarque toujours le même défaut de calme et d'en-
« semble. Elle signale de plus que quatre chevaux ont
« fait des progrès peu sensibles.* »

« Néanmoins, Mme Isabelle déclare que l'instruction de MM. les officiers d'instruction est suffisante, et que cette leçon est pour eux la dernière, mais qu'elle continuera, toute la semaine prochaine, à s'occuper de parfaire celle des sous-officiers avant de commencer l'éducation des chevaux rétifs.

« Ici, pour bien faire comprendre la situation des choses, il est indispensable que je me livre à une petite digression.

« Plus la comédie avançait, car c'est une misérable comédie, que jouait Mme Isabelle, plus cette dernière était obligée de reconnaître la complète insuffisance de sa prétendue méthode.

« Dans le régiment des Guides, où elle était appuyée, dit-on, par une toute-puissante influence, elle avait pu jeter de la poudre aux yeux et obtenir un verdict favorable; mais à l'École de cavalerie, où elle se trouvait en présence de juges plus sérieux, plus compétents, elle commençait à comprendre (car elle est très intelligente) que ce n'était pas la même chose et que la partie qu'elle jouait pouvait être et était déjà très compromise.

« Elle enrageait et n'aurait pas mieux demandé que d'opérer une retraite honorable et de se replo**y**er, comme l'on disait en 1870, de *se reployer, dis-je, en bon ordre*; mais, comme d'un autre côté elle touchait des appointements considérables, quelque chose, dit-on, comme *six mille francs*, par an, elle y tenait essentiellement, cela se conçoit, et ne désirait qu'une chose : prolonger cette situation le plus longtemps possible.

« Avec les capitaines et les écuyers du cadre, hommes d'un certain âge, sérieux et faisant passer le sentiment du devoir avant leurs impressions personnelles, elle avait pu sans trop de déboires prolonger ses ridicules leçons pendant près d'un mois ; il n'en avait pas été de même avec les lieutenants d'instruction, officiers plus jeunes, moins tolérants, plus enclins à la critique et très disposés à rire de tout ce qui pouvait prêter au ridicule.

« Or beaucoup parmi eux n'avaient pu prendre au sérieux cette écuyère en jupons, et encore moins son enfantine méthode.

« Aussi, avec eux, les choses n'avaient pas toujours marché d'une façon bien calme, et il y avait eu, comme l'on dit vulgairement, du tirage.

« En conséquence, rien d'étonnant que Mme Isabelle, au bout de cinq leçons, en ait eu assez, et ait cherché à s'en débarrasser au plus vite, en déclarant leur instruction équestre terminée pour ne conserver que les sous-officiers qui, en raison de leur âge et de leur position plus subordonnée, s'étaient laissé gagner par ses cajoleries, et s'étaient montrés plus maniables et plus soumis.

« Maintenant je puis passer au troisième acte de cette ridicule comédie, c'est-à-dire à l'application de la susdite méthode aux chevaux rétifs.

« C'est ici où la mystification va prendre des proportions plus colossales encore et le *fiasco* devenir plus complet.

« Permettez-moi d'ouvrir de nouveau une parenthèse.

« Si vous avez eu la patience de lire ce qui précède, vous avez dû plaindre quelquefois le sort de la commission forcée d'assister à ces ridicules essais. Je ne vous étonnerai donc pas en vous disant qu'elle en était un peu écœurée et que chacun ne désirait qu'une chose : céder sa place ou sa corvée à d'autres.

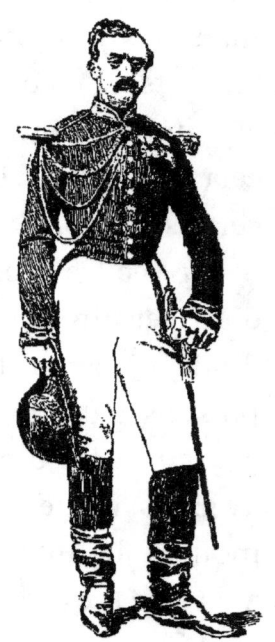

Fig. 50.
Le Colonel Guérin.

« Une demande dans ce sens fut adressée à l'autorité supérieure qui voulut bien l'admettre.

« En conséquence, on créa une nouvelle commission, dont, malgré mes instances et à mon grand regret, je dus continuer à rester le président.

« Mes nouveaux collaborateurs étaient : M. Guérin, capitaine écuyer (1); M. Nérin, capitaine instructeur (2);

---

1. — M. Guérin, devenu plus tard écuyer en chef et mort depuis.
2. — M. Nérin, devenu général et mort depuis.

M. de Novion, sous-lieutenant, sous-écuyer (1), et M. le capitaine écuyer Pollard (2), qui devait en même temps remplir les fonctions de secrétaire, mais avec *voix délibérative*.

« Vingt-deux chevaux rétifs, pris indistinctement dans toutes les catégories des chevaux de l'École, furent confiés à Mme Isabelle.

« Pour les monter, on choisit parmi tous les sous-officiers et les sous-maîtres de manège les meilleurs et les plus habiles cavaliers.

« Mme Isabelle avait demandé et obtenu l'autorisation d'être laissée complètement libre d'agir à sa guise, sans être surveillée par la commission, dont la présence, prétendait-elle, la gênait.

« M. le sous-lieutenant de Novion devait seul assister aux séances pour maintenir l'ordre et assurer au besoin l'autorité du professeur sur les sous-officiers qui lui étaient confiés.

« Mme Isabelle devait, lorsqu'elle jugerait les chevaux suffisamment prêts, en informer la commission, qui se réunirait alors, les examinerait et donnerait son avis.

« Vous voyez qu'on ne pouvait lui faire la partie plus belle.

« Après trente et une leçons, dont la durée de chacune n'avait jamais été moins d'une heure et demie, Mme Isabelle écrivit au colonel de l'École que, ses chevaux étant

---

1. — M. de Novion, mort capitaine.
2. — M. le capitaine écuyer Pollard, devenu colonel et mort depuis.

prêts, elle le priait de vouloir bien lui faire donner communication des mouvements que la commission se proposait de faire exécuter en sa présence, afin d'y préparer ses chevaux.

« Sa lettre, que j'ai sous les yeux, nous ayant été communiquée, nous répondîmes que cette demande ne pouvait être accueillie par la raison qu'un cheval de troupe, *complètement dressé*, devait pouvoir exécuter tous les mouvements compris ou ayant leurs analogues dans l'ordonnance de cavalerie. Nous ajoutâmes qu'en se renfermant dans un certain nombre de mouvements que Mme Isabelle préparerait à l'avance et ferait exécuter pendant un certain temps, toujours dans le même ordre pour les faire répéter ensuite devant la commission, ce serait jouer une véritable comédie, à laquelle la commission ne croyait pas devoir prêter les mains.

« Satisfaction fut donnée à la commission, et le 5 février on procédait à l'examen des chevaux rétifs.

« Sept chevaux sur vingt-deux furent reconnus comme ayant fait quelques progrès, et les autres signalés comme aussi rétifs qu'avant leur nouveau dressage.

« Voici du reste le résumé des observations de la commission ; je le donne textuel et sans commentaires.

« *Réponse de la Commission.* — *En résumé*, la Commis-
« sion croit de sa conscience de déclarer qu'elle se trouve
« suffisamment édifiée par les trente et une leçons données
« sur la « valeur et l'efficacité des moyens de dressage de
« Mme Isabelle appliqués aux chevaux rétifs et, comme elle
« trouve que les résultats obtenus ne sont nullement en

« rapport : 1° avec la peine que l'on s'est donnée, 2° avec
« les entraves apportées à l'instruction et au service,
« tant par l'occupation quotidienne du meilleur des ma-
« nèges que par l'emploi d'un certain nombre de cava-
« liers et de palefreniers qui se trouvent ainsi distraits de
« leur service habituel, elle émet, à l'*unanimité*, le vœu
« que l'expérience sur les chevaux rétifs soit immédiate-
« ment abandonnée, afin de procéder à la dernière
« épreuve de la méthode, celle de dresser les jeunes che-
« vaux. »

« C'était clair et précis.

« Copie de ce rapport fut envoyée au Ministre de la guerre.

« Mais la même influence néfaste, qui avait fait envoyer Mme Isabelle à l'École de cavalerie, devait de nouveau se faire sentir.

« Mme Isabelle, furieuse de son échec, avait sans doute fait agir de son côté, et, à l'ébabissement général, le ministre, dont la religion avait été évidemment surprise, adressait, à la date du 10 février, une dépêche dans laquelle il disait qu'il n'admettait pas les conclusions de la commission, et motivait ainsi sa décision :

« Les résultats obtenus jusqu'ici sur les chevaux rétifs
« ayant une importance réelle, puisque sept de ces che-
« vaux sur vingt-deux, c'est-à-dire près du tiers, ont pu,
« d'après le rapport même de la commission, être rame-
« nés à de bonnes conditions de dressage, il m'a paru
« qu'il y avait intérêt à ce que l'épreuve fût continuée
« pendant le temps jugé nécessaire par Mme Isabelle sur

« les quinze chevaux non encore dressés, ainsi que sur le
« cheval le *Marengo*, en prenant à l'égard de ce dernier
« toutes les précautions convenables pour qu'il n'arrive
« pas d'accident. Vous voudrez bien donner des ordres
« en conséquence. »

« En présence d'un ordre aussi formel, la commission n'avait qu'à s'incliner. C'est ce qu'elle fit ; seulement elle décida que, tout en continuant l'expérience sur les chevaux désignés par le Ministre, les sept chevaux soi-disant dressés seraient replacés dans le rang et y travailleraient avec les autres chevaux.

« Sa conviction était que ces chevaux, mal conformés, y reprendraient probablement leurs mauvaises habitudes.

« Cette conviction se trouva complètement justifiée, et, le 23 février, le fait ayant été constaté en présence de Mme Isabelle elle-même, la commission terminait ainsi son nouveau rapport :

« La commission demande avec une respectueuse ins-
« tance que les essais de Mme Isabelle soient disconti-
« nués et que la mission de cette dame, qui est un véri-
« table embarras pour l'École, soit considérée comme
« terminée. C'est le vœu de la commission tout entière. »

« Cette fois la commission eut à moitié gain de cause. Au ministère, on passe enfin condamnation sur la question des chevaux rétifs ; mais l'ordre de continuer les essais sur les jeunes chevaux n'en fut pas moins maintenu, et Mme Isabelle, plus arrogante que jamais, continua à toucher ses 500 francs par mois et à parader dans nos manèges.

« Cela paraîtra probablement incroyable, et cependant c'est l'exacte vérité.

« Nous n'étions pas contents, bien entendu ; mais, puisqu'au ministère on ne voulait pas admettre nos justes et légitimes protestations, il fallait nous résigner et continuer consciencieusement notre mission avec l'espoir que nous finirions par avoir raison de Mme Isabelle et de la cabale ministérielle qui la soutenait.

« Le 1er mars, on procéda à la désignation de jeunes chevaux.

« Cette opération se fit en la présence de Mme Isabelle.

On fit monter les chevaux au pas, au trot et au galop, afin de constater leur degré d'instruction. Tous firent preuve d'un bon caractère, et l'on put reconnaître qu'ils avaient déjà un certain degré d'instruction et qu'ils étaient tous en bon état de santé.

« Puis, on les remit entre les mains de Mme Isabelle après avoir dressé procès-verbal des faits ci-dessus mentionnés.

« Le 16 avril suivant, cette dame ayant déclaré que leur instruction était terminée, la commission s'assembla pour les examiner.

« Toute l'École et une grande partie des habitants de la ville assistaient à cette réunion, qui eut ainsi un certain caractère de solennité.

« Les démêlés de Mme Isabelle avec la commission, certains articles publiés par elle dans la presse, articles qui avaient nécessité des réponses plus ou moins vives, tout contribuait en un mot à surexciter vivement l'opinion publique.

« La séance avait lieu dans la carrière près le grand manège. Les tribunes et le pourtour étaient pleins de spectateurs impatients de savoir quel en serait le résultat.

« Ce résultat fut désastreux pour Mme Isabelle qui, malgré son audace et son aplomb, fut obligée, cette fois, de reconnaître que son échec était complet.

Le procès-verbal qui relate minutieusement tous les faits de la séance a *huit pages*, je ne veux transcrire ici qu'une analyse exacte de son résumé :

Résumé. — « La commission déclare à l'unanimité que
« les résultats obtenus par Mme Isabelle sont vraiment
« déplorables et que jamais on n'a dirigé plus mal une
« classe de jeunes chevaux. Tout est à refaire. »

« Après avoir exposé que les chevaux avaient déjà un commencement d'instruction et que les sous-officiers qui les montaient étaient les meilleurs cavaliers de l'École, la commission ajoute :

« Si Mme Isabelle a échoué d'une manière aussi com-
« plète, ce n'est donc ni aux hommes ni aux chevaux
« qu'elle peut s'en prendre, mais bien aux moyens de
« dressage employés par elle.

« A ce sujet, la commission croit devoir répéter ce
« qu'elle a déjà été dans l'obligation de dire : c'est que
« Mme Isabelle n'a pas de méthode ; l'opuscule qu'elle a
« donné sous ce titre n'est qu'une série de mouvements
« qui ne contiennent aucuns principes nouveaux d'équi-
« tation.

« Du reste, elle reconnaît si bien elle-même l'insuffi-
« sance de ses moyens de dressage qu'elle s'en écarte le

« plus souvent ; ainsi, chaque fois qu'un cheval lui a
« fait des difficultés, elle s'est empressée de le mettre à la
« longe, dont elle abusait en poussant le cheval au galop
« avec force coups de chambrière.

« N'est-ce pas faire le procès le plus complet de sa
« méthode (qui n'en parle nullement) que de faire de
« longues promenades sur la route laissant chaque sous-
« officier agir à sa guise et d'après ses propres inspira-
« tions, se contentant de les suivre à une certaine dis-
« tance, renfermée dans un coupé ?

« Restent donc le surfaix-cavalier et la cravache-éperon :

« Le surfaix-cavalier, qui est une invention allemande,
« n'est qu'une mauvaise copie de l'homme de bois, dont
« il a tous les inconvénients sans en avoir les avan-
« tages.

« En effet, avec l'homme de bois, l'enrênement, qui n'a
« lieu que très exceptionnellement, n'est jamais rigide et
« se fait sur le bridon, ce qui ne peut avoir aucun incon-
« vénient grave ; tandis qu'en suivant les principes de
« Mme Isabelle, l'enrênement, constant et toujours tendu,
« a lieu sur le mors, ce qui est une énormité en équita-
« tion (1) ; car c'est vouloir détruire à plaisir cette sensi-
« bilité des barres qui constituent une bonne bouche,

---

1. — Au point de vue de la conservation du cheval, l'invention de Mme Isabelle a peut-être des inconvénients plus graves encore. En effet, vouloir enrêner sur le mors un cheval de quatre ans, en proie au travail si pénible de la dentition, c'est donner la preuve de l'ignorance la plus complète des premières notions de l'hygiène.

« sensibilité qu'une main habile tend à faire naître, lors-
« qu'elle n'existe pas, et qu'elle doit conserver toujours
« avec tant de soin. »

« Mais sans entrer ici dans le domaine de la discus-
« sion et pour revenir au fait dont il est question, *l'en-*
« *durcissement des barres par suite du surfaix-cava-*
« *lier,* cet endurcissement est une chose si vraie, si
« incontestable que les sous-officiers, appelés par le
« général à donner leur opinion sur le degré de sensibi-
« lité de bouche de leurs chevaux, ont tous sans excep-
« tion déclaré : que leurs chevaux avaient la bouche très
« dure et étaient tellement pesants à la main qu'ils ne
« pouvaient les diriger qu'en employant une force ex-
« trême.

« Quant à la *cravache-éperon*, les membres de la com-
« mission n'y attachent pas plus d'importance que
« Mme Isabelle elle-même, qui n'en fait presque pas
« usage.

« Ils considèrent cette instrument comme un joujou
« complètement insignifiant.

« Pour ce qui concerne le *pas d'équilibre*, la commis-
« sion déclare que, n'ayant jamais pu le voir exécuter, et
« que sa raison se refusant à le comprendre tel que
« Mme Isabelle l'a défini, elle n'a par conséquent rien à
« en dire, si ce n'est qu'il est presque impossible avec un
« cheval non monté.

« D'après ces considérations et par suite du mauvais
« résultat de toutes les épreuves qui ont eu lieu depuis
« cinq mois, la commission, à l'unanimité, pense que

« cette méthode doit être complètement repoussée. »

« Voilà donc le résultat déplorable auquel devait aboutir cette grotesque et ridicule comédie qui, à la stupéfaction de tous, se jouait à l'École depuis près de six mois; oui, pendant près de six mois, on avait sans vergogne dérangé professeurs et élèves de leurs études, de leurs fonctions habituelles, compromis la dignité de l'École et le succès des cours, dépensé des sommes relativement considérables pour les beaux yeux d'une intrigante, dont l'ignorance équestre dépassait tout ce que l'on peut s'imaginer. — C'est inimaginable, et il faut avoir assisté comme moi à cette ignoble farce pour admettre qu'elle ait pu exister, et encore, quand je pense à tout cela, je me demande si ce n'est pas un rêve, et un mauvais rêve que j'ai fait.

« Malheureusement les brouillons des procès-verbaux, que j'ai là sous les yeux, ne me démontrent que trop que c'est la réalité, et une réalité dont le souvenir m'est et me sera toujours pénible.

« Après un échec aussi public, aussi complet, la coterie occulte qui soutenait Mme Isabelle au ministère dut comprendre que cette ridicule mystification devait cesser.

« Mme Isabelle reçut l'ordre de quitter l'École et partit la rage dans le cœur.

« De retour à Paris, elle fit paraître dans différents journaux plusieurs articles, plus ou moins injurieux pour la commission, qu'elle taxait d'injustice et de partialité. Vous devez penser que, comme président de cette commission, je ne fus pas épargné. S'il n'eût été question que de moi, j'aurais peut-être méprisé les injures de cette dame ; mais, comme elle attaquait aussi la commission, je crus devoir prendre la défense des braves officiers qui m'avaient secondé avec tant de zèle et d'abnégation.

« Pour que votre édification soit complète, je veux, en guise d'épilogue à cette ridicule comédie, vous parler du cheval le *Marengo* dont il a été question précédemment.

« Ce sera le bouquet de ce sot feu d'artifice, le couronnement de l'œuvre, comme l'on dit.

« Voici l'histoire : Le *Marengo* (1) avait été envoyé à l'École par le 10ᵉ chasseurs comme rétif ; on essaya de le dresser, mais il se cabrait et se renversait ; les vétérinaires pensèrent qu'il devait souffrir dans les reins. Comme il avait une énergie extrême, on le mit aux piliers, pour l'utiliser comme sauteur dont il fit pendant deux ans le service.

« Mᵐᵉ Isabelle, qui ne doutait de rien, prétendit qu'elle en viendrait à bout et demanda qu'il fût compris au nombre des chevaux rétifs qu'elle était chargée de dresser.

« Cette demande lui fut accordée, et *Marengo* fut mis à part, dans une écurie faisant partie du logement qu'elle occupait, où il était tenu en chartre privée et bourré de sucre.

« Après plusieurs mois de ce régime, Mᵐᵉ Isabelle fit paraître, dans le *Moniteur de l'Armée* du 17 avril 1854, un article où elle avait l'audace de dire qu'elle était par-

---

1. — Magnifique cheval normand, mal castré.

venue à dresser complètement *Marengo, magnifique coursier à l'égard duquel les meilleurs écuyers de l'École avaient vainement déployé toute leur science.*

« Puis venait un magnifique éloge de sa méthode et des résultats remarquables qu'elle avait obtenus en Russie.

« Comme M. le Ministre de la guerre, dans sa lettre du 13 février, avait prescrit, d'une manière toute spéciale, à la commission de continuer les essais de dressage sur ledit cheval, il fallait prouver à son Excellence que ses ordres avaient été religieusement exécutés.

« Mme Isabelle, ayant déclaré que le *Marengo* était prêt, la commission décida qu'elle se réunirait le 18 avril pour l'examiner. Mme Isabelle fut invitée à assister à la séance ; elle refusa, sous le prétexte que, lors des examens des jeunes chevaux elle avait été insultée par les membres de la commission, ce qui était absolument faux. On décida que l'on passerait outre.

« M. le lieutenant de Boisdenemetz, qui, d'après l'article du *Moniteur de l'Armée,* avait soi-disant dompté ce terrible animal, fut prié de se trouver dans la carrière pour le monter en présence de la commission. Cet officier se récusa, disant « qu'il pensait pouvoir monter le cheval
« dans les conditions où il l'avait déjà monté, c'est-à-dire
« après l'avoir soumis à un exercice préparatoire, d'après
« les indications et sous les yeux de Mme Isabelle, sur une
« route, accompagné d'un autre cheval et d'un palefre-
« nier ; mais qu'il se reconnaissait incapable de le monter
« dans la carrière et seul ».

« L'incident fut porté à la connaissance du général de

Rochefort, qui, de retour depuis peu à l'École, se trouvait sur le terrain.

« M. de Boisdenemetz, invité par le général lui-même à monter *Marengo*, ayant persisté dans son refus, le général désigna d'office le sous-maître Maréchal (1), très habile cavalier, qui suivait depuis cinq mois les leçons de Mme Isabelle.

« Je copie maintenant textuellement le procès-verbal :

« Le *Marengo*, sitôt monté, refusa de se porter en
« avant, se mit à bondir et à se cabrer, exactement
« comme par le passé.

« Attaqué vigoureusement par le sous-maître, il se
« porta enfin en avant au galop et avec rage, s'appuyant
« sur le mors avec une force telle que le cavalier eut
« toutes les peines du monde à l'arrêter ; défense qui
« n'avait pas lieu autrefois, lorsqu'il avait la bouche sen-
« sible, ce qu'il n'a plus actuellement.

« Cet essai ayant été répété par trois fois et ayant
« amené les mêmes résultats, le général, suffisamment
« édifié, donna l'ordre que le cheval fût reconduit à
« l'écurie.

« Le fait que la commission signale ici s'est passé en
« présence d'un public nombreux et de presque tous les
« officiers de l'École, qui, indignés de la fausseté et de
« l'outrecuidance de l'article inséré dans les journaux par
« Mme Isabelle ou d'après ses instigations, avaient voulu
« assister à cette épreuve. »

---

1. — Aujourd'hui lieutenant-colonel au 5me régiment de cuirassiers.

« Puis, faisant allusion à certains propos outrageants tenus contre elle par Mme Isabelle, la commission terminait ainsi son procès-verbal :

« La commission, méprisant les outrages d'une femme
« mal élevée, et que l'insuccès public qu'elle venait
« d'éprouver rendait furieuse, avait regardé comme au-
« dessous d'elle de mentionner cet incident dans son der-
« nier procès-verbal ; mais, attaquée par une femme qui
« ne respecte rien et d'une effronterie au-dessus de
« tout ce que l'on pourrait dire, la commission, qui, par
« un profond sentiment du devoir, a déjà dévoré en
« silence bien des outrages pendant le cours de sa pénible
« mission, doit aujourd'hui se défendre et repousser avec
« indignation l'accusation mensongère de Mme Isabelle.

« Voici les faits sans commentaires et dans toute leur
« sincérité. »

« C'était clair et précis, comme on le voit.

« Maintenant, quant à *Marengo*, il est vrai de dire qu'il avait cependant été monté au manège et même dans les rues de Saumur par M. de Boisdenemetz mais voici comment : au manège un homme à pied marchait constamment à la tête du cheval avec ses poches pleines de carottes coupées en morceaux et, dès que le cheval faisait mine de s'arrêter pour se défendre, on lui sautait à la tête et on lui donnait des carottes. Au bout de quelques semaines, *Marengo* avait pris l'habitude de suivre l'homme à pied. Pour le sortir en ville, on usa du même procédé, puis Mme Isabelle en arriva, montée dans un coupé rempli de carottes, à se faire escorter par le lieutenant de Boisdenemetz, montant *Marengo*, dont la tête ne quittait pas le vasistas de la portière du coupé, par lequel Mme Isabelle distribuait *elle-même* force morceaux (1) de carottes, mais jamais *Marengo n'a été monté au manège où en dehors sans être accompagné*, et le jour, *le seul*, où on voulut tenter l'aventure, le cavalier s'est vu immédiatement séparé de sa monture. Voilà, je le répète, l'exacte vérité, et je défie n'importe qui d'affirmer le contraire.

« Lorsqu'on donna *Marengo* à Mme Isabelle, depuis plus de deux ans on avait renoncé à en tirer le moindre parti. Dressé comme sauteur dans les piliers, le cheval, *non monté*, était merveilleux ; dès qu'on lui mettait un homme sur le dos, il broyait les jambes du cavalier sur les poteaux. On fut obligé là, comme à la selle, de l'abandonner. Après le départ de Mme Isabelle, qui, à la suite d'une violente polémique, avait entraîné la démission du comte d'Aure, comme écuyer en chef, le capitaine Guérin prit le commandement du manège, et c'est alors qu'il confia au sous-maître Chaverondier, aujourd'hui colonel au 8e chasseurs, le dressage de *Marengo*. Chaverondier était vigoureux et solide à cheval — tous les élèves de Saumur des années 1854 et 1855 l'attesteront ; — pendant environ six mois, il n'a jamais pu monter *Marengo* sans être désarçonné deux, trois et jusqu'à quatre fois dans la même séance de dressage, et il ne put arriver à en être maître, après avoir usé de tous les moyens de dou-

---

1. — Un palefrenier suivait à pied.

ceur, qu'en faisant usage d'éperons très acérés et en lui coupant les flancs à coups de cravache.

« A la fin de l'année 1885, le sous-maître Chaverondier prit part, au mois de novembre, à une chasse au renard, qui eut lieu dans les landes de Saint-Nicolas-de-Bourgueil, louées par le général de Rochefort ; une quarantaine d'officiers s'y trouvaient. Parti à quatre heures et demie du matin pour se rendre au rendez-vous de chasse, *Marengo* fut assez sage jusqu'au moment où les chiens furent découplés, mais, à partir de ce moment (neuf heures et demi jusqu'à son retour à l'École, onze heures du soir), *Marengo* ne cessa de bondir : en pleine chasse et sur un terrain très accidenté *Marengo*, énervé, se mit à bondir de telle façon qu'effrayés, le général et les officiers qui suivaient la chasse se mirent à crier : « Arrêtez, « arrêtez ! » Il n'aurait certes pas mieux demandé, mais impossible : *Marengo* furieux était comme un démon. A cette chasse très dure, trois chevaux complètement forcés moururent pendant la retraite sur Saumur ; plusieurs entrèrent à l'infirmerie, sur lesquels deux moururent également. La chose fit grand bruit, et les chasses à courre furent défendues.

« *Marengo* était aussi frais à son arrivée qu'au départ, et il bondissait encore en rentrant à l'écurie à onze heures du soir (1).

« Au commencement de l'année 1856, *Marengo* avait

---

1. — C'est à ne pas y croire et c'est pourtant l'exacte vérité ; ce cheval était étonnant de vigueur.

fini par céder, et M. Chaverondier faisait avec lui des courses de longue haleine : par exemple de Saumur à Restigné, au delà de Bourgueil, 31 kilomètres en une heure et demie, et cela deux fois par semaine. Il a même fait une fois ce trajet en une heure vingt-cinq minutes. Ce cheval avait un fond comme on n'en trouve plus nulle part.

« Le 7 septembre de la même année, M. Chaverondier était complètement maître de *Marengo*, et il gagnait ce jour-là, devant le maréchal Pélissier, la course des sous-officiers titulaires de l'École dans des conditions remarquables ; ce fut en arrivant au pesage et aux tribunes une véritable ovation. L'article suivant, inscrit dans les origines de l'École de Saumur et dans le journal l'*Écho saumurois* du 9 septembre 1856, mentionne ainsi le résultat du dressage de *Marengo* :

« 6ᵉ prix : Objet d'art. Steeple-chase, 2,500 mètres à par-
« courir et dix obstacles à franchir, 10 chevaux engagés.

« Arrivé 1ᵉʳ : *Marengo,* monté par M. Chaverondier ;
«   — 2ᵉ : *Dandit,* monté par M. de la Servette ;

« Ce steeple-chase des sous-officiers n'a pas été moins
« brillant que les autres courses. On a cru un instant que
« les dix chevaux arriveraient en même temps. Les che-
« vaux franchissaient les obstacles avec une impétuosité
« sans égale. Mais parmi eux se trouvait un cheval long-
« temps réputé indomptable, et aujourd'hui parfaitement
« dompté, *Marengo, cet animal de célèbre mémoire*, qui,
« au su de toute l'École, était *resté aussi sauvage après*
« *qu'avant certains essais* (de Mᵐᵉ Isabelle) dont on se

« souvient. *Marengo*, monté par le jeune sous-officier
« qui l'a dressé avec une habileté, une persévérance, un
« courage plus qu'ordinaires, *Marengo*, retenu en par-
« tant à cinquante pas derrière ses concurrents, est arrivé
« en aussi bon état que s'il n'avait pas couru. »

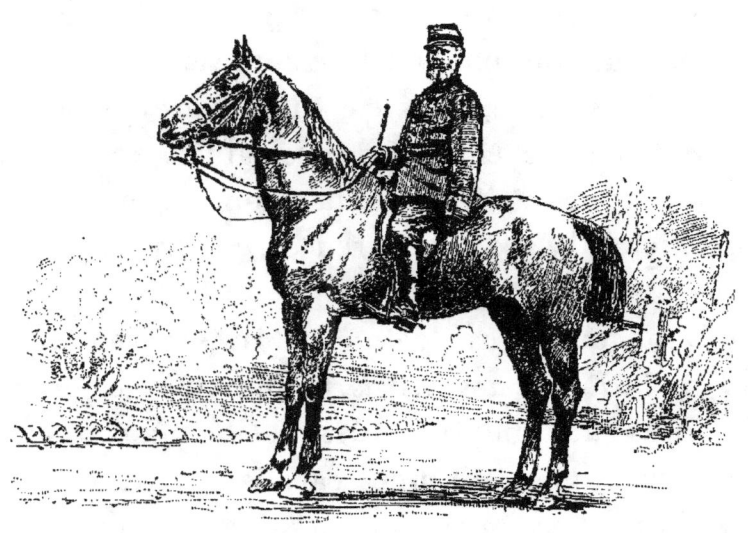

Fig. 51. — Le Colonel Chaverondier.

« A partir de ce jour, *Marengo* fut versé aux chevaux de carrière avec lesquels il fit près de trois ans le service, puis fut réformé à la suite de seimes périodiques. Il avait été proposé une première fois pour la réforme comme immontable au commencement de l'année 1854. »

Évidemment, on ne trop sait sous quelle influence il y avait eu en haut lieu un parti-pris de faire appliquer la méthode de Mme Isabelle à l'armée; et, comme la commission nommée dans le régiment des Guides et à l'école d'État-major avait paru favorable à cette nouvelle méthode de dressage, on pensait qu'il en serait de même à Saumur.

Mais cela ne pouvait pas être : d'une part, il y a à Saumur des traditions équestres laissées par de grands écuyers ; de plus, l'École a toujours possédé des hommes de cheval d'un grand mérite. Ensuite, non seulement le général qui commandait l'École à cette époque était un cavalier hors ligne, mais le comte d'Aure, son ami, le dernier des écuyers en chef de Versailles, en faisait partie comme écuyer civil. Là, il était donc certain qu'on ne se contenterait pas des apparences, qu'on examinerait les choses de près.

« Dans tous les cas, comme le dit fort bien M. Gaussen
« dans la *Revue des Haras*, pour bien juger de la portée
« de nouveaux moyens équestres, il ne faut pas s'en rap-
« porter simplement à des cavaliers, en état de se tirer
« d'affaire avec le commun des chevaux, car les erreurs
« sont faciles à commettre. Cela tient surtout à ceci,
« c'est que, quel que soit le genre de moyens employés,
« le cheval se fait vite à la répétition des mêmes mouve-
« ments, surtout aux allures ralenties, et quand il est
« encadré avec d'autres chevaux. Dans ces cas-là, le che-
« val moral disparaît en quelque sorte. Mais il en est
« tout autrement dans les allures vives et quand il est
« monté seul. »

Maintenant, ce qui s'est passé à Saumur en 1854 prouve, une fois de plus, que tant que le dressage de l'animal repose sur un équilibre artificiel qu'il faut maintenir, et qu'on ne peut pas à volonté laisser le sujet prendre de lui-même, surtout aux allures vives, un équilibre et une position en rapport avec ses allures, le résultat est loin d'être complet. Et puis, il ne faut pas l'oublier, le cheval moral est tout, généralement parlant, et toutes les fois que, dans les grandes allures et dans certains milieux, les forces instinctives de l'animal tendent encore à dominer les moyens d'action du cavalier, le sujet ne peut être considéré comme complètement dressé. Aussi, l'important, quand le cheval commence à bien répondre à nos moyens d'action, c'est de l'exercer avec gradation, surtout aux allures vives, dans les milieux où il doit être employé.

Après un échec aussi public, aussi complet, Mme Isabelle reçut l'ordre de quitter l'École.

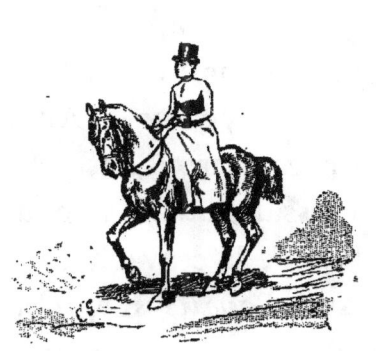

Mlle CAROLINE LOYO

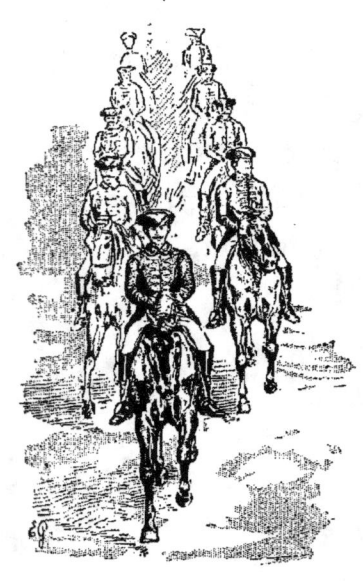

Caroline Loyo est, je crois, la première écuyère de haute école qu'on ait vue dans les cirques. Avant elle, on n'y connaissait que des chevaux dressés et montés par des hommes, *en haute école*, comme disent les affiches des saltimbanques.

Je n'étais donc pas né quand la gloire de Mlle Caroline Loyo battait son plein, alors que lord Seymour, Alfred de Dreux, MM. de Cambise, Ernest Leroy, Fasquel, le comte Daru, tout le Jockey, se pressaient dans le pourtour du cirque pour applaudir la diva de la cravache.

Dans son livre sur *Cavaliers et Écuyers*, le baron d'Etreillis a oublié de consacrer quelques lignes à celle qui, un jour sur deux, tenait, avec Baucher, l'affiche du cirque des Champs-Elysées.

Il ne dit pas un mot de Caroline.

Caroline, élève de M. Jules-Charles Pellier, débuta

cependant brillamment au cirque Olympique (1) du boulevard du Temple, vers 1833, sur un cheval d'origine arabe, nommé *Mamouth*, dressé par son professeur.

Ses débuts furent même si brillants qu'un écrivain du temps, s'extasiant sur son habileté, prétendait qu'elle faisait exécuter à son cheval des *changements de pied aux trois allures*.

Après avoir travaillé avec M. Pellier, Caroline Loyo devint l'élève de Baucher, qui lui fit monter ses chevaux d'école au cirque des Champs-Élysées, et compléta ainsi son éducation équestre, qui était déjà fort avancée.

C'est à la suite d'un des nombreux succès qu'elle remporta que Jules Janin, le roi de la critique d'alors, fit paraître dans les *Débats*, son appréciation sur Caroline Loyo, appréciation qui a bien sa valeur, comme vous l'allez voir.

Voici ce qu'on lit en effet dans le *Journal des Débats* du 9 août 1841, dans l'article consacré à Baucher et à *Partisan*, à Caroline Loyo et à *Rutler* :

« Hélas ! que j'en ai vu tomber de jeunes filles ! Seule encore, dans cette foule brillante de cravaches roses et d'éperons d'or, Mlle Caroline n'a pas fait de faux pas. Jusqu'à ce jour, le cirque lui a été léger et favorable. Elle a passé de Charybde en Scylla, sans y laisser un seul flocon de sa robe de neige. Mais aussi, quel savant et ter-

---

1. — Le cirque Olympique était un théâtre ayant, devant la scène, une piste de cirque, que l'on convertissait en parterre debout, assis et en stalles d'orchestre, pour y jouer des féeries et des drames militaires, lorsque les exercices équestres étaient terminés.

rible écuyer ! Est-ce une femme ? A coup sûr elle en a la grâce, la taille, le regard, le pied mignon, les longs cheveux. Elle ne joue pas la comédie, celle-là, elle y met tout le sérieux de la chose. Elle ne fait pas de voltige, elle monte à cheval. Elle ne choisit pas pour monter les comédiens à quatre pieds du cirque ; il lui faut un véritable cheval en chair et en os. Elle dit que le cheval pour elle est comme la rime pour le poète, un esclave qui ne doit qu'obéir.

« Elle n'avait pas seize ans qu'un beau matin elle est partie, n'ayant pour toute fortune que deux grands yeux et un grand cheval, noirs les yeux et le cheval. N'eût-elle sa double mamelle doublement naissante, l'Angleterre se fût écriée que c'était la jeune Penthésilée des poètes. »

N'est-ce pas charmant ? Et ce passage sur *Rutler* : « *Rutler* est rétif, de mauvaise humeur. *Rutler* se disait, en pur-sang anglais : « Au fait, nous avons gagné la « bataille de Waterloo, » et chantait dans ses dents la ballade : *Non, ils n'auront pas le Rhin allemand,* et cette ballade exaspérait *Rutler.* »

« Caroline arrive ; elle vous prend l'ami *Rutler* avec un sans-gêne ! La voilà en selle d'un saut. Zest, c'est fait. Aussitôt l'animal se cabre et bondit. Il se défend, il rage, il est furieux. Il danse la ballade.

« — Ah ! nous n'aurons pas le Rhin allemand ? lui répond Caroline. Eh bien, tiens, voilà pour le Rhin allemand, voilà pour Waterloo, voilà pour Wellington, voilà pour toi. En attendant, valse, galope, piaffe, tiens-toi debout et, si tu résistes encore, je te fais passer une serviette au cou et tu souperas avec M. Auriol. On a jeté des fleurs à Caroline; je crois même qu'on a fini par en jeter à *Rutler*.

« C'est la Taglioni équestre, disent les uns; c'est Carlotta Grisi, disent les autres. »

Parmi les chevaux qu'elle a *dressés elle-même,* il faut citer *Jupiter, Junon, Frisette, Fortunatus, Meflet, Russe, Mahmoud, Rutler,* etc., etc. Elle a monté *Partisan* au bois et Baucher l'a monté après elle. Elle avait un talent équestre *sui generis* ; c'était une virtuose dans l'art de dresser un cheval de haute école. Au cirque, comme attraction, elle a monté quelques chevaux dressés par Baucher et réciproquement. Mais ses véritables chevaux ne sortaient que de ses mains. Ainsi, *Fortunatus*, qui a toujours passé pour un cheval de Baucher, lui avait d'abord appartenu. On en trouve la preuve dans le reçu suivant, que le capitaine H. Choppin a eu entre les mains :

« Je, soussigné, reconnais avoir reçu de Mlle Caroline Loyo la somme de 1,500 francs pour prix du cheval *Fortunatus* que je lui ai vendu et livré.

« 8 Mars 1844.   « Lord SEYMOUR. »

C'est bien Caroline qui a commencé le dressage de cet animal au caractère détestable, qui n'est passé que plus tard dans l'écurie de Baucher.

Non contente de ses succès au cirque des Champs-Elysées, Caroline Loyo voulut aller cueillir d'autres lauriers. Elle quitta la France pendant plusieurs années, elle alla en représentation dans tous les cirques de l'étranger. En Allemagne et en Angleterre, où elle fut acclamée, surtout en Angleterre, où ses représentations étaient le rendez-vous de toute la *gentry*, on allait voir Caroline Loyo, comme on va voir Patti, et je dois dire que les succès de cette dernière, quoique fort nombreux, ne sont pas à comparer à ceux de Caroline. En voici une preuve :

Un jour ou plutôt un soir qu'il pleuvait à torrent et qu'elle n'avait pas de voiture pour rentrer chez elle, elle fut portée à bout de bras à la voiture de lord L... par le duc de B..., un des plus grands seigneurs du Royaume, pendant que The Earl C... la couvrait de son manteau pour la protéger de la pluie.

Pour qui connaît les coutumes et les mœurs anglaises, cette anecdote suffira à prouver en quelle estime Caroline Loyo était tenue de l'autre côté de la Manche.

A son retour en France, qui eut lieu vers 1846, Caroline Loyo s'en vint travailler chaque matin au manège Pellier, qui était 11, faubourg Saint-Martin. C'est là du reste que ses chevaux étaient en pension. Elle en avait six alors, tous fort beaux et d'un dressage parfait. Parmi eux figuraient : *Rutler, Jupiter, Junon*, etc.

Caroline Loyo avait placé ses chevaux chez M. Pellier, son premier maître, parce qu'elle faisait un peu ce qu'elle voulait ; elle s'en occupait continuellement comme un véritable piqueur ; elle les pansait elle-même, ou leur faisait donner des soins avec toute l'habileté et l'intelligence d'un homme de cheval.

Elle ne pouvait pas, bien entendu, monter elle-même,

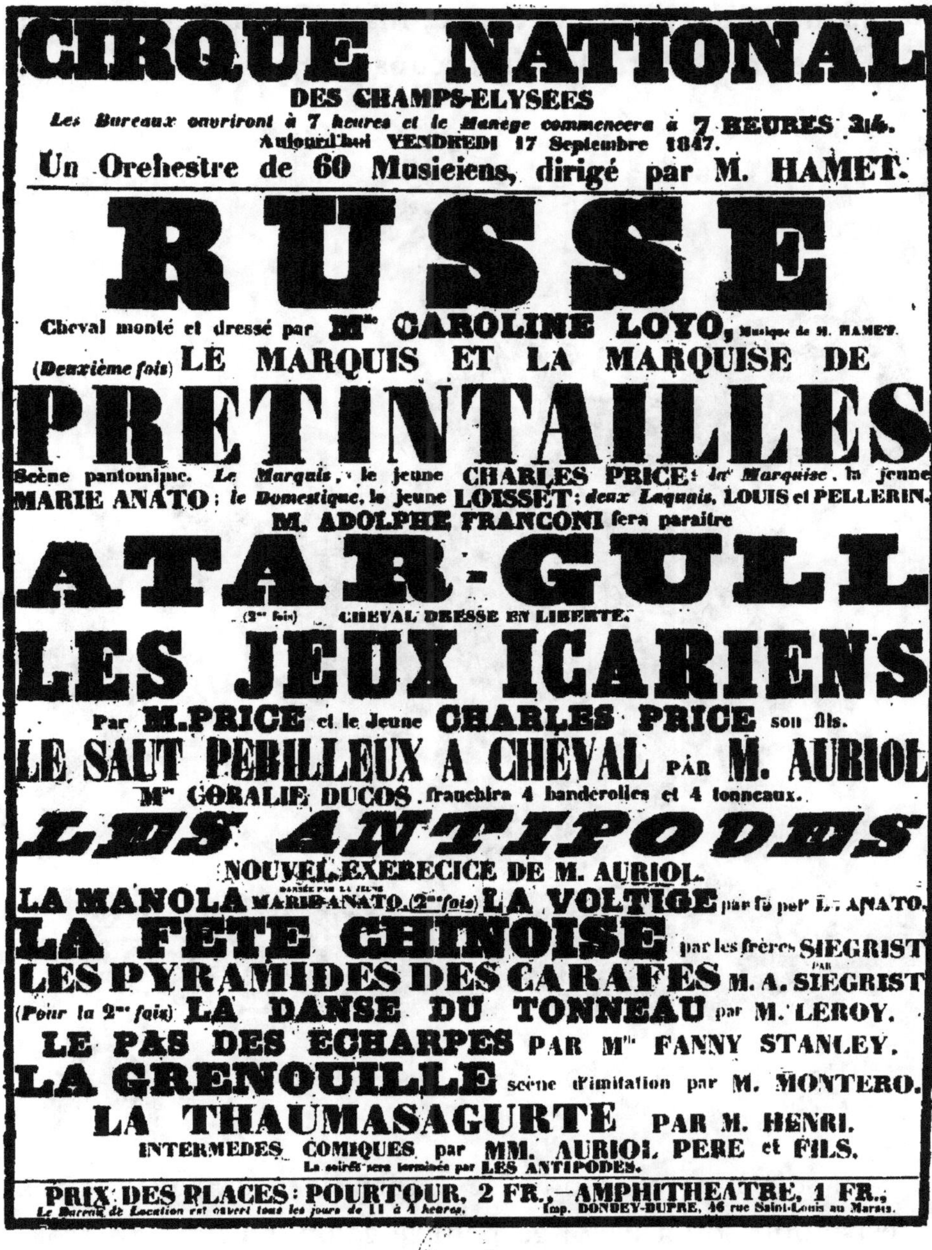

CIRQUE NATIONAL
DES CHAMPS-ELYSÉES
Les Bureaux ouvriront à 7 heures et le Manège commencera à **7 HEURES 3¼**.
Aujourd'hui VENDREDI 17 Septembre 1847.
Un Orchestre de 60 Musiciens, dirigé par M. HAMET.

RUSSE
Cheval monté et dressé par Mlle **CAROLINE LOYO**, Musique de M. HAMET.

(Deuxième fois) LE MARQUIS ET LA MARQUISE DE

PRETINTAILLES
Scène pantomime. Le Marquis, le jeune **CHARLES PRICE**; la Marquise, la jeune
MARIE ANATO; le Domestique, le jeune **LOISSET**; deux Laquais, **LOUIS** et **PELLERIN**.
M. ADOLPHE FRANCONI fera paraître

ATAR-GULL
(2me fois) CHEVAL DRESSÉ EN LIBERTÉ.

LES JEUX ICARIENS
Par **M. PRICE** et le jeune **CHARLES PRICE** son fils.

LE SAUT PERILLEUX A CHEVAL PAR M. AURIOL
Mlle **CORALIE DUCOS** franchira 4 banderolles et 4 tonneaux.

LES ANTIPODES
NOUVEL EXERCICE DE M. AURIOL.

LA MANOLA DANSÉE PAR LA JEUNE **MARIE ANATO**. (2me fois) **LA VOLTIGE** par le par L. ANATO.

LA FÊTE CHINOISE par les frères SIEGRIST
LES PYRAMIDES DES CARAFES PAR M. A. SIEGRIST

(Pour la 2me fois) **LA DANSE DU TONNEAU** par M. LEROY.

LE PAS DES ECHARPES PAR Mlle FANNY STANLEY.

LA GRENOUILLE scène d'imitation par M. MONTERO.
LA THAUMASAGURTE PAR M. HENRI.
INTERMÈDES COMIQUES par MM. AURIOL PÈRE et FILS.
La soirée sera terminée par LES ANTIPODES.

PRIX DES PLACES: POURTOUR, 2 FR., — AMPHITHEATRE, 1 FR.
Le Bureau de Location est ouvert tous les jours de 11 à 4 heures.
Imp. DONDEY-DUPRÉ, 46 rue Saint-Louis au Marais.

Fig. 54. — Affiche du 17 septembre 1847 : Représentation de Mlle Caroline Loyo.

chaque jour, ses six chevaux; mais ils travaillaient très régulièrement, et elle s'en occupait activement, les exer

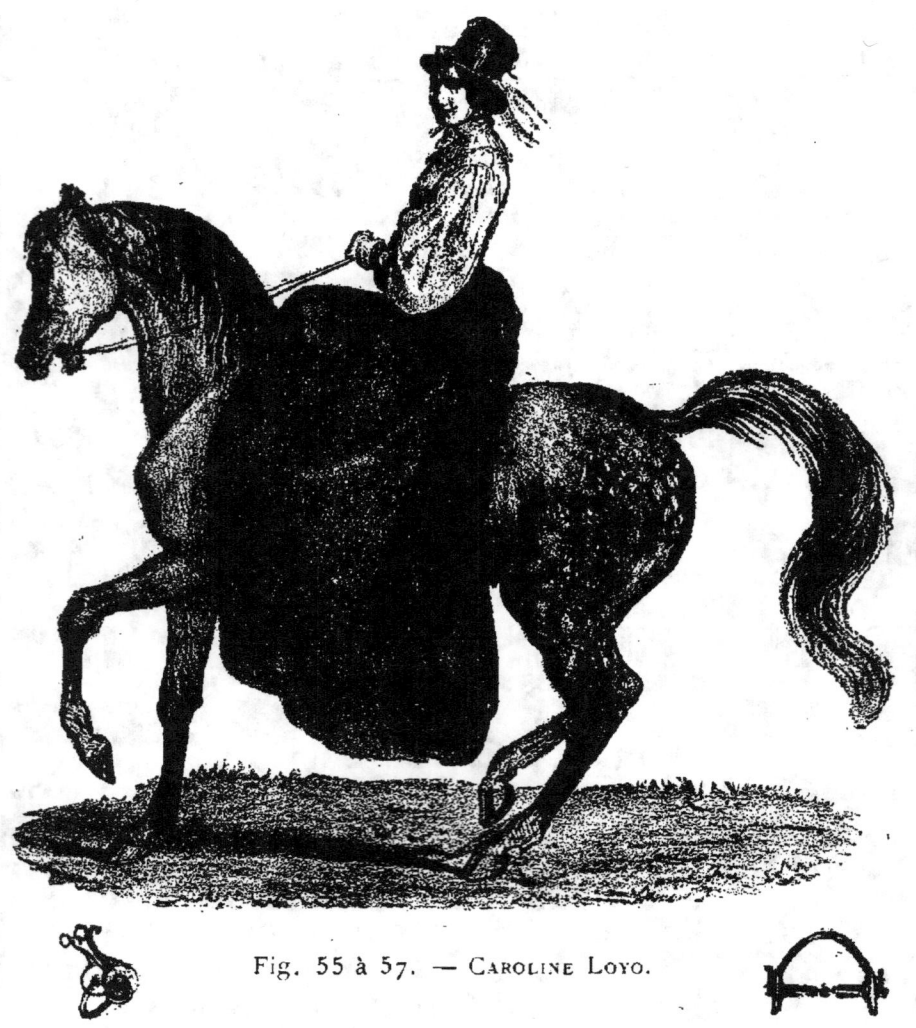

Fig. 55 à 57. — Caroline Loyo.

çait, soit à la main pour le piaffer, le passage ou le pas espagnol, soit à la longe pour le galop, en montait trois ou quatre, faisait promener les autres par les jeunes élèves écuyers du manège. Elle assistait elle-même à ces promenades de santé. C'était le fils Jules Pellier, gamin de treize ans, qui était chargé de monter son joli cheval d'École, mais il n'était pas autorisé à lui demander aucun de ses airs de manège, et cette défense était bien heureuse pour le cheval et pour lui.

A l'Hippodrome de la place de l'Étoile, elle monta, en 1847, une jument baie brune, dont je n'aie pas retrouvé le nom ; mais ce que j'ai retrouvé, ce sont les éloges qu'on fait de la position correcte de l'écuyère, son habileté de main, l'aisance et la grâce avec laquelle elle faisait travailler sa jument, dont elle tirait un parti merveilleux. Avec cette même jument, Mlle Loyo faisait aussi le tour de la piste de l'Hippodrome, en changeant de pied, soit aux temps, soit aux deux temps.

On s'est extasié plus tard sur le dressage des chevaux montés par Mme Elisa ; ils n'étaient pas aussi corrects que ceux de Mlle Caroline Loyo ; cette dernière avait, de plus, pour elle l'avantage d'être une très jolie femme.

La Loyo, comme on disait alors, n'était pas très lettrée. On lui demandait, un jour, quel était son protecteur du moment : c'est un pair de France d'Angleterre, dit-elle (*sic*).

Dejean, alors directeur du cirque, avait pris au mot Caroline Loyo, lui disant qu'elle crèverait tous les chevaux qui lui résisteraient. Pour la punir de cette assurance, il lui donne à monter une espèce de bête fauve qui se cabrait rien qu'à voir l'ombre d'un mors ou d'une bride ; cette bête fauve s'appelait *Mahmoud*. En un tour de main, elle a fait de ce lion un mouton. *Mahmoud*, au besoin, lui eût ramassé son mouchoir ; mais Caroline n'a pas de mouchoir ; elle va si vite que le vent emporte tout ce qui la gêne. — Le vent est son écuyer, son page, son serviteur, son ami ; il monte en croupe et galope avec elle sans demander : Où allons-nous ? Pauvre *Mahmoud !* Il s'est donc laissé dompter par Caroline ; il a courbé cette tête si fière, il a balayé la poussière olympique de sa crinière ondoyante, il a rampé devant elle ; il a tant rampé qu'elle l'a planté là. — Que veux-tu que je fasse de toi, *Mahmoud ?* Je t'ai aimé, parce qu'on disait que tu ne pouvais rien supporter sur ton dos, rien sur ta tête ; tu es trop docile pour moi, tu m'ennuies. Va-t'en, je ne veux plus qu'un cheval qui me foule aux pieds ou qui m'emporte le bras droit avec ses dents.

J'ai dit quel était le caractère de *Rutler*, que Caroline a pris après *Mahmoud*. Toujours avec J. Janin, nous donnerons une dernière touche au portrait de cet animal fort désagréable. C'était un anglais pur sang. C'était un de ces fougueux entêtés qui veulent toujours avoir le dernier mot. Il est butor, mal élevé, toujours prêt à tout briser ; il ne sait pas un mot de français ; il est myope, si bien que tout ce regard noir qui le monte ne peut rien sur lui. Mais qu'importe ! Caroline a osé aborder *Rutler*, et elle l'a forcé à lui demander pardon.

Il a été fasciné par les beaux yeux, réduit par la cravache, et s'est trouvé heureux du contact de sa maîtresse.

Dans le même feuilleton, J. Janin consacre les lignes suivantes à Baucher et à *Partisan :*

« Cependant Baucher, après avoir changé un cheval

de cabriolet du marquis d'Aligre en véritable cheval de course (que M. le marquis d'Aligre aura été étonné, et aussi son cheval), après avoir passé de *Buridan* à *Capitaine*, de *Capitaine* à *Neptune*, de *Neptune* à *Géricault* l'indomptable, *Géricault* dressé en trente jours, est revenu à *Partisan*, ses premières amours ! Tout le travail de *Partisan* (cela s'appelle un travail, comme l'Opéra s'appelle l'Opéra) a été renouvelé cette année. *Partisan* n'est plus seulement un cheval, c'est un système. Il est à lui seul le représentant de toute l'école dont Baucher est le créateur. A coup sûr, ce beau cheval avait été fait pour courir ; Baucher veut qu'il reste en place, et il y reste. Le monde entier n'était pas assez vaste pour ce cheval, qui disait comme le cheval de Job : *Allons !* Il se contente, ainsi le veut Baucher, de vingt-cinq pieds ronds du Cirque olympique. Savez-vous ce qu'il fait, à présent, ce coureur ? Ecoutez plutôt, et vous direz que c'est toute une armée qui arrive au pas de charge : changement de pieds à deux temps, — à un temps, — pirouettes sur *trois* jambes ; la quatrième est en l'air, comme les mains d'une willis. — Et quel piaffer ! d'abord terre à terre, après tout en haut, à six pieds du sol. Trot en arrière, galop à reculons, — et le reste. C'est à n'y rien comprendre, surtout quand on sait, ou lorsque l'on croit savoir quelle est cette machine ardente, impétueuse, compliquée, pleine de révoltes et de caprices, qu'on appelle un cheval. »

Je ne veux pas terminer cette étude sans raconter un incident assez curieux auquel fut mêlée Caroline Loyo.

Un jour deux officiers élèves de l'École d'État-major

filaient au trot et au petit galop, sur l'avenue de Saint-Cloud, sinueuse et poussiéreuse alors, ne ressemblant guère à la voie actuelle rectiligne et macadamisée, quand ils rejoignirent deux cavaliers et une amazone, cheminant au pas, mais causant d'une façon très animée.

Les cavaliers étaient deux jeunes gens de grand nom et de grande fortune, montant fort bien de beaux pur-sang anglais ; l'amazone n'était autre que Caroline Loyo, montant sa jument préférée, *Junon*, avec laquelle elle obtenait grand succès au cirque Franconi, dont elle était l'étoile applaudie et incontestée.

Avec sa robe café au lait clair, *Junon* ne brillait guère entre ses deux compagnons, malgré sa large croupe rebondie et ses vigoureux jarrets. Mais, montée par Caroline Loyo, c'était une merveille de bonne grâce et d'énergie.

Les jeunes militaires, polis et galants, saluent en passant le groupe discutant, sont priés de ralentir leur allure, mis au courant du sujet de la discussion et invités à servir de juges du camp.

Les jeunes pékins, fiers, à bon droit, de leurs montures, contestaient à Caroline Loyo la valeur de sa jument, et surtout sa vitesse. Le pari d'un souper au Moulin-Rouge est proposé en faveur de celui ou de celle qui arrivera bon premier au pied du chêne bien connu, marquant le rond-point d'un carrefour situé à 200 pas du pont de Saint-Cloud et à environ 600 mètres du point de l'avenue où on se trouvait.

Les deux officiers-élèves partent au galop ; l'un d'eux s'arrête à la première sinuosité du chemin, à 300 pas environ, pour donner le signal du départ; l'autre file jusqu'au pied du chêne, pour juger de l'arrivée.

Les trois concurrents partent en même temps, passent comme une trombe devant le premier observateur, en formant un groupe compact jusqu'à 40 ou 50 mètres de l'objectif.

Là, Caroline se penche sur l'encolure de sa jument, pousse un petit cri strident, lève sa cravache sans frapper sa monture, qui semble voler; dépasse les deux autres, arrive première de sept à huit longueurs, arrête sa jument, sur les jarrets, lui fait faire une volte très correcte et, s'accoudant sur son genou droit, rit au nez de ses adversaires, qui conviennent de leur défaite, sans montrer la moindre mauvaise humeur.

Cette petite aventure démontre qu'en équitation, comme dans tous les arts et tous les métiers, un bon ouvrier fait de bonne besogne même avec un outil médiocre, Un bon cheval bien dressé n'a toute sa valeur que dans les mains d'un habile cavalier, homme ou femme, militaire ou pékin.

En un mot, Baucher et Caroline Loyo, chacun dans leur genre, ont été les véritables créateurs de l'École nouvelle.

En 1881, lors des grandes manœuvres de cavalerie, exécutées par les divisions commandées par les généraux Charlemagne et Lardeur, sous la direction du général marquis de Galliffet, le capitaine H. Choppin rencontra Mlle Caroline Loyo à Bléré, où elle s'était retirée. Elle vivait plus que modestement. Rien ne rappelait en elle la gracieuse amazone d'autrefois. Des chagrins, des pertes d'argent, des désillusions nombreuses et « des ans l'irréparable outrage » l'avaient rendue méconnaissable. Dans une petite maison du village, elle avait conservé quelques souvenirs du bon temps. On y voyait son portrait, dû au pinceau d'Alfred de Dreux, quantité de gravures la représentant sur ses différents chevaux. La collection de ses autographes était des plus intéressantes. A côté de la signature des hommes de cheval, des puissants du jour, on y trouvait celle de beaucoup de ses bons camarades, de Caroline Anato, de Mme Lejeard, de Dejean, directeur du Cirque, officier de la Légion d'honneur, d'Auriol, des frères Price, etc.

Un des charmes de cette grande artiste résidait dans la correction de sa tenue ; ses admirateurs ont regretté de lui voir abandonner la classique amazone pour prendre un costume grec, qu'elle a porté à la fin de sa carrière.

Les beaux jours du cirque des Champs-Élysées ont été à l'époque où Baucher montait un jour et Caroline l'autre.

Un dernier mot sur le feuilleton de J. Janin . « Monsieur, me disait un gros amateur au nez rouge, au gros ventre, avec jambes longues et effilées, de ces jambes d'acier qui vous enveloppent un cheval en entier et qui vont se nouer toutes seules sous le ventre du cheval, Monsieur, l'avez-vous vue, l'an passé, sur le cheval bai qu'elle a dompté ? — Hélas ! non, monsieur, l'an passé, je ne l'ai pas vue ; l'an passé, j'étais à Florence à admirer les chefs-d'œuvre du palais Pitti. — Monsieur, reprit le gros cavalier, lorsque Caroline monte un nouveau cheval, on ne va pas à Florence, on ne va pas au palais Pitti : on reste au cirque. Et il me tourna le dos. »

De nos jours, on peut aller à Florence et plus loin encore, en attendant, puisque la succession de Caroline et de Baucher est toujours vacante.

Je n'ai pas vu tout cela et le regrette, âge à part, et comprends l'enthousiasme de cette époque, l'exclusivisme de nos maîtres qui trouvent que de leur temps tout allait mieux qu'à présent.

Baucher et Caroline Loyo n'ont pas plus été remplacés dans la haute école que Rachel sur la scène du Théâtre-Français, que le vieux Laurent Franconi sur la piste de l'Hippodrome, alors qu'il montait Norma.

Aussi, nos maîtres disent-ils encore : Hup ! pour Caroline et *Rutler*, pour Baucher et *Partisan !* En avant quatre, ou, pour mieux dire, en avant pour ces deux grands artistes...

Déjà d'un certain âge, Caroline Loyo épousa M. Loisset, directeur de cirque ; c'est comme cela qu'elle se trouva être la tante des sœurs Loisset, qui furent un peu ses élèves comme écuyères de haute école.

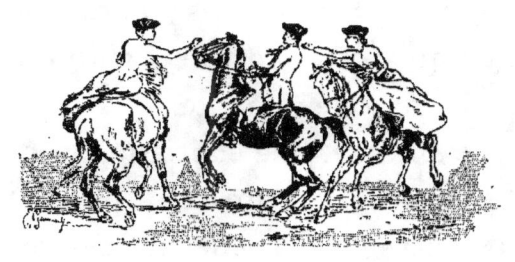

Mlle PAULINE CUZENT

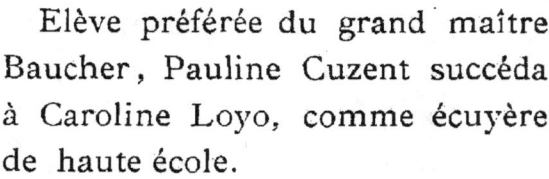

Elève préférée du grand maître Baucher, Pauline Cuzent succéda à Caroline Loyo, comme écuyère de haute école.

C'est de cette époque que date, on peut le dire sans crainte d'être démenti, l'ère des écuyères.

L'apparition de Pauline Cuzent, dont le nom est resté légendaire dans les annales du cirque, fut une vraie révélation. Sans être tout à fait jolie, il était impossible de ne pas la trouver charmante, lorsqu'elle paraissait à cheval; il y avait en elle une finesse, un sentiment innés, sans lesquels on ne monte jamais bien à cheval. Son travail était aisé, coulant, surtout exempt de toutes ces contorsions que, sous prétexte d'équitation allemande, on nous a tant exhibées depuis; aussi, nous n'hésitons pas à affirmer qu'à cette époque Pauline Cuzent était le type idéal de l'amazone élégante.

Particularité bizarre, elle était atteinte d'une claudication naturelle; ce qui ne l'empêchait pas d'être très solide, adroite et très gracieuse à cheval. On sentait qu'il n'y avait qu'à ouvrir la porte du manège pour qu'elle se changeât en une femme du monde, montant remarquablement, se servant d'un cheval pour sa distraction ou son plaisir.

Les partisans — et ils étaient fort nombreux — du grand professeur la citaient toujours comme la seule femme montant parfaitement et selon les vrais principes de la méthode. Baucher avait trouvé en Pauline Cuzent un terrain merveilleusement préparé : il n'eut pas grand'peine à y semer le bon grain.

Pauline était née en 1815 ; elle appartenait à cette brillante famille des Cuzent qui, depuis le commencement de ce siècle, rayonnait en France et à l'étranger (quand la guerre le permettait, car on était en pleine épopée impériale), avec son Cirque ambulant.

A cette époque, le luxe ne débordait pas de partout dans les cirques : une bonne tente, des bancs en bois, des quinquets, dix musiciens tout de rouge habillés, et c'était un Cirque ; le talent des artistes n'en était pas moins réel. Témoin Paul Cuzent, le frère de Pauline, un des plus grands voltigeurs que l'on ait vus ; c'est presque de lui que datent les jeux romains.

C'est lui qui, le premier, fit la *Poste aux chevaux*, travail de voltige sur vingt-quatre chevaux, passant entre ses jambes et sur le dos desquels il faisait le grand écart.

Paul Cuzent était un bel homme, fort agile, excellent musicien, même compositeur. Il a laissé plusieurs œuvres musicales fort appréciées, notamment un *Galop infernal du Jugement dernier* et la musique du travail de plusieurs chevaux de haute école, celle de *Partisan*, le fameux cheval de Baucher. M. Cuzent a même écrit un petit opéra en un acte, l'*Habit de noce*, de Dennery et Bignon, représenté en 1855.

Paul Cuzent fut le premier directeur de cirque qui alla en Russie ; il y fit fortune ; il fit les beaux jours de la cour du czar Nicolas Ier. Il mourut à Saint-Pétersbourg en 1856 victime, ainsi que son beau-frère Lejears, du choléra asiatique.

Le Paris de 1840 a applaudi maintes et maintes fois, au Cirque des Champs-Élysées, sa charmante sœur, Mme Lejears ; c'était une beauté doublée d'un talent remarquable, comme je l'ai dit plus haut. Elle se maria à seize ans avec Lejears, un des écuyers de la troupe de P. Cuzent. Comme son frère, elle alla en Russie, où son mari mourut ; elle se remaria à Saint-Pétersbourg avec le ténor Montzauze, qui, à cette époque, n'était pas chanteur, mais acteur au Théâtre-Michel, troupe française. Devenue veuve une deuxième fois, elle a aujourd'hui soixante-dix ans, et comme il est dit que l'on retourne toujours à ses premières amours, nous la voyons aujourd'hui au Cirque d'Été et d'Hiver, où elle donne des leçons de danse et paraît quelquefois dans les pantomimes. Qui reconnaîtrait, sous ces traits agréables de vieille femme, la brillante écuyère de 1840, dont le charme dépassait celui des Oceana, des Bridges, etc.

Cette nomenclature de la famille de Pauline Cuzent m'a forcément éloigné d'elle. J'y reviens.

Née, comme je l'ai dit plus haut, en 1815, elle ne

savait que faire au milieu de cette famille d'artistes ; et, en somme, comme il fallait tirer son épingle du jeu, elle

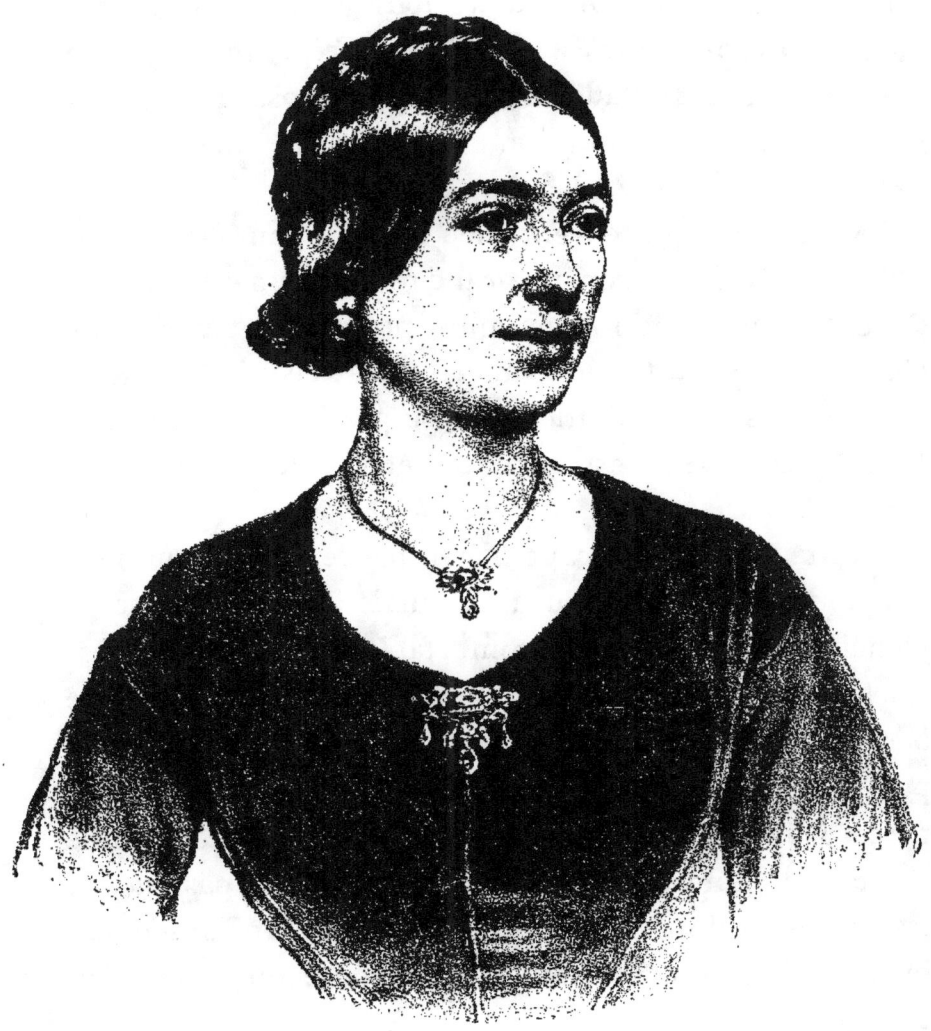

Fig. 60. — Mlle Pauline Cuzent.

entra toute gamine au théâtre Séraphin, où elle jouait du cornet à piston. Plus tard, elle signa un engagement avec le Palais-Royal, où elle remporta, comme artiste alors, de nombreux succès. Elle fut même pendant quelque temps l'étoile de ce théâtre. Mais ce qui l'attirait surtout, c'était le cirque. Elle y allait chaque jour voir travailler ses frères et ses sœurs ; c'est à une de ces répétitions qu'elle fit la rencontre de Baucher, qui lui proposa de lui donner des leçons d'équitation, et il en fit une écuyère d'élite.

Ses débuts, qui eurent lieu en 1835 au Cirque des Champs-Élysées, eurent un grand retentissement. Pauline Cuzent venait une fois de plus prouver la supériorité absolue de l'équitation française sur l'équitation allemande, la seule équitation qui se pratiquait alors dans les cirques et d'où est parti cet éternel et ridicule *pas espagnol*.

A cette époque, le cirque n'était pas le beau monument que nous admirons aujourd'hui, mais bien un cirque en planches aménagé le plus confortablement possible ; c'est sur le fameux « Buridan », cheval de haute école dressé par Baucher, qu'elle parut pour la première fois en public. Elle obtint un grand et légitime succès, et ce parce qu'elle s'est toujours tenue dans le cercle d'une équitation saine et régulière : le *piaffer*, le passage, le travail au galop qu'elle exécutait avec un fini et un brillant dont on ne peut plus se faire une idée bien exacte.

Le caractère distinctif de l'École française a toujours été de travailler le cheval sur « une mise en avant » même dans les mouvements les plus serrés. C'est en se conformant à ces principes, qui étaient ceux de Baucher, que Pauline Cuzent est arrivée à être une des individualités les plus saillantes du monde équestre.

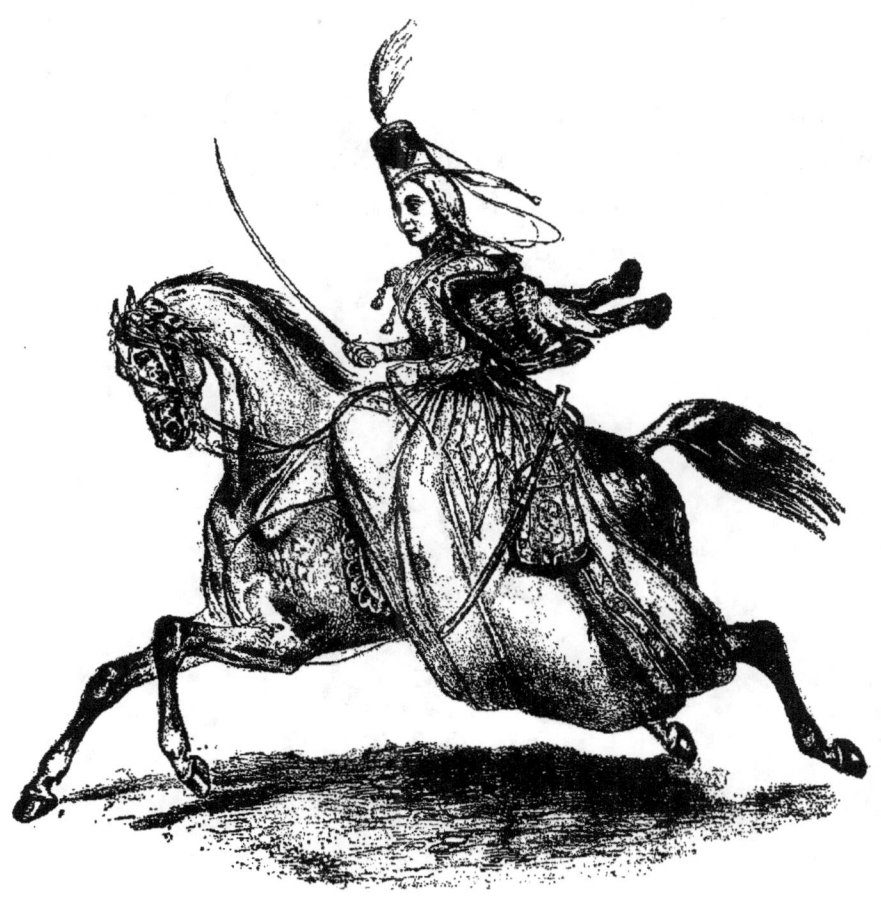

Fig. 61. — Mlle Pauline Cuzent.

Sûre d'elle-même et pouvant désormais voler de ses propres ailes, Pauline Cuzent, après avoir acheté à Baucher plusieurs de ses chevaux de haute école : *Buridan, Partisan, Capitaine,* et le cheval sauteur *Auriol,* à F. Loisset (grand-père de la pauvre petite Émilie

Loisset) partit pour la Russie, rejoindre ses frères et sœurs. Là, comme à Paris, elle se fit remarquer, et elle fut tellement remarquée que de tous côtés on la demanda comme professeur ; elle finit par céder, et elle donna des leçons à toutes les grandes dames russes et même aux grandes duchesses, qui l'aimaient beaucoup. Malheureusement Pauline était d'une santé délicate : le climat lui fut fatal, elle fut obligée de revenir à Paris, où elle mourut en 1855 de la poitrine.

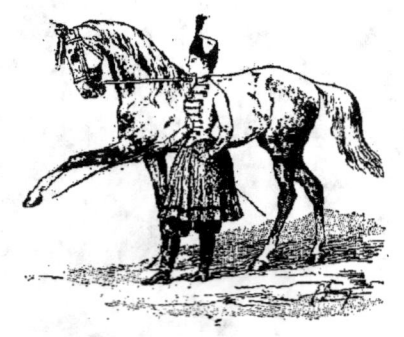

Mlle ADÈLE DROUIN

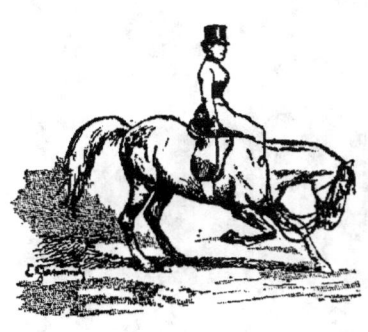

C'est vers 1865 ou 1866 que Mlle Adèle Drouin a débuté à l'Hippodrome.

M. Gaussen et M. de Corbie furent ses premiers maîtres. De taille moyenne, avec un joli visage et un buste merveilleusement bien fait, embelli par la nature de tout ce qui peut en rendre les contours plus séduisants, elle fut charmante en selle dès le premier jour et acquit bientôt une *tenue* exceptionnelle. C'était elle qui montait avec M. de Corbie dans les « Sauteurs de Versailles » les chevaux dressés par M. Gaussen aux *airs relevés* de l'ancienne école. Ces chevaux étaient tellement durs dans leurs sauts que les hommes n'y pouvaient tenir qu'en selle à piquer. Mlle Adèle n'était, au contraire, jamais déplacée... Elle fut plus tard choisie par M. Gaussen pour monter la célèbre jument d'école *Janina*, qui avait été dressée par Auguste et avait débuté sous Amélie.

Bientôt M. de Corbie, ayant vu travailler sans bride la jument *Diane*, qui devait plus tard appartenir à Mlle Adèle, essaya de dresser ainsi un assez beau che-

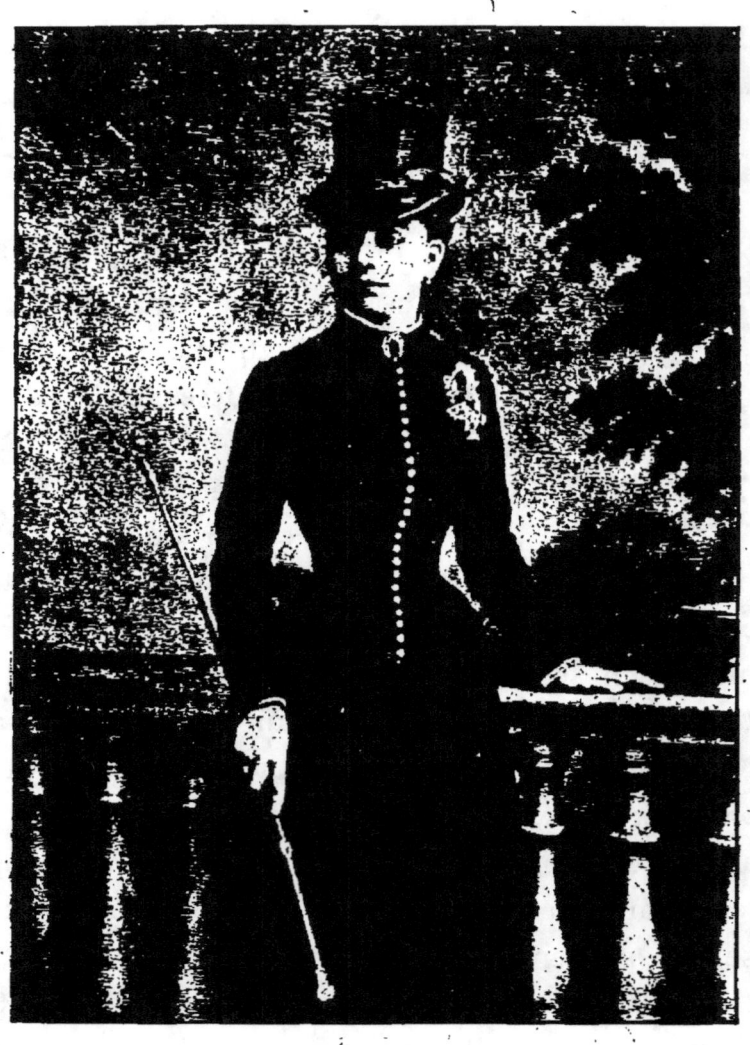

Mlle Adèle DROUIN

val blanc de l'Hippodrome. Il réussit, et ce cheval y a paru pendant toute une saison, monté sans bride par cette écuyère. Après l'incendie de l'Hippodrome, Mlle Adèle Drouin fut engagée au Cirque des Champs-Élysées. Elle s'y fit applaudir sur sa jument *Diane*.

Cette jument avait appartenu pendant plusieurs années à un officier, qui lui avait fait un dressage complet de haute école, le baron Faverot de Kerbrech, aujourd'hui général et auteur du *Dressage méthodique du cheval de selle*, d'après les derniers enseignements de Baucher. Elle changeait de pied, à chaque temps de galop et était déjà mise au piaffer, au passage, au pas et au trot espagnol, lorsque l'idée vint à son propriétaire de lui apprendre à exécuter son travail sans bride, d'après les procédés de M. le comte de Lancosme-Brèves, qu'il avait déjà pratiqués sur un autre cheval. Mais ici la difficulté était bien plus grande, car il s'agissait d'obtenir *sans aucun frein*, et par conséquent sans pouvoir marquer aucune opposition aux actions des jambes, les allures artificielles, qui demandent la *concentration des forces* de l'animal, comme le piaffer et le passage, et celles qui exigent un *soutien* de la main comme le pas et surtout le trot espagnol. Il résolut cependant le problème, et, quand la jument Diane débuta au Cirque, Mlle Adèle Drouin put lui faire exécuter *sans bride* le travail suivant :

Première partie: 1° Entrée au galop, arrêt, salut, reculer, huit de chiffres au reculer ; 2° pirouettes ordinaires à droite et à gauche ; 3° grand trot, huit de chiffres ; 4° au pas, voltes à droites et à gauche en tenant les hanches ; 5° petits contrechangements de main successifs au pas en tenant les hanches. — Deuxième partie: 6° Pas espagnol entremêlé d'arrêt avec tension soutenue de chaque jambe ; 7° départs au galop entremêlés de changements de pied en l'air et d'arrêts instantanés suivis immédiatement de demi-tours exécutés au reculer ; 8° piaffer et passage ; 9° trot espagnol ; 10° galop allongé, arrêt brusque au milieu du manège et sortie au reculer précipité.

Nous croyons intéressant de faire connaître au lecteur comment on arrive au dressage sans bride. Le point capital est naturellement d'obtenir facilement l'*arrêt* à toutes les allures. Pour cela, on laisse d'abord la bride à la tête de l'animal. Les rênes étant sur le cou au pas, on touche délicatement la nuque avec le bout de la cravache. En même temps, ou presque aussitôt après, on arrête en prenant pour un instant la bride dans l'autre main. On répète dix fois, vingt fois, jusqu'à ce que le cheval s'arrête au simple contact de la cravache sur sa nuque.

A ce moment on caresse. Puis on recommence très souvent, jusqu'à ce que l'animal ait pris l'habitude de s'arrêter court dès qu'il sent la cravache ou même dès qu'il la voit sur le point de le toucher. Quand ce travail se fait très sûrement au pas, on suit la même progression pour le trot et pour le galop.

Pour le reculer, on agit de même : le cheval étant arrêté, on le touche sur la nuque avec la cravache et on se sert d'abord de la bride pour lui faire comprendre qu'on cherche le mouvement rétrograde. On arrive très vite à ne plus avoir besoin de faire sentir le mors. Dès que l'animal a compris, on est étonné de l'empressement qu'il met à obéir, même aux *indications* de la cravache.

Pour tourner, on la montre en avançant le bras, du côté opposé à celui où l'on veut aller. On touche légèrement au besoin. On s'aide en même temps de la jambe droite pour tourner à droite et inversement.

On parvient dès lors assez facilement à remplacer, dans le maniement du cheval, les rênes par la cravache, c'est-à-dire à obtenir le ralentissement, l'arrêt ou le reculer en menaçant ou en touchant la nuque, et à pousser les épaules de l'animal vers la droite ou vers la gauche en la montrant du côté opposé.

Le reste n'est plus qu'une question de tact.

Quand le cheval s'arrête très docilement à la cravache, on ôte la bride. Puis on peut essayer d'obtenir les arrêts à la voix, c'est-à-dire en prononçant *très bas* l'interjection « oh! » avant de montrer la cravache à la nuque. Cela s'obtient alors assez vite.

Enfin on arrive assez facilement aussi à arrêter ou à ralentir en portant simplement le haut du corps en arrière, et cela de même en faisant, chaque fois, précéder d'une retraite de corps le signal de l'arrêt (cravache ou voix).

Quand on a obtenu ces divers résultats, la confirmation de ce singulier dressage se fait très rapidement.

Pour les allures artificielles, la difficulté se décuple, car il faut par des tâtonnements arriver à faire comprendre au cheval que, lorsqu'on lui demande le piaffer par exemple, la menace de la cravache à la nuque ne doit plus signifier « immobilisation », mais bien « barrière à ne pas dépasser » malgré l'action communiquée par les jambes.

C'est pour cette raison que le dressage de la jument Diane représentait un véritable tour de force, et nous croyons savoir qu'il n'a jamais été renouvelé depuis. Aucun autre cheval n'a exécuté (en public du moins), monté et sans bride, *sans aucun frein* (ni ficelle, ni fil de soie) dans la bouche, ce qu'on appelle les allures artificielles, c'est-à-dire le piaffer, le passage et le trot espagnol.

Mlle Adèle Drouin a monté plus tard, au Cirque, plusieurs autres chevaux d'école remarquablement dressés par MM. Franconi. Mais un beau jour l'amour l'a emporté sur l'art, et elle a quitté la carrière équestre pour se marier.

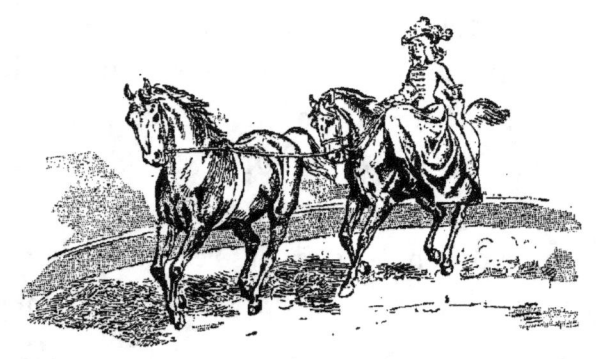

Mlle ÉMILIE LOISSET

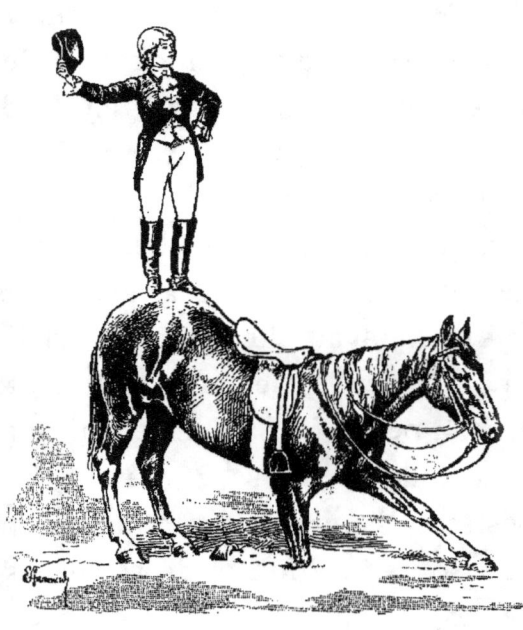

Je ne peux évoquer ce nom sans que ma pensée s'attriste au souvenir du terrible accident qui a mis fin à la carrière trop courte, mais si glorieuse d'Émilie Loisset.

Un talent d'équitation hors ligne, beaucoup de grâce personnelle, un renom d'honnêteté conservé au milieu d'un monde et d'un genre de vie où la vertu n'est pas précisément commune, une alliance princière, une amitié illustre, de hautes prétentions hautement avouées, avaient réuni autour d'Émilie Loisset les sympathies du monde parisien.

Elle était, par sa mère, de cette dynastie des Loisset qui, depuis 1830, est célèbre parmi les troupes équestres. Elle était née à Paris en 1856 et avait pour père Roux, le glacier de la rue Royale, le prédécesseur de Rouzé. Son oncle, François Loisset, fils du célèbre directeur du cirque de Hollande, qui fut dans ses vieux jours attaché à la cour du roi, fut son professeur d'équitation.

François Loisset, qui vécut longtemps à Maisons-Laffite, où il avait acheté la propriété où est mort Brasseur, le directeur des Nouveautés, était cité comme le plus habile dresseur. Personne ne l'a égalé dans le dressage des chevaux en liberté. Il dirigea longtemps les cirques de Belgique et de Hollande et mourut, en 1878, d'un anthrax. C'est lui qui, étant pensionnaire au Cirque d'Été, épousa la célèbre Caroline Loyo. Mais revenons à Émilie Loisset. Sans être précisément jolie, elle était fort séduisante, et personne n'a monté un cheval avec plus d'élégance et de légèreté. Elle avait vingt-six ans, mais elle en paraissait à peine dix-neuf; elle était restée toute jeune fille et on l'appelait la petite Loisset. Elle était fort aimée de ses camarades à cause de sa bonté, et fort estimée en même temps, car, avec la très grande liberté d'allure qu'elle tenait de son éducation et de sa profession, elle savait se faire respecter.

Avant de devenir la savante écuyère de haute école qu'elle était, elle avait, avec sa sœur Clotilde, travaillé sur le panneau. Elle avait débuté à quinze ans, et pendant trois ans elle traversa les cerceaux avec sa sœur Clotilde, qui avait commencé à dix-sept ans. Un jour, elle fit une chute, se blessa au genou de la jambe gauche et abandonna le panneau.

C'est alors qu'elle travailla la haute école; et, en 1878, lorsque son oncle François mourut, elle était déjà de première force. Le Cirque Loisset s'étant disloqué à la suite de cette mort, Émilie et Clotilde cherchèrent un engagement pour la saison d'été de 1878.

On doit se rappeler tous les succès qu'elles obtinrent au cirque, au milieu de cette pléiade de jolies femmes qui avaient nom Mlle Virginie Léonard, devenue depuis la femme de M. Worms, le beau-frère de Franchetti, Océana, etc., etc.

Clotilde Loisset, une jolie blonde au gracieux sourire, ne faisait au Cirque d'Été que du travail debout. Elle était charmante; aussi à la fin de la saison fut-elle demandée en mariage par le prince de Reuss, Jean XXII, officier de la garde prussienne. Après son mariage, elle fut faite baronne de Reichenfeld et vint s'installer à Bruxelles, avec son mari. Il y est mort, il y a quelques années, d'une façon tragique.

Émilie affichait la prétention de ne contracter qu'une alliance semblable et avait fait graver cette devise ambitieuse sur le pommeau de sa cravache: *Princesse ne daigne, Reine ne puis, Loisset suis*. Ses prétentions se seraient réalisées si la mort n'était pas venue interrompre son rêve. Elle était fiancée au prince de Haszfeldt lorsqu'elle fut tuée en plein succès, en pleine jeunesse, les yeux fixés sur d'interminables et riants horizons. Quelle amertume et quelles angoisses!

Elles n'ont pas été épargnées à la jeune et vaillante écuyère. La mort implacable s'est dressée devant elle, et soudain elle a dû envisager l'horrible vision avec toute la liberté d'un esprit frappé en plein vol, consolée peut-être et soutenue par des espérances plus hautes qui, tandis que la vie s'éteignait, répandaient sur l'âme des clartés d'aurore nouvelle.

Elle était revenue depuis quelques jours de Berlin et avait reparu trois ou quatre fois au Cirque d'Hiver. Elle aimait beaucoup Paris, et c'était pour elle un grand chagrin que d'en être si souvent séparée par ses engagements à l'étranger. Elle avait cette fois un engagement de six mois, et elle exprimait sa joie à ses amis en disant : « Au moins, de longtemps, je ne serai pas forcée de m'en aller. » Qui eût dit alors qu'elle ne s'en irait plus du tout?

Elle avait trois chevaux : *Ben Azet, Mahomet* et *Pour-Toujours*. Mahomet était son favori ; c'est avec lui qu'elle avait obtenu tous ses succès. C'était plaisir de le voir manœuvrer sous la cravache savante d'Émilie Loisset. Qui ne se rappelle la fin du travail de ce superbe alezan brûlé! Le cheval arrivait au centre du manège par une grande volte sur les hanches ; petit à petit, Émilie raccourcissait cette volte de manière que le cheval fût complètement assis sur les jarrets, puis, avec un léger point d'appui sur les rênes, elle lui faisait exécuter de suite cinq ou six bonds élevés et précipités, et elle quittait l'arène en lui faisant exécuter des lançades extraordinaires. Ce n'était plus les airs purs de l'école, mais quelle chaleur, quelle crânerie! Je la vois encore avec sa jolie petite figure blonde et ses grands yeux d'enfant, jouant sa vie pour arracher au public, qu'elle aimait par-dessus tout, les bravos et les bis. Ah! qu'elle était belle lorsque, dans son costume de bohémienne, elle arrivait

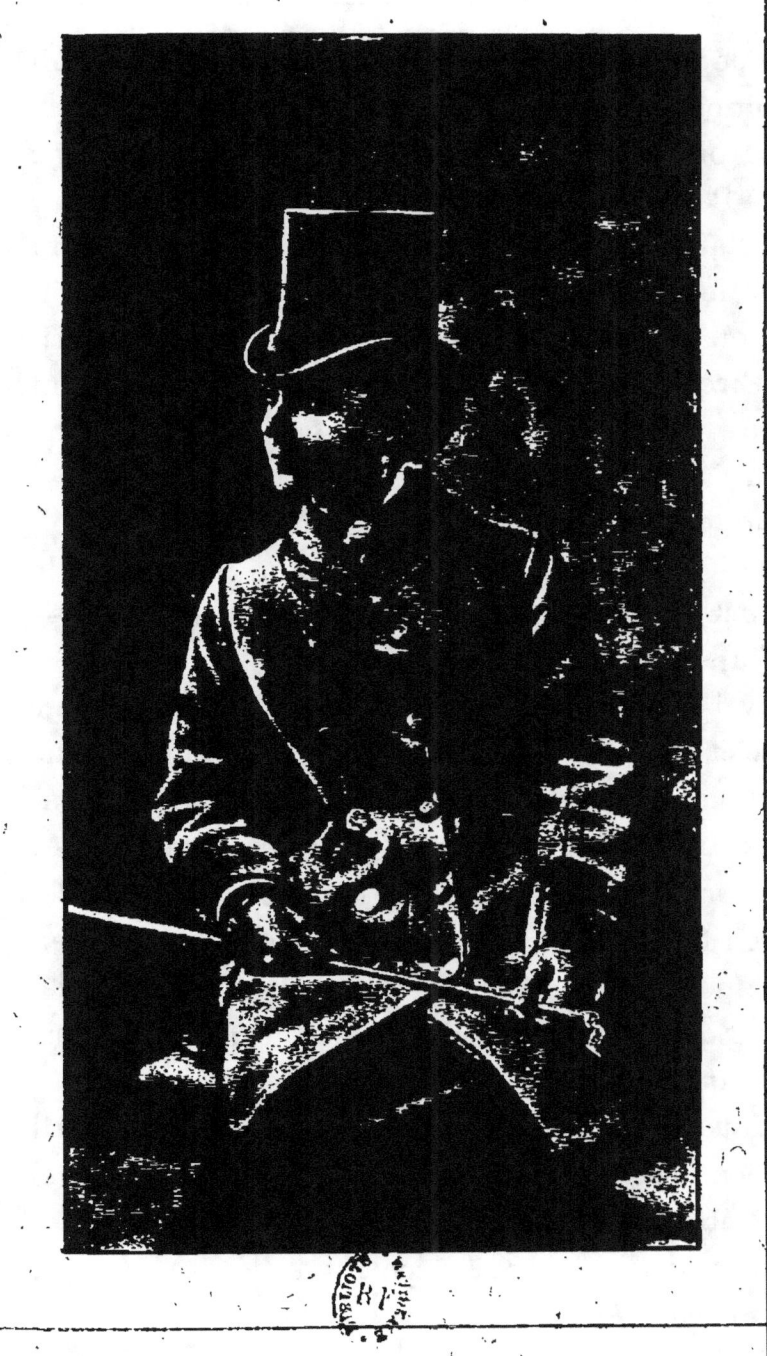

Mlle ÉMILIE LOISSET

au galop de Mahomet saluer la foule, qui l'applaudissait à tout rompre.

Après trois ans d'absence, Émilie Loisset était donc revenue à Paris, où l'appelait son engagement au Cirque d'Été. C'était la dernière fois qu'elle paraîtrait, car, comme je le dis plus haut, elle devait épouser à la fin de la saison le prince de Haszfeldt. Elle arriva en avril 1882 au Cirque d'Hiver avec ses chevaux, se contentant de les faire répéter, en attendant l'ouverture du Cirque des Champs-Elysées.

Presque tous les jours elle montait au concours hippique, et c'est à une de ces séances que lui vint l'idée de faire ses débuts au Cirque — sur son cheval sauteur, — cadeau d'un de ses adorateurs de Berlin.

Ce cheval se nommait *Pour-Toujours*. Il était d'origine irlandaise et de mauvais cœur. En 1881, à Berlin, Emilie avait fait avec lui une chute qui aurait pu avoir des conséquences très graves. En sautant une table chargée de candélabres, le cheval manqua des pieds de devant et s'abattit en faisant panache en avant. Émilie Loisset en fut quitte pour une épaule démise. Elle aurait dû se défaire de ce dangereux animal, qui devait quelques mois après lui être fatal.

Elle était depuis huit jours à Paris quand, le 15 avril 1882, elle vint vers deux heures au Cirque d'Hiver et demanda à répéter.

Elle monta d'abord en haute école son cheval *Mahomet*, puis elle fit seller *Pour-Toujours*.

En vain M. Charles Franconi lui avait plusieurs fois

conseillé de renoncer à monter cette bête, le danger lui plaisait, et elle n'en fit qu'à sa guise. L'exercice qu'elle voulait répéter est cette rentrée triomphale que l'écuyère fait dans le cirque quand elle est rappelée par le public ; on sait qu'elle arrive à fond de train de l'écurie, saute un obstacle à l'entrée et vient saluer les spectateurs. Quand Mlle Loisset fut en selle, on ferma derrière elle la porte en fer qui sépare la salle de l'écurie. C'est l'usage aux répétitions, parce que les chevaux rebelles ont une tendance à regagner l'écurie, dont le pavé offre un grave danger en cas d'accident. Mlle Loisset partit au galop pour franchir l'obstacle. *Pour-Toujours,* qui avait pris son élan, arriva en quelques foulées aux pieds de la table, s'arrêta net et refusa de sauter. Émilie, pour l'exciter à s'enlever de pied ferme lui cingla les flancs d'un vigoureux coup de cravache, l'animal furieux fit demi-tour et repartit au triple galop vers l'écurie. La porte fermée l'arrêta, il pointa ; ses pieds de derrière, entraînés par la vitesse acquise, glissèrent sous lui, il se balança une seconde et s'abattit lourdement entraînant sous lui la pauvre écuyère

On se précipita à son secours, et M. Charles Franconi la retira de sa selle ; elle se releva, elle n'avait pas de blessure apparente ; mais se laissant tomber dans les bras de M. Franconi, elle lui dit doucement : « Je suis brisée, je sens que je vais mourir ! »

On la transporta aussitôt dans la pharmacie du cirque, où les premiers soins lui furent donnés par les docteurs Pietri et Gery.

Elle souffrait beaucoup, car la fourche de la selle lui avait perforé les intestins. Après deux jours de douleurs horribles, la pauvre Émilie Loisset rendit le dernier soupir, surprise par la mort en pleine jeunesse et en plein succès.

Cette fin lugubre, loin de ce cher public qui l'avait tant de fois acclamée, et dans le silence de cet immense manège aux gradins vides, est affreusement cruelle.

Alas! Poor Emilie!

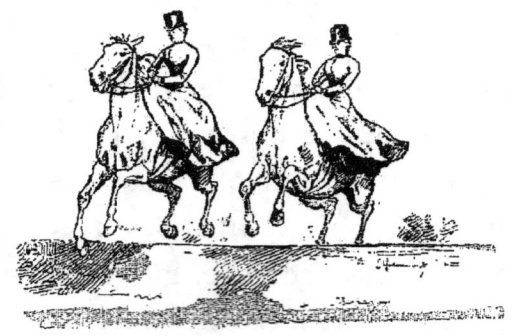

LA COMTESSE GHYKA

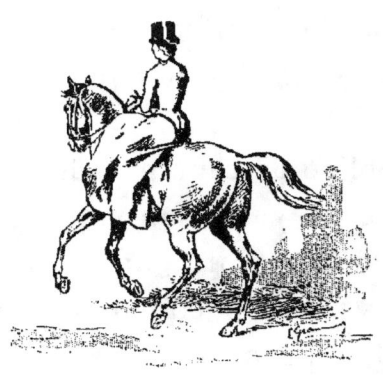

Une individualité caractéristique, ayant sa physionomie distincte, son type spécial et défini, telle était la pauvre comtesse Ghyka, l'écuyère de haute école qui s'est tuée, à l'Hippodrome, en mai 1881.

La comtesse Ghyka, qu'on accusait volontiers d'excentricité parce que, restant toujours elle-même, elle ne ressemblait à aucune autre écuyère, était d'origine hongroise. Elle avait passé son enfance et sa première jeunesse au milieu de cette large et plantureuse existence de grand propriétaire, disparue de nos mœurs. La vie de campagne, dans ces conditions, exerce fatalement deux influences contraires, subordonnées à la nature des individus qui les subissent. Chez les intelligences supérieures, l'esprit s'élève, les horizons s'agrandissent, le cœur s'ouvre à toutes les sensations vraies et nobles. Elles se replient sur elles-mêmes, au milieu des traditions de famille, du respect qui les environnent et finissent par se couler dans un moule spécial, dont le secret semble oublié aujourd'hui. Elles nous apparaissent au milieu de notre civilisation fin de siècle, comme des personnalités étranges appartenant à une autre époque. On s'arrête étonné devant elles, on s'incline et on passe rêveur sans les comprendre. Elles nous comprennent cependant ; je n'ai pas dit qu'elles nous estimaient. Les médiocrités, au contraire, s'endorment dans le bien-être, le plus somnolent de tous, pour ceux chez qui la matière domine l'esprit ; ils s'engraissent et meurent sans se douter qu'il existe autre chose dans la vie.

Le cheval est l'accessoire obligé de cette grande existence. La comtesse Ghyka a donc passé son enfance et sa première jeunesse à le considérer comme une sorte de balançoire destinée à bercer ses rêves de jeune fille. Cette constante pratique du cheval, rencontrant une organisation merveilleusement douée, avait fait de Fanny Ghyka une femme de cheval des plus complètes.

L'équitation des femmes a cela de particulier que, lorsqu'elle en a le goût, le sentiment, la femme se montre d'ordinaire sous ce rapport supérieure à l'homme, n'en déplaise à l'amour-propre de celui-ci. Au reste, s'il est de bonne foi, il doit reconnaître que cette toute-puissance, qu'il s'est adjugée de son autorité privée, est purement honorifique. J'avoue humblement, pour mon compte, avoir toujours été l'humble serviteur de beaucoup de femmes, jamais leur maître. Je n'éprouve donc aucune fausse honte à m'incliner devant elles, sous le rapport du cheval comme pour tant d'autres.

La comtesse Ghyka, qui avait épousé, un peu contre

son gré, un des officiers les plus distingués de l'armée serbe, portait en elle les signes de son origine: brune, avec des traits fins et réguliers, une physionomie très mobile et un peu gouailleuse, un corps sculptural, une taille souple, élégante et harmonieuse, des jambes adorablement dessinées, qu'elle aimait à montrer, un cœur d'or, accessible à toutes les sensations nobles et élevées. En un mot, la comtesse Ghyka était très belle et capable d'inspirer de grandes, de très grandes passions.

Ne trouvant pas dans le mariage l'idéal qu'elle cherchait, elle demanda à son mari de lui rendre sa liberté; elle le supplia même de lui accorder le divorce, et, comme il ne voulut jamais y consentir, un beau matin, elle disparut sans tambour ni trompette.

Elle s'était engagée dans un cirque de passage. On la vit successivement écuyère de haute école à Pétersbourg, à Moscou et à Milan. Partout elle fut acclamée. Son sentiment et son intuition du cheval étaient tels que l'équitation n'avaient pas de porte fermée pour elle. Elle avait abordé l'équitation de cirque avec une certaine appréhension; mais, en quelques mois, elle était arrivée à être de première force. A cheval, ce qu'elle voulait, elle le pouvait; et c'est en la voyant travailler à Vienne que M. Zidler, en quête d'une étoile, l'engageait pour l'Hippodrome à quinze cents francs par mois.

Curieux détail :

La comtesse Ghyka, qui était toujours en travesti, ne se montrait jamais au public deux fois dans le même costume. On avait été obligé, à l'Hippodrome, de lui donner un magasin pour loger ses malles tant elle en avait. Elle ne portait l'amazone que lorsqu'elle se montrait au Bois. Tous ses chevaux était parfaitement ajustés; et je me souviens du grand cheval qu'elle montait habituellement, espèce de cerveau brûlé, qui accomplissait un travail des plus fins et des plus harmonieux.

La pauvre jeune femme a été, comme tant d'autres de ses collègues, victime d'une témérité excessive. Trop confiante en elle-même et audacieuse à l'excès, la comtesse Ghyka avait la mauvaise habitude, quand elle se présentait devant le public, de ne pas se préoccuper de la conduite et de la direction du cheval sur lequel elle était montée, et d'appliquer toute ses facultés à sourire au public des deuxièmes et des troisièmes galeries, dont elle était l'idole.

Le dernier jour de de son engagement, comme elle montait pour la dernière fois à Paris, elle voulut se présenter au public sur *Sultan,* le cheval dont je parlais plus haut. Au lieu de suivre les observations et de mettre à profit les conseils qui lui avaient été donnés, l'imprudente écuyère réédita de plus belle ses poses plastiques, ses œillades incendiaires, ses sourires enchanteurs et tout le stock de gracieusetés qu'elle possédait.

Son cheval, très défectueux dans ses jarrets, ne se sentant pas conduit, fit un faux pas et se releva très brusquement au moment où l'écuyère se déhanchait avec affectation. Fanny Ghyka, surprise par ce mouvement, fut désarçonnée et malheureusement ne put retirer son pied, qui restait engagé dans l'étrier. Traînée autour de la piste de l'Hippodrome pendant quelques secondes, on la releva évanouie et la tête tout ensanglantée.

Le médecin de service à l'Hippodrome constata une luxation au pied gauche. Les chairs étaient déchirées à la hauteur de la cheville, et le tibia était endommagé.

Une fois revenue à elle dans les coulisses, la comtesse Ghyka eut le courage d'enlever elle même sa botte; mais, lorsqu'elle voulut poser le pied par terre, la douleur lui fit de nouveau perdre connaissance. Après un premier pansement, le docteur la fit transporter à Beaujon, où par hasard venait d'arriver le médecin en chef, M. Lefort.

Après avoir examiné la jambe de Mme Ghyka, il déclara qu'il n'y avait pas lieu de faire l'amputation, le membre n'ayant subi aucune fracture.

Mais, deux jours après, la malade n'allait pas mieux et le docteur constata avec étonnement que la jambe enflait dans d'inquiétantes proportions. Quelques heures plus tard, il fut constaté que la gangrène s'était déclarée, et que, même en désarticulant la cuisse, on ne pourrait sauver la malade. Le mal fit bientôt d'effrayants progrès, et la pauvre Ghyka, se voyant perdue, profita du peu de temps qu'il lui restait à vivre pour mettre ordre à ses affaires.

Elle fit son testament et mourut après quatre jours de souffrances horribles en ayant conservé aux mains, au cou et aux oreilles les magnifiques bijoux qu'elle portait au moment de sa terrible chute.

La pauvre écuyère avait à peine vingt-quatre ans !

La malheureuse artiste avait un chien, *Turc*, qui lui servait, pour ainsi dire, de garde du corps. C'était un

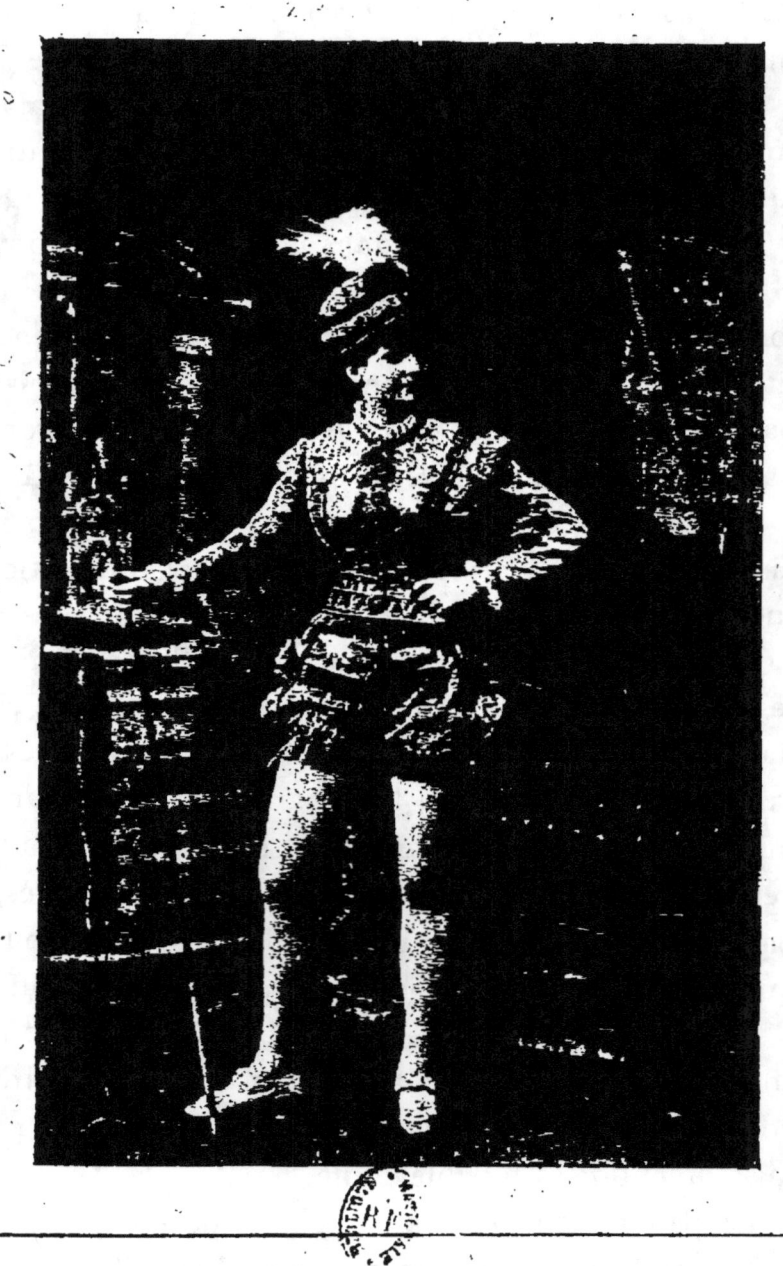

Ctesse FANNY GHIKA

dogue grand comme un terre-neuve et muni de crocs terribles. Turc venait le soir à l'Hippodrome, avec sa maîtresse, et l'attendait dans sa loge pendant ses exercices, lui servait d'escorte pour rentrer, et, la nuit, couchait au pied de son lit.

Lorsque Fanny Ghyka fut morte, personne ne pensa au chien. Aussi qu'on juge de la surprise des pensionnaires de M. Zidler, lorsqu'ils virent arriver Turc. Le pauvre animal resta couché dans les écuries jusqu'à la fin du spectacle ; il attendit que le dernier écuyer fût sorti, puis il disparut.

Le lendemain, il revint encore, l'oreille basse, poussant de temps en temps un hurlement plaintif. On voulut lui donner à manger, mais il refusa toute nourriture. On essaya de le garder. Impossible. Le troisième jour, on ne le revit plus, et on n'a jamais su ce qu'il était devenu. Il a dû aller mourir quelque part, peut-être sur la tombe de la pauvre Fanny Ghyka, sa maîtresse.

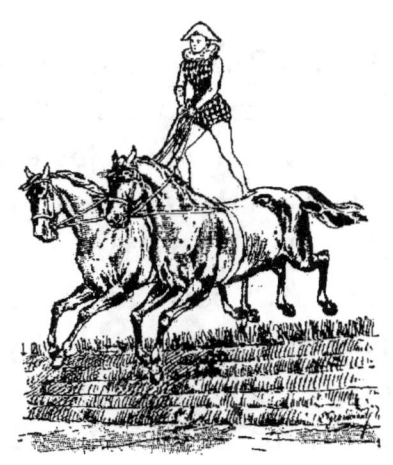

Mlle ÉLISA PETZOLD

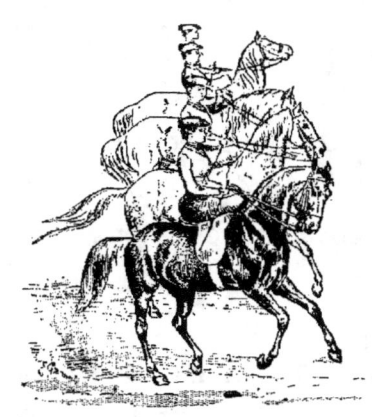

De 1880 à 1886, trois cha[r]mantes écuyères de hau[te] école se sont, tour à tour, pa[r]tagé la faveur du public. Ind[i]vidualités transcendante[s] toutes trois ; égales par [le] talent, mais très différent[es] dans sa manifestation ; cha[a]cune d'elles ayant sa physi[o]nomie distincte, son caractère propre, sa personnali[té] définie.

La première est cette pauvre Émilie Loisset ; la second[e] Mlle Anna Fillis.

Enfin, Mlle Élisa Petzold disparue de la scène aujou[r]d'hui et dont le succès eut, en 1880, un éclatant rete[n]tissement. On pourrait assez justement donner à cet[te] période le nom d'ère des écuyères de haute école. Cha[cune] d'elles, en effet, exprimant un ordre de sensatio[n] très différent, a eu ses partisans, ses adversaires, ses fan[a]tiques, ses détracteurs acharnés. Il y eut même un m[o]ment où, comme jadis les Montaigus et les Capulet[s], chaque parti était prêt à en venir aux mains sur la vo[ie] publique pour soutenir la suprématie de son champion. En un mot, elles ont, pendant plusieurs années, agité le public parisien ; je connais bien peu d'artistes auxquels ce minotaure blasé et indolent, dont l'appétit réclame chaque saison de nouvelles victimes, ait fait un aussi grand honneur.

Il eût peut-être été plus simple de les admirer toutes trois comme elles le méritent. Mais la passion, l'instinct de la lutte, l'esprit de contradiction, les jalousies, les rivalités sont de mauvais conseillers, en semblable occasion ; c'est seulement après la bataille que les personnes et les choses vous apparaissent sous leur véritable jour.

Mlle Élisa Petzold a été victime de ces collisions ; on ne lui a pas rendu justice. Au dire de certains amateurs, « elle montait froid et trop sévère ». J'avoue que je n'ai jamais bien compris la valeur de cette objection ; la seule chose que j'aie reprochée à cette écuyère, c'était de faire trop de concessions au public et de se servir des trucs germaniques, comme de mettre ses chevaux à genoux.

La pratique de cette acrobatie équestre offrait un contraste d'autant plus frappant que Mlle Élisa Petzold montait à cheval réellement, et que son talent d'écuyère ne laissait véritablement rien à désirer. Ses chevaux étaient toujours parfaits, obéissaient, on le voyait du reste, à des effets de tact ; ils travaillaient avec une si merveilleuse facilité qu'on se demandait pourquoi on ne le ferait pas soi-même.

Vous la rappelez-vous sur *Cony*, un cheval de petite taille, puissant dans son arrière-main, léger dans son ensemble ? Son travail merveilleux était une œuvre de haut goût pour les dilettanti d'équitation.

La charmante artiste était dans sa selle, fine, souple, élégante, le cheval équilibré naturellement. Tout mouvement était obtenu sans effort appréciable chez l'écuyère comme chez l'animal, on ne pouvait se lasser de regarder ses changements de pied de deux en deux temps, qu'il exécutait la tête fixe, le corps immobile, ne s'écartant pas d'un pouce de la ligne droite. Son pas « de basque » final était un chef-d'œuvre ; jamais on ne fut plus gracieux ; *Cony* changeait de pied en place, dans une demi-courbette, avec la régularité et la cadence de l'archet d'un chef d'orchestre.

Petite-fille d'un marchand de savons de Tœplitz, Mlle Élisa Petzold, qui est Autrichienne, était destinée au mariage. Gentille et riche, elle devait faire la perle des épouses. Mais la jeune fille, qui avait horreur du milieu imposé et de la carrière normale, ne voulut pas entendre de cette oreille. En somme, comme elle n'était pas encore d'âge à trouver un parti, on attendit patiemment.

Sur ces entrefaites, la famille Petzold vint s'installer à Dresde : le fameux cirque Renz y donnait des représentations. Mlle Adeline Loisset, la tante de la pauvre Émilie, se faisait beaucoup applaudir dans cette troupe d'élite ; et il se trouva qu'elle était l'amie de la mère d'Élisa. Un soir après dîner, elle emmena la petite avec elle. Ce fut le coup de foudre : « Je serai écuyère. »

Dès lors, on ne pouvait l'arracher du cirque. Elle se pendait aux jupes d'Adeline Loisset ; elle se faufilait dans les écuries, dans les loges, on ne pouvait plus l'en sortir.

Vous jugez quel émoi chez les Petzold! Élisa ne s'avisait-elle pas de se promener dans la ville, faisant siffler aux oreilles des amis et connaissances une cravache clandestinement dérobée, cherchant des modes, des allures, des poses où se trahissait l'obsession de sa nouvelle toquade. Ne sachant plus où donner de la tête, M. et Mme Petzold, réunis en conseil, décidèrent de mettre la jeune Élisa au couvent.

Elle y resta un an, la malheureuse, à Erfurt, à l'*Ursulinen Kloster!* Bien malheureuse vraiment, si elle n'eût trouvé dans une des sœurs un de ces cœurs extraordinaires, comme il s'en réfugie souvent, des blessés ou des morts, derrière la porte à jamais murée de ces grandes maisons de paix, et sous la pierre bientôt mise de ces sépulcres impatients. La sœur Eugénie, une princesse française, prit en affection la nouvelle recluse. Elle appela les confidences, accueillit les espoirs, essuya les larmes. Elle n'eut pas de dures paroles pour une résolution qu'elle excusait sans l'encourager, et quand Élisa sortit du couvent, elle y laissait comme une partie d'elle-même, la moitié de son âme donnée et l'abandon de toute sa tendresse...

Il n'est entêtement qui ne triomphe à la fin. Devant l'enfant revenue, et revenue avec la même idée fixe, le père Petzold fléchit le premier. Il permit à sa fille de prendre des leçons d'équitation au manège du célèbre professeur Steinbrecht, à Dessau. Après, on verrait. Au bout d'une année, le maître, confus et joyeux à la fois, déclarait qu'il n'avait plus rien à apprendre à l'élève. Ce certificat changea quelque peu les dispositions paternelles. Des hommes de cheval émérites et des personnalités équestres finirent par ébranler complètement sa résistance — et l'on partit pour Halberstadt, à la rencontre du cirque Loisset.

Mlle Élisa fut engagée. Maigres appointements, comme de juste : elle ne figurait encore que dans des quadrilles. Mais le hasard fit qu'en garnison à Halberstadt se trouvait le comte Schmetow, colonel aux ulhans, homme de cheval remarquable, cavalier aussi hardi, aussi entreprenant et aussi célèbre en Autriche que le célèbre comte Schandor, qui traversait à cheval le Danube sur les glaçons mouvants et qui demeura légendaire. Le comte Schmetow avait, lui aussi de belles prouesses dans ses états de service. Un jour, porteur d'une dépêche à son général, il avait fait franchir à sa vaillante bête, les trente degrés de l'escalier d'honneur, en trois bonds, l'avait arrêté net au milieu de l'antichambre, puis, le télégramme remis, avait disparu par le même chemin comme une éblouissante fantasmagorie.

Ce fut lui qui découvrit Mlle Élisa, à moitié perdue dans les exercices d'ensemble. Il connaissait Renz et lui annonça la miraculeuse trouvaille qu'il venait de faire. Au reçu de sa lettre, Renz engageait par dépêche Mlle Élisa avec de gros appointements. Le vieux Loisset, qui, sans avoir l'air d'y toucher, s'était parfaitement aperçu du trésor qu'il possédait, faillit en perdre la tête. Promesses, offres splendides, prières, il mit tout en œuvre.

Trop tard, hélas! la mèche était éventée, il fallut se quitter.

A Vienne, à Berlin, à Pesth, à Breslau, à Hambourg, à Dresde, à Paris, partout où elle a été, elle a remporté des triomphes en prouvant une fois de plus qu'un art, si délaissé qu'il puisse être, si défiguré qu'ait pu le faire la fantaisie, trouve toujours un refuge dans une organisation d'élite, où il semble s'inféoder tout entier dans sa plus idéale perfection.

Six ans après sa sortie du couvent, elle revenait avec son cirque à Erfurt. L'éclat de sa réputation, alors à l'apogée, l'avait précédée dans cette ville, où l'on n'avait autrefois entendu que l'éclat de ses plaintes. Tout Erfurt était là! La première personne quelle reconnut, ce fut son ami et directeur spirituel. Avec ce tact quelle a et dont on ne peut s'imaginer les délicatesses, elle ne fit pas semblant de l'avoir aperçu. Mais lui se démenait comme un vrai possédé, battant des mains s'exclamant en bravos sonores et volontairement isolés. Il fallut bien tourner vers cet adorateur bruyant la reconnaissance d'un salut et d'un sourire. Le bon prêtre rayonnait. Cinq minutes après, il était aux écuries, retrouvait Élisa, et, dans le pêle-mêle charmant des paroles de bienvenue: « Je parie que vous n'êtes pas allée rendre visite à nos mères! Petite ingrate! Parce que vous êtes au cirque? Mais ce n'est pas la peine de leur dire... D'abord, vous dînez avec moi; ma sœur sera si contente de vous embrasser! Et demain au couvent... »

Le programme fut exécuté. Il faut avoir entendu,

comme moi, Mlle Élisa raconter cette journée. C'est absolument et idéalement joli.

Mlle Élisa était une nature d'élite, aussi elle était elle-même, c'est ce qu'elle pouvait faire de mieux.

Parmi les chevaux qu'elle monta à Paris, il en est un, *Étoile-du-Nord*, qui mérite une mention toute spéciale.

Plus beau, absolument parlant, que *Cony*, il était moins « comme il faut » en lui-même et dans sa manière de faire. Mais pas un ne faisait des lançades comme lui. Sous sa gracieuse maîtresse, *Étoile-du-Nord* décomposait ce mouvement désordonné et violent avec une telle précision que l'on pouvait compter les trois temps.

Son troisième cheval, *Lord Byron*, qui lui avait été donné par l'impératrice d'Autriche, était le plus admirable *hunter* qu'ait jamais pu souhaiter le plus hardi chasseur de renards pour le porter à travers pays. Un jour, après avoir brillamment répété son travail, il s'est affaissé tout à coup, comme foudroyé. *Lord Byron* était l'orgueil et le préféré d'Élisa : c'était un tableau charmant de la voir, avec lui, s'envoler gracieusement par-dessus les obstacles.

Au dedans comme au dehors, Mlle Élisa Petzold montait le premier cheval venu. Autant dans le manège elle était savante et harmonieuse, autant au bois ou dans la campagne elle était aisée et entreprenante, comme la sportswoman la plus intrépide du Royaume-Uni.

La disparition de Mlle Élisa, qui est mariée aujour-

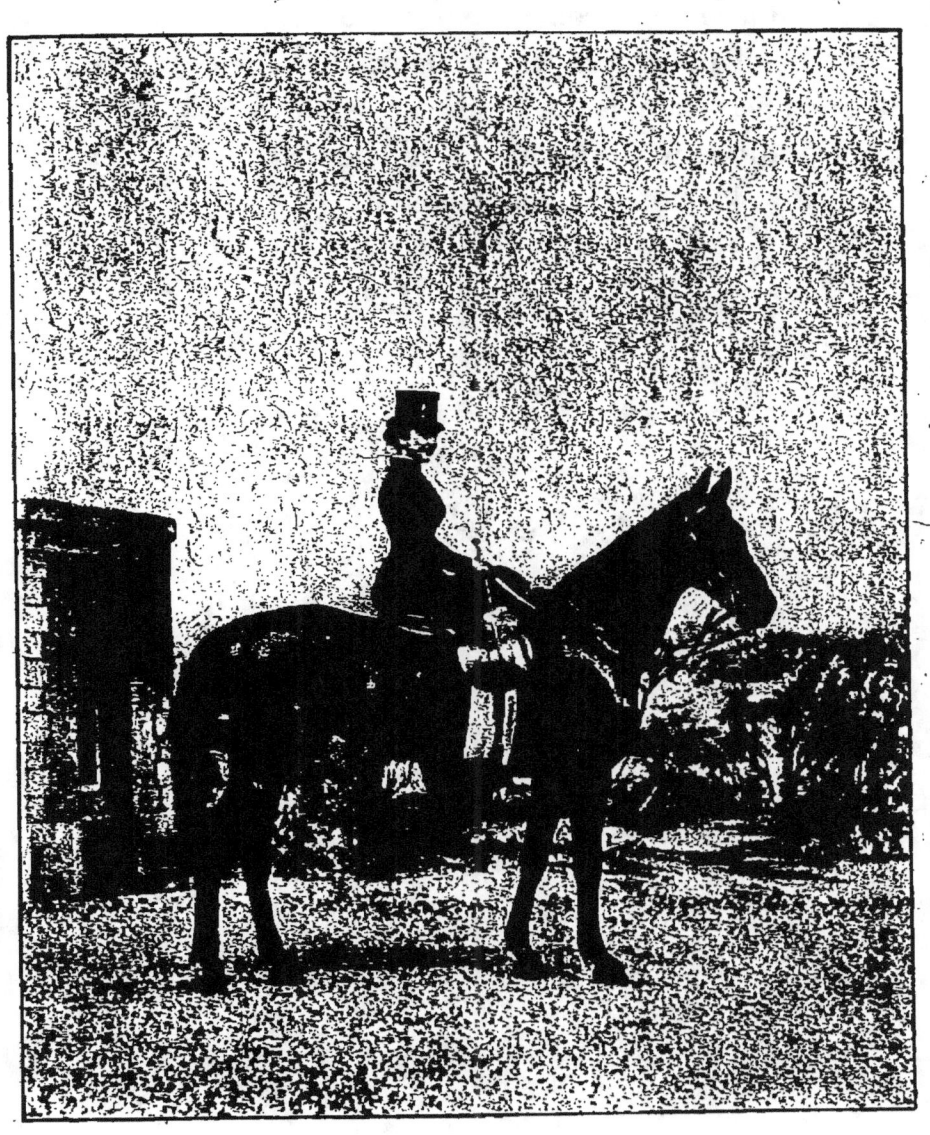

Mlle ÉLISA PETZOLD

d'hui, et qui a renoncé complètement au cheval, a été un véritable deuil pour tous les amateurs de belle et bonne équitation, car jamais homme accessible à ces deux grandes séductions, la femme et le cheval, n'a eu sous les yeux un plus adorable spectacle.

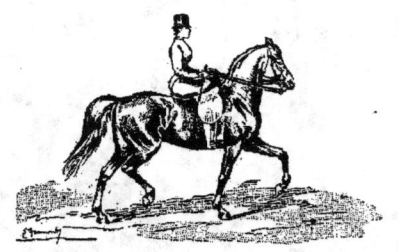

Mlle ADELINA PRICE

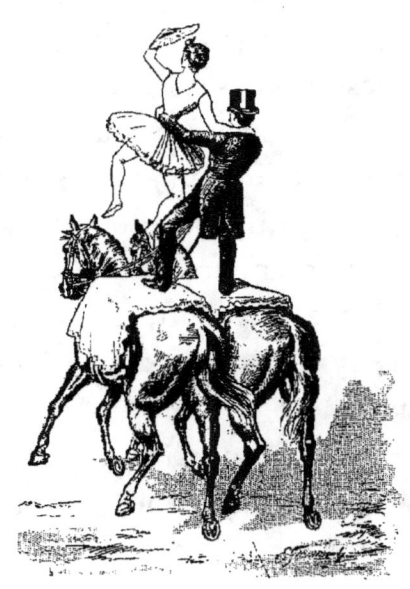

Il y a encore quelques années, la haute école était le privilège exclusif de l'écuyer ; à lui appartenait le savoir de faire exécuter à un cheval tous les airs de manège connus jusqu'à ce jour : le rassembler, l'équilibre ; le tact dans l'emploi des aides, le développement dans les allures artificielles étaient l'apanage du sexe fort.

Depuis peu, la femme (toujours curieuse) est apparue ; elle a pris son rôle au sérieux, et, sous la conduite et la direction de grands professeurs équestres, elle est arrivée à se produire et à se servir du cheval tout autant et aussi bien que l'homme.

Je dirai même plus, les obstacles sont plus grands pour l'écuyère. Pour dresser le cheval d'école, l'écuyer a l'emploi de ses deux jambes et aussi de ses deux mains ; l'écuyère, par la conformation de la selle et de sa position à l'épaule gauche du cheval, n'a comme aide que sa jambe gauche, et comme direction que la main gauche, la main droite servant généralement à l'emploi de la cravache. Ces difficultés ont été cependant vaincues par le tact de certaines écuyères. N'avons-nous pas tous vu et admiré, au Cirque d'Été, Mlle Adelina Price, une des meilleures élèves de M. Victor Franconi.

Adelina n'était pas née pour la haute école; elle appartenait à cette innombrable famille des Price, dont on voit des membres dans toutes les troupes d'Europe. Au Cirque d'Hiver, où elle était engagée avec ses cousins et cousines, pour faire un numéro, elle fut remarquée par M. Franconi, qui, voyant qu'il y avait quelque chose à faire avec elle, lui donna ses premières leçons. Sa distinction, sa tournure gracieuse devaient, dans les mains d'un tel maître, lui faire franchir rapidement les premières difficultés de la haute école.

Elle ne parut cependant en public, au Cirque d'Été, qu'après trois ans d'études sérieuses. Ses débuts furent couronnés de succès, et elle se montra la digne émule de ses devancières.

Son cheval exécutait tous les airs de manège avec une netteté et une précision remarquables; les difficultés, pour les changements de pieds, du tac au tac, provoquées par l'emploi discret de l'éperon et de la cravache, étaient vaincues. C'était, en un mot, une écuyère d'une grande valeur, ayant la finesse, le sentiment innés, avec lesquels on monte réellement à cheval. La position à cheval d'Adelina Price était correcte et ferme.

A cheval, la finesse et la distinction seront toujours

des conditions indispensables pour rendre une femme agréable à regarder ; si elle substitue la force à la grâce, la violence au tact, non seulement elle offre un spectacle pénible à voir, mais tout charme est rompu ; Mlle Price a la finesse et l'élégance d'une écuyère de haut style. Vous la rappelez-vous sur sa petite jument noire, qu'elle faisait valser à ravir et qui terminait son travail par un trot espagnol des plus remarquables.

Après avoir acheté des chevaux d'école à M. Fillis, elle alla en Allemagne, au cirque Rentz, où elle rencontra Cinquenalli, un de ses camarades d'enfance. Lorsque son engagement fut terminé, elle se maria avec lui et quitta la carrière. Aujourd'hui, elle est avec son mari chez Barnum, en Amérique.

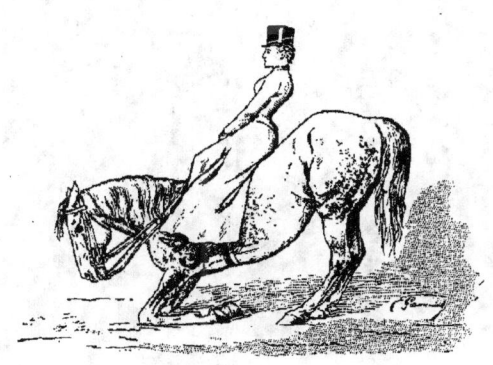

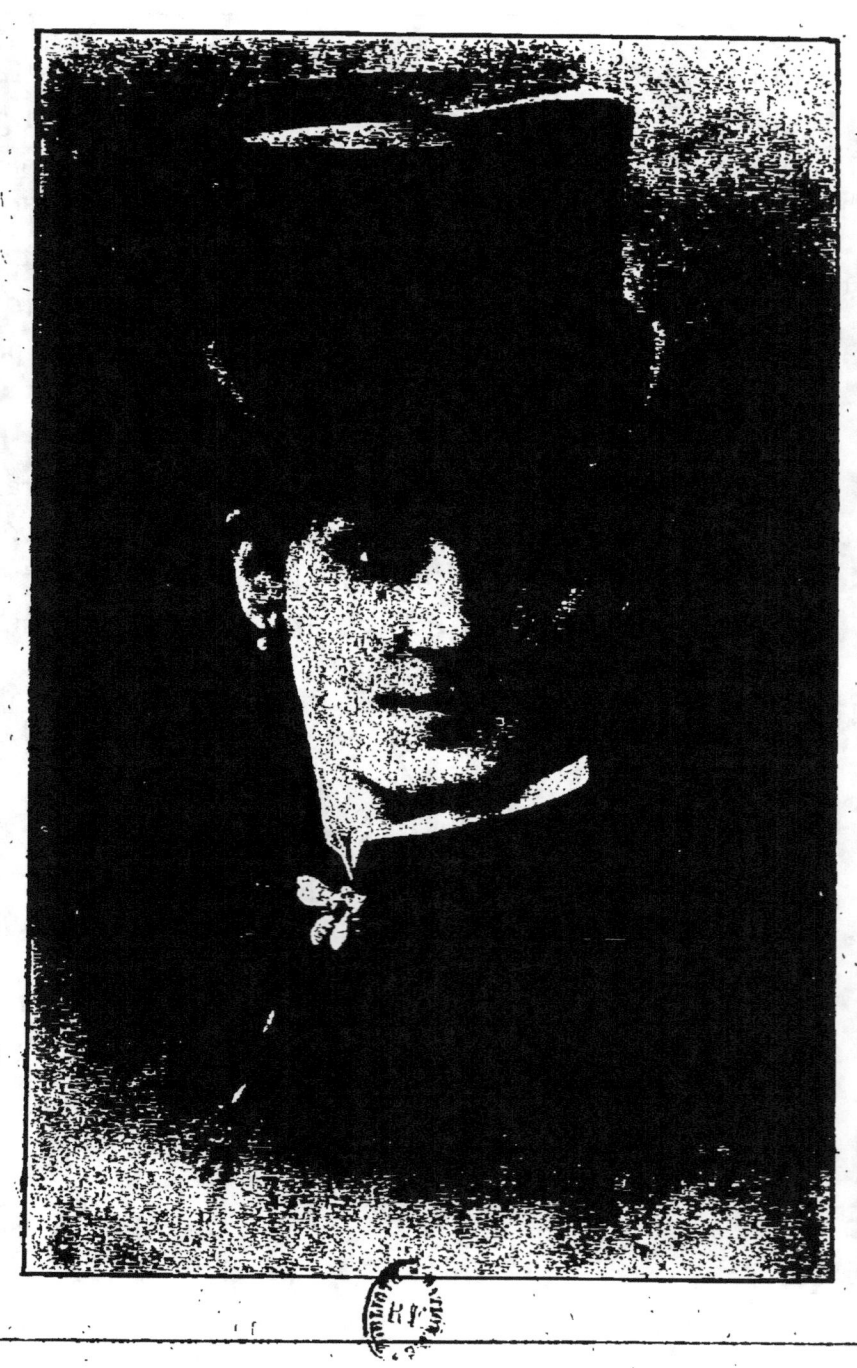

Mlle ADELINA PRICE

Mlle ANNA FILLIS

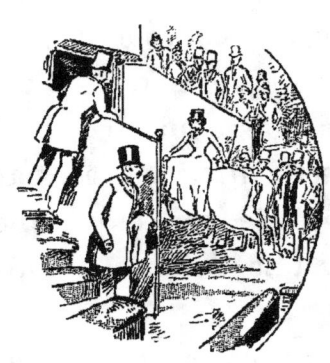

Un maître en élégance, M. le comte d'Orsay, a défini le « comme il faut » chez un homme ou chez une femme, ainsi qu'il suit, autant qu'il m'en souvienne : « En examinant minutieusement quelqu'un des pieds à la tête, il faut qu'on ne puisse trouver sur lui une épingle de trop, de même qu'il doit pouvoir se promener, en plein jour, dans le quartier le plus populeux sans faire retourner personne. » Le problème n'est pas des plus commodes à résoudre; il demande l'intuition native de l'élégance, une finesse et une délicatesse de goût naturelles, un sentiment juste des nuances et surtout de leur appropriation à la personne; tout cela ne se donne ni ne s'acquiert. Ce charme instinctif, Mlle Anna Fillis le possède; et c'est pour cela que je n'hésite pas à la donner comme la première écuyère de notre époque. Il serait difficile, je crois, de trouver mieux ; Mlle Anna Fillis est du reste considérée par tous les amateurs sérieux comme une des plus élégantes interprètes de l'école française; elle en a le sentiment et le comme il faut. Elle a de qui tenir.

Elle est la fille et l'élève de M. James Fillis, un écuyer de talent.

C'est à l'école de son père, que Mlle Fillis a pris cette finesse et cette distinction, qui font qu'elle charme dès son entrée dans le manège. Et dire qu'étant enfant on la destinait à l'instruction ! Heureusement que la nature l'avait faite délicate, sans cela nous aurions été certainement privé de ce talent hors ligne, car, comme écuyère de haute école — on ne saurait trop le répéter, — il est impossible de trouver un talent qui puisse lui être comparé. C'est une individualité transcendante, arrivée, par le travail et l'étude, à un tel degré de perfection que l'équitation n'est plus pour elle une science, mais un art.

Au reste, son talent de premier ordre se rencontre rarement chez une femme ordinaire. Mlle Fillis monte à cheval dans un cirque, mais non en écuyère de cirque. Jamais homme accessible à ces deux grandes séductions, la femme et le cheval, n'a eu sous les yeux un plus adorable spectacle.

Elle travailla sérieusement au Cirque d'Hiver, à partir de sa quinzième année, et elle monta tous les chevaux de l'écurie, les bons comme les mauvais. Il n'y avait rien à dire : le père se tenait au milieu du manège, la chambrière à la main, et il fallait marcher.

Après six mois de travail, Mlle Anna Fillis monta pour la première fois un cheval d'école, dressé par son père. Elle ne s'en tira pas trop mal, puisque l'été suivant elle put paraître en public. Elle fit ses débuts au cirque des

Champs-Élysées, avec deux chevaux : *Mac-Grégor* et *Négro*.

Mlle Anna Fillis est une des seules écuyères d'école entrée au cirque par la grande porte, c'est-à-dire sans passer par la filière ordinaire des élèves d'école. Elle ne fit d'abord qu'un court séjour au cirque des Champs-Élysées : voulant arriver à la célébrité, elle alla se faire consacrer à l'étranger, avec deux chevaux dressés par son père, et un bon sauteur.

Avec ses trois chevaux, bien petite fille encore, accompagnée de sa mère, elle partit, pour l'Italie. Elle y resta deux ans pendant lesquels elle continua à travailler et à se perfectionner. Quand elle quitta ce pays, où elle avait obtenu de grands succès, elle pouvait déjà être considérée comme une écuyère marquante à tous les points de vue. Elle s'en alla en Allemagne, au cirque Renz, avec *Gant*, ce cheval merveilleux qui exécutait avec elle le galop en arrière. Son apparition, avec ce cheval, est restée en Allemagne l'événement le plus saillant qui, dans la spécialité, se soit produit depuis bien des années. Son talent de premier ordre lui avait de suite conquis la première place, et, sans la maladie de sa mère, qui ne pouvait pas supporter le climat de l'Allemagne, il est probable que nous n'aurions pas vu Mlle Fillis à Paris, car elle était dans ce pays l'idole de tous les vrais amateurs d'équitation. Et c'était justice : car Mlle Anna Fillis est une écuyère d'une incontestable supériorité.

La manière d'un artiste s'imprègne forcément de sa personnalité. Cette inévitable conséquence explique suffisamment comment deux talents de premier ordre comprennent et interprètent différemment un rôle cependant le même dans la pensée de l'auteur. Cela est vrai pour toutes les spécialités, qu'il s'agisse de musique, de danse, de tragédie ou de comédie. Mais cette particularité s'accentue davantage en équitation où l'artiste doit non seulement régler ses mouvements et ses impressions propres, mais encore ceux d'un cheval, c'est-à-dire un être vivant auquel il doit communiquer une impulsion, et dont il faut en même temps dominer les initiatives et les résistances. Outre l'exécution, il y a ici la lutte, car une écuyère ne saurait être maîtresse des jambes de son cheval comme une danseuse l'est des siennes, qui, dans la mesure de leur puissance, obéissent à sa volonté.

Et on l'a bien vu, lorsqu'à son retour de Russie, cette charmante artiste est venue se faire applaudir, au théâtre de ses débuts, c'est-à-dire au Cirque des Champs-Élysées.

Elle montait tour à tour *Gant, Redouté* et *Pretty Boy*, un alezan de toute beauté.

Le premier exécutait le galop en arrière ; c'est une œuvre de haut goût pour les dilettanti d'équitation. Le second, comme pas espagnol, atteignait les dernières limites du possible ; son élévation, sa cadence et son harmonie ne laissaient rien à désirer. Quant au troisième, il était irréprochable pour tout ce qui touche à l'équitation proprement dite. Tout mouvement était obtenu sans effort appréciable chez l'écuyère comme chez l'animal ; on ne pouvait se lasser de regarder ses changements

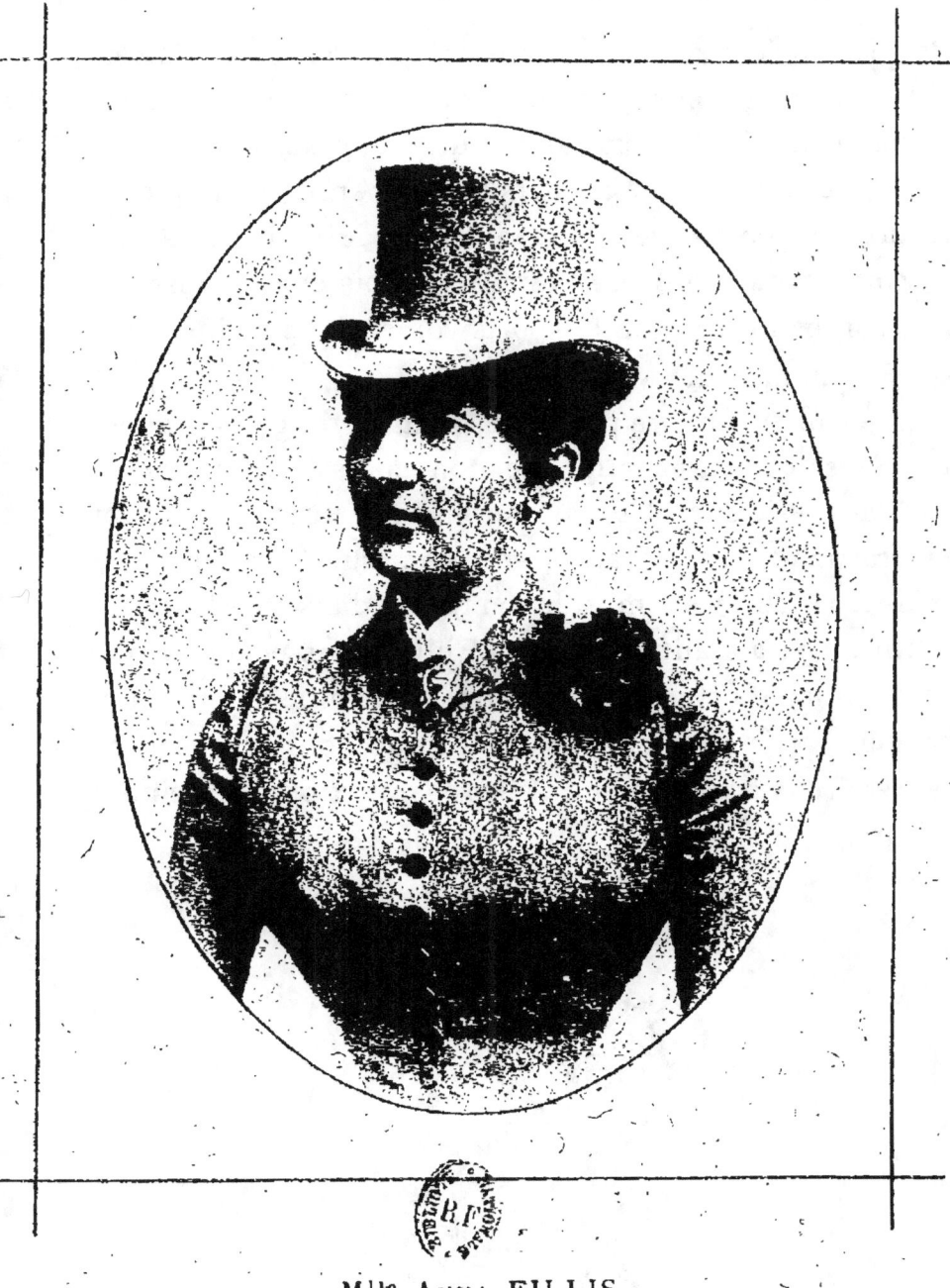

Mlle ANNA FILLIS

de pied de deux en deux temps, qu'il exécutait la tête fixe, le corps immobile, ne s'écartant pas d'un pouce de la ligne droite. Jamais cheval ne fut plus gracieux.

Au dedans comme au dehors Mlle Anna Fillis monte le premier cheval venu. Autant dans le manège elle est savante et harmonieuse, autant au Bois elle est aisée et entreprenante comme la sportswoman la plus intrépide du Royaume-Uni.

Mlle Fillis peut être placée au premier rang des grandes écuyères de notre époque ; elle monte près de ses chevaux, c'est-à-dire le cheval toujours renfermé entre la jambe et la cravache, le recevant légèrement sur la main et le maintenant tout le temps de son travail dans cette légèreté.

En disparaissant, Mlle Anna Fillis a laissé une lacune bien difficile à combler ; espérons — comme la femme et surtout l'artiste est changeante — que nous la reverrons reprendre la cravache et qu'elle reparaîtra prochainement à Paris.

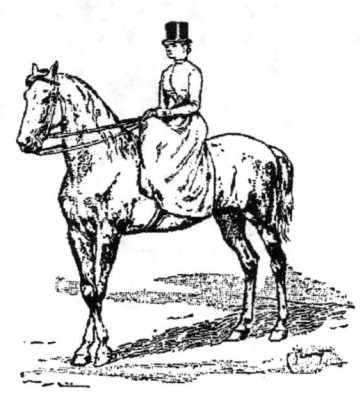

Mlle ELVIRA GUERRA

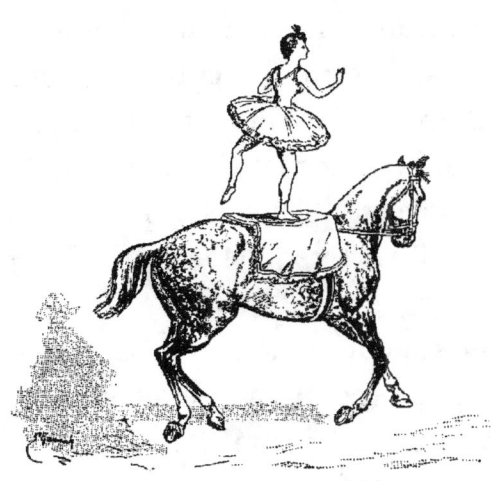

Il ne me coûte pas de reconnaître que Mlle Guerra est une des rares femmes de cheval aimant l'art pour l'art ; et que, comme écuyère de haute école, elle occupe la meilleure place après Mlle Anna Fillis.

Le travail de Mlle Guerra est empreint d'une volonté inflexible, d'une audace sans limites; elle connaît le danger pour le braver, les difficultés pour les combattre et les vaincre. Elle ignore la concession comme les compromis, avec elle-même, et elle serait certainement la première écuyère du monde si elle s'était un peu plus imprégnée — qu'on me permette cette expression — de l'école française. Elle n'aurait pas cette raideur de main, souvent préjudiciable à son talent, qui manque quelquefois de délicatesse, mais qui ne laisse jamais rien à désirer comme fini d'exécution.

Je sais bien que Mlle Guerra dresse elle-même ses chevaux, ce qui est à son honneur; mais, on ne l'ignore pas, il arrive que, au bout de cette sorte de commerce prolongé entre l'écuyer et le cheval, celui-ci, pour ainsi dire, finit par s'incarner les qualités et les défauts de son maître. La nature et le caractère particuliers de Mlle Guerra, plutôt en force qu'en grâce, ont donc marqué à leur estampille les élèves qu'elle a faits. Tous les chevaux qu'elle nous a présentés nous ont fourni la preuve la plus éclatante de cette observation. Ses chevaux, comme travail, ne prêtaient le flanc à aucune critique; mais les connaisseurs eussent souhaité un peu de cette souplesse, qui semble l'apanage de l'école française, qu'on a tant admirée chez Mlle Anna Fillis, lorsqu'elle était au Cirque d'Été.

Le fait seul de dresser ses chevaux, par conséquent de se passer de tout conseil, de toute expérience étrangère, constitue à Mlle Guerra une supériorité.

Cette assurance est d'ailleurs trop dans son caractère pour qu'elle ait pu résister à la tentation. Je ne doute pas que Mlle Guerra fasse beaucoup plus de cas de son opinion propre que de celle des autres; mais cela ne doit pas m'empêcher de dire ce que je crois être la vérité. Elle aime passionnément son métier, elle travaille plus pour elle que pour le public, et tient essentiellement à être satisfaite d'elle-même avant d'être admirée. Ce n'est pas tout à fait ce que nous désirons.

Ainsi, par exemple, je n'admettrai jamais comme équitation les pirouettes qu'elle fait exécuter à son cheval; et si j'adresse ce reproche à Mlle Guerra, c'est parce qu'elle n'ignore rien de ce qui touche à l'équitation proprement dite et que son travail des deux pistes, au pas, au trot et au galop est irréprochable de régularité et, de plus, exécuté avec un entrain et un brio très remarquables.

La position de Mlle Guerra ne laisserait rien à désirer avec un peu moins de raideur; voyez-la travailler, elle est fixe, immobile sur sa selle, absolument comme si elle y était soudée.

Une solidité inébranlable, une adhérence dont j'ai vu peu d'exemples, sont effectivement deux de ses qualités dominantes. Cavalière de premier ordre, Mlle Guerra pétrit en quelque sorte son cheval, dont elle joue comme un virtuose d'un instrument; et le cheval, tout en étant un peu sur l'arrière-main, est agréable à voir.

Comme tous les grands écuyers anciens ou modernes, Mlle Guerra semble s'être plus particulièrement imprégnée dans un cheval, qui est et restera sa personnification, en quelque sorte son incarnation: c'est *Croziani*. Il est pour elle ce qu'ont été le *Maître de danse* pour le comte d'Aure, *Partisan* pour Baucher, *Mahomet* pour Émilie Loisset, *Conny* pour Elisa Petzold, *Sabatha* pour Camille de Walberg, *Gaulois* pour Anna Fillis, etc. A quoi peuvent tenir ces sortes d'affinités? Je l'ignore, mais tout homme de cheval l'a éprouvé, quelle que soit d'ailleurs sa spécialité. Il reste toujours dans votre souvenir un cheval avec lequel vous étiez au-dessus de vous-même, comme il était, lui, avec vous supérieur à ce qu'il se serait montré sous un autre. J'attribue cette particularité à une sorte d'harmonie proportionnelle existant

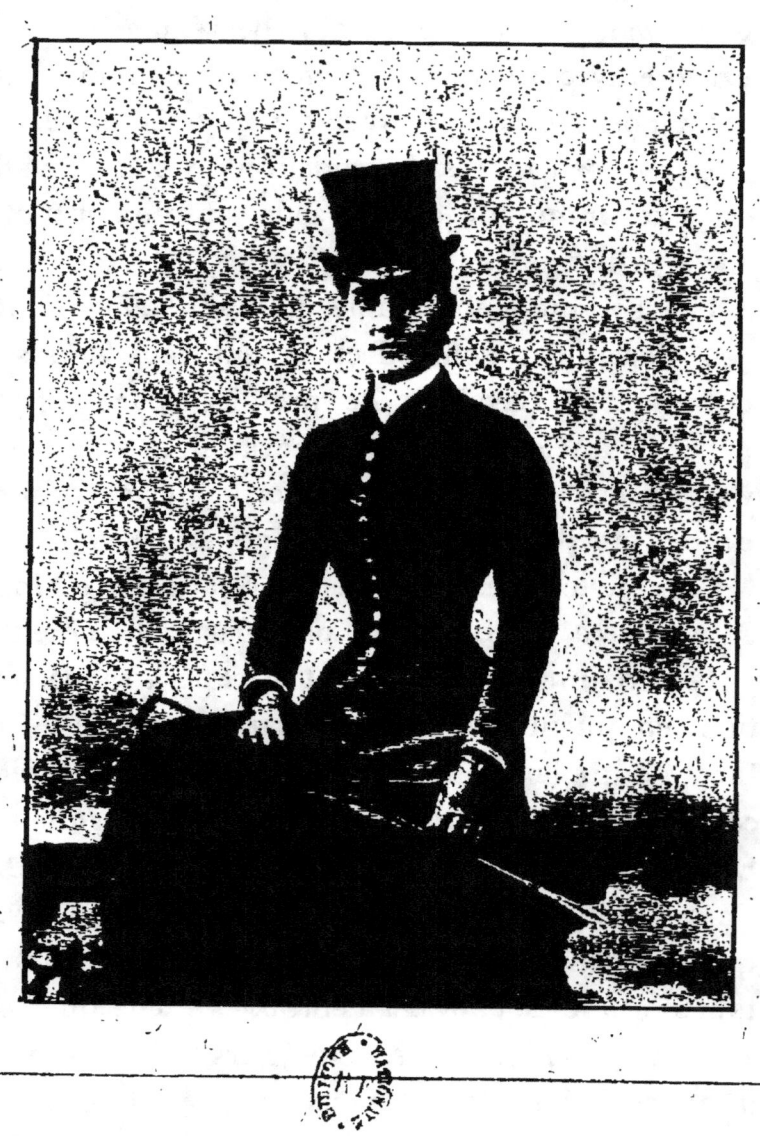

Mlle Elvira GUERRA

entre vous et l'animal, mais dont les règles échappent à l'analyse.

En dépit d'un ensemble assez lourd à l'écurie, *Croziani* est, dit le baron d'Étreillis dans des notes qu'il m'a données jadis sur cette écuyère, un magnifique animal à détailler : toutes les lignes sont longues et puissantes, l'épaule inclinée, la poitrine descendue, la longueur entre le garrot et la pointe de la hanche presque excessive. Aussi, monté, il prend un tout autre aspect; il devient d'une remarquable légèreté et d'une rare élasticité. L'encolure est peut-être un peu chargée, ce qu'explique son état d'étalon, mais ces légères imperfections disparaissent dans un ensemble des plus complets que l'on puisse voir. C'est bien le cheval de Mlle Guerra, en ce sens qu'inépuisable dans ses ressources, comme sa maîtresse, parfois un peu impérieuse dans ses exigences, *Croziani* trouve toujours moyen de les satisfaire.

Mlle Guerra abuse peut-être de ce merveilleux instrument; plus il donne, plus elle demande. Vous pouvez rarement être huit jours sans la voir sous peine de trouver quelques phases de son travail changées, pas précisément dans le sens des concessions.

Avec ce cheval, Mlle Guerra a encore un petit cheval blanc, qui mérite quelques mots. *Sylvan* est le cob irlandais avec lequel Mlle Guerra se présenta un jour, sous le voile de l'anonyme, dans un cirque de banlieue, pour voir l'effet qu'elle produirait sur ses habitués.

A l'apparition de cette écuyère d'une élégance irréprochable, de ce petit cheval blanc, s'avançant hardiment, comme un coq de combat, un frisson d'admiration parcourut toute cette salle, composée d'éléments assez difficiles à définir. Ce fut bien autre chose au fur et à mesure que se déroulaient les phases brillantes du travail de *Sylvan*, au moment de sa valse; c'était du délire, la salle croulait. Cette soirée a dû laisser dans la mémoire de Mlle Guerra le souvenir de l'un des plus brillants de ses nombreux triomphes.

N'oublions pas non plus *Compéador*, ce merveilleux cheval, avec lequel Mlle Guerra entrait dans le manège à ce brillant passage que le sang peut seul donner, et *Rubis*, un cheval élégant, distingué, léger, souple comme une anguille, qui faisait l'admiration de tous les amateurs.

Je suis personnellement très heureux d'ajouter que Mlle Guerra, comme femme, est une individualité fort originale. Comme beaucoup d'Italiennes, sa conversation est des plus plaisantes ; elle vit cependant très retirée, occupant les loisirs que lui laisse son rude métier à peindre des animaux et des fleurs, ce qu'elle fait avec une aptitude native qui, si elle était dirigée, ne tarderait pas à devenir un véritable talent d'amateur.

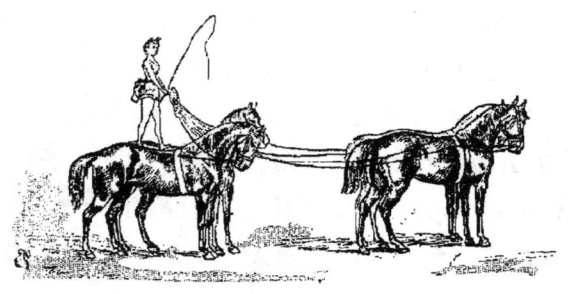

Mlle DIANE DUPONT

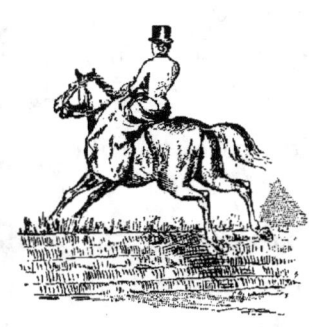
Enfant pour ainsi dire de la balle, Mlle Diane Dupont avait rêvé d'être comédienne et non écuyère de haute école. Elle avait tellement le goût de la comédie qu'elle appartint même pendant quelque temps au Gymnase où elle fit de brillants débuts. Les critiques d'alors lui prédisaient la comédie, et Zidler, qui l'avait rencontrée plusieurs fois lorsqu'elle sortait à cheval pour son plaisir, disait, à qui voulait l'entendre, qu'avant six mois elle serait à l'Hippodrome.

C'est Zidler qui eut raison, et voici comment. Un jour on parle à Mlle Dupont d'une petite jument à vendre. Elle va la voir, la trouve superbe et l'achète. Oui, mais avec un cheval comme celui-là, il faut, se dit-elle, que je travaille et que ma tenue soit irréprochable. C'est à M. Fillis que Mlle Diane Dupont s'adresse ; et c'est pendant qu'elle travaille avec cet écuyer que Zidler lui offre un engagement à l'Hippodrome.

Elle avait pris goût à l'équitation, elle trouvait le cheval plus amusant que le théâtre, elle accepta ; et, en 1884, elle parut pour la première fois sur la piste de l'Hippodrome avec *Dollar*, un cheval qu'elle avait acheté à Élisa, qui venait de se retirer.

Elle avait avec *Dollar*, un autre cheval d'école, *Zampa*, et un cheval sauteur, *Froufrou*, qui a été primé deux fois au concours hippique de 1884 et qui eut en 1885 le prix pour saut d'obstacles.

Après avoir été engagée chez Rentz, à Berlin, à Covent-Garden, à Londres, et au grand cirque de Bruxelles, elle revint à Paris, où elle se fit applaudir au Cirque d'Été et au Nouveau Cirque, où elle présenta même un cheval dressé en liberté.

Comme on voit, Mlle Dupont est presque une nouvelle venue dans le monde équestre, mais cela ne l'empêche pas d'y occuper une des meilleures places.

Son travail, qui procède de la bonne école, est élégant et harmonieux, et surtout très français. Il est empreint de cette distinction, de cette élégance qu'on trouve peut-être encore dans l'école hanovrienne, fille aînée de l'académie de Versailles. Elle n'écrase pas son cheval, comme la plupart des écuyères, elle l'allège; aussi, lorsqu'elle le met en mouvement, au lieu de se détacher lourdement du sol, on le voit s'enlever léger et assoupli. Le mouvement qu'il exécute s'effectue sans effort, toujours juste et gracieux. Le seul reproche que je ferai à cette écuyère est d'avoir fait au métier quelques concessions que l'art est tenu, je le sais bien, de faire, puisque l'équitation de cirque s'adresse à tout le monde. Il faut charmer, étonner, éblouir, pour arracher les bravos des spectateurs, et, pour cela faire, on dénature la haute école traditionnelle, on

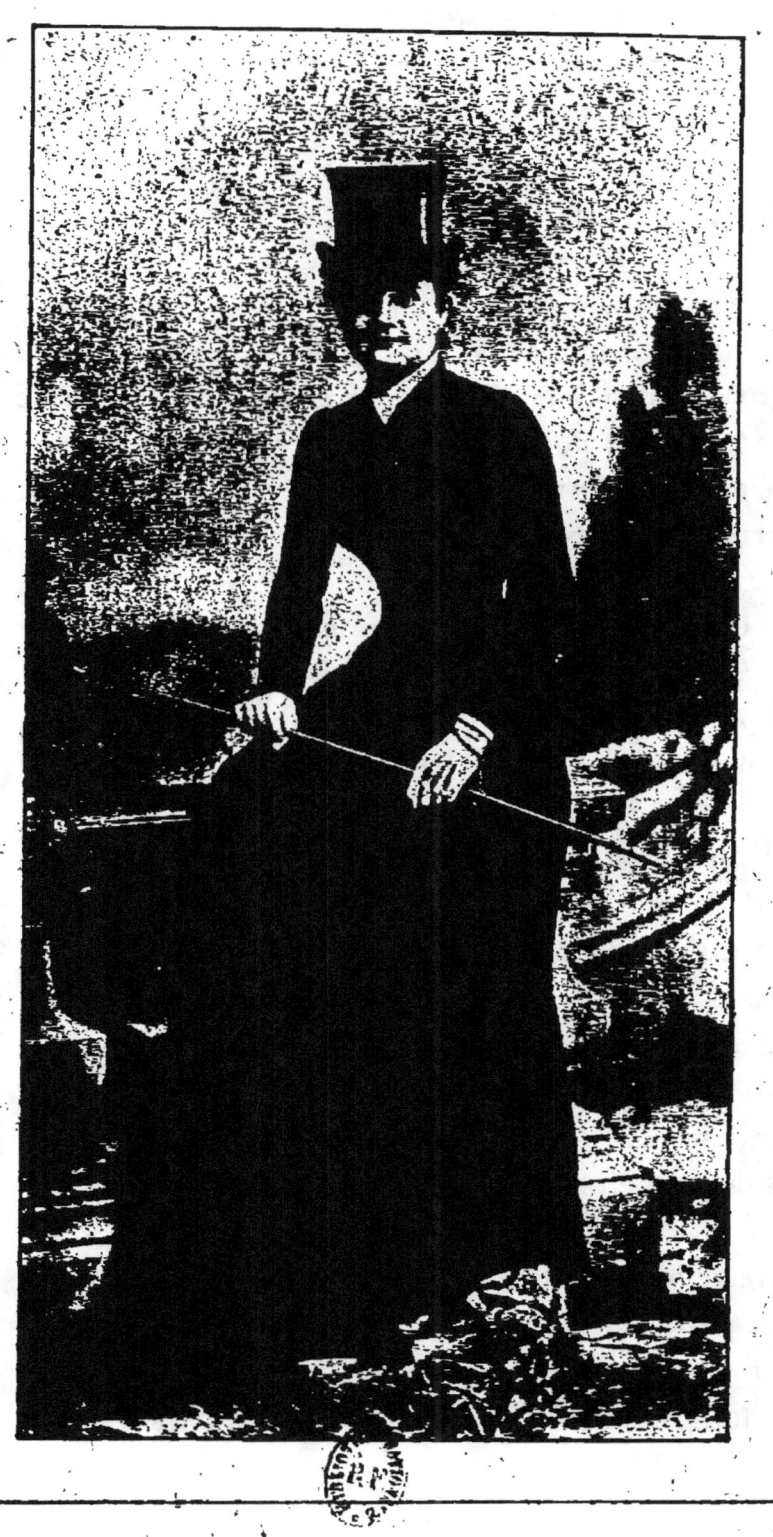

Mlle Diane DUPONT

fait faire à son cheval du pas espagnol ou on le fait s'agenouiller comme un chien savant. Je n'appelle pas cela de l'art, je nomme cela de l'acrobatie, et il me suffira de montrer à Mlle Dupont combien cette pente est glissante pour qu'elle s'en éloigne.

Mlle Diane Dupont est élève de M. Fillis, et de Montigny, ancien écuyer de Saumur ; mais, avant de recevoir les leçons de ces maîtres, elle s'était déjà acquis, quoique ne s'inspirant que d'elle-même, une incontestable supériorité. Sans être tout à fait jolie, il est impossible de ne pas la trouver charmante lorsqu'elle paraît à cheval ; il y a en elle une finesse, un sentiment innés. Son travail est aisé, souple, harmonieux, exempt de toutes contorsions et prouve la supériorité absolue de l'école française.

Les chevaux ajustés par Mlle Dupont sont, comme je le dis plus haut : *Froufrou,* cheval très près du sang, irascible, se pliant difficilement aux exigences de manège et surtout de cirque ; — son dressage, malgré les difficultés sérieuses qu'il offrait, est complet ; — aujourd'hui, c'est un cheval souple, accomplissant le travail le plus fin, le plus délicat, et contre lequel il n'y a rien à reprendre. *Dollar,* dont le dressage est d'une perfection complète : son travail sur deux pistes est irréprochable et ses changements de pied en l'air du tac au tac sont vraiment merveilleux.

Il en reste bien un troisième, mais, comme son dressage n'est pas terminé, je n'en parle point.

Paris a vu défiler au Cirque des individualités nombreuses : toutes étaient douées de grandes qualités, mais aucune d'elles, à part Mlle Fillis que je mets hors pair, ne personnifiait une école comme Mlle Diane Dupont, qui peut être considérée à bon droit comme une élégante interprète de l'École française.

Les natures d'élite seules peuvent exercer, sans contrainte d'aucune sorte, une influence utile sur les chevaux qui passent par leurs mains. Si la magie n'était pas un art démodé, il faudrait aller chercher, presque dans ses secrets les plus impénétrables, les origines de l'art qu'a découvert Mlle Dupont, d'assouplir les chevaux qu'elle monte aux durs exercices qu'elle leur impose quelquefois.

Puisque la magie n'est plus qu'un vain mot, il faut essayer de trouver ailleurs le moyen à l'aide duquel Mlle Dupont triomphe de la résistance qu'elle pourrait rencontrer.

C'est bien simple : quand le cheval qu'elle monte veut se défendre, il rencontre aussitôt une main aussi fine que sûre, qui lui impose tel ou tel exercice. Le cheval habitué à obéir à une volonté plus énergique, plus intelligente que la sienne, suit volontiers, sans caprice, l'impulsion qui lui est donnée.

Tout est là ! Comme les meilleurs hommes de cheval, Mlle Dupont s'est rendu compte des qualités et des défauts du cheval à qui elle doit imposer certains exercices. Elle sait ce qu'elle peut lui demander, et elle règle ces exercices sur l'étendue des forces et sur la nature des aptitudes qu'elle a constatés sur l'animal qu'elle présente au public.

Une fois montée, elle est sûre d'elle-même comme de sa monture : elle ne doute pas un instant, elle n'hésite point, et le cheval, qui la connaît, irait au bout du monde sans s'arrêter, si elle ne lui commandait pas le repos.

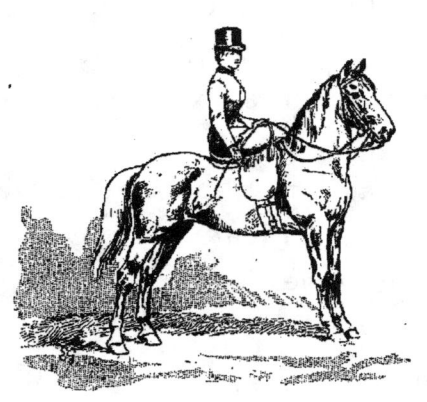

Mlle CAMILLE VAN WALBERG

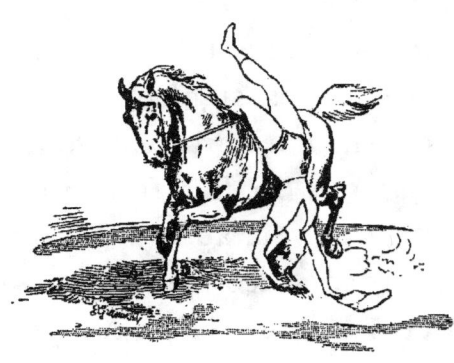

Quoique d'extraction hollandaise, Mlle Camille van Walberg, qui est née à Paris, en 1864, est française : son père, le baron van Walberg, s'étant fait naturaliser au moment de son mariage.

Toute jeune, Mlle de Walberg fut envoyée en Angleterre, cette terre classique du sport, pour y faire son éducation, mais cela lui souriait peu ; ce qu'elle voulait, c'était apprendre à monter à cheval. Aussi, dès qu'elle put revenir en France, son premier soin fut de demander à son père de la mettre en selle. Elle avait de qui tenir, car le baron van Walberg était un homme de cheval remarquable, qui possédait une écurie de premier ordre. Comme elle adorait les exercices violents, elle ne tarda pas à devenir d'une hardiesse extraordinaire. Elle grimpait sur n'importe quel cheval et *Go ahead*, comme disent les américains.

On se demandait souvent à Maisons-Laffitte, où elle demeurait alors, lorsqu'on la voyait passer au galop de son cheval, quelle était cette enfant. Bast ! répondait-on, c'est la petite Walberg, il n'y a aucun danger, elle passe partout. Et de fait, elle passait partout.

Un jour même il faillit lui arriver malheur. Elle se trouve à la barrière du chemin de fer, au moment où on venait de fermer le passage à niveau. Elle est pressée, une amie l'attend là-bas, de l'autre côté. « Laissez-moi passer, dit-elle au garde-barrière, j'ai le temps. — Impossible, répond ce dernier, le train est signalé. — Ah ! il est signalé, eh bien ! vous allez voir. » Sur ces mots elle fait faire demi-tour à sa jument, l'embarque au galop et lui fait franchir la barrière à la volée : elle traverse la voie au nez du train qui passe à toute vitesse. Une demi-seconde de plus, et elle était en bouillie. Vous croyez que cela l'a effrayée ? Pas du tout, elle est passée de l'autre côté de la voie sans même regarder derrière elle, et, en arrivant rejoindre son amie, elle parla du saut qu'elle venait de faire comme d'une chose tout ordinaire. Comme son éducation n'était pas terminée et que sa famille songeait à la marier, on la mit de nouveau en pension, jusqu'au jour où son père, que de mauvaises opérations avaient à peu près ruiné, fut obligé de s'expatrier aux Indes néerlandaises pour aller refaire sa fortune.

Camille de Walberg, que l'amour du cheval travaillait plus que jamais, fut presque heureuse de ce changement de situation, qui lui permettait de suivre sa vocation. Elle allait à cheval, mais elle ne savait pas monter ; aussi, comme elle se rendait très bien compte de la chose, elle s'en vint demander au comte de Montigny de lui enseigner l'art si difficile de l'équitation.

Comme on voit, la jeune Camille de Walberg n'y allait pas par quatre chemins, car c'est à un des maîtres de l'art équestre qu'elle s'adressait; et elle aurait pu dire, comme autrefois le *Cid* :

> Mes pareils à deux fois ne se font pas connaître,
> Et pour leur coup d'essai veulent des coups de maître...

Celui-ci, après avoir quelque peu hésité, accepta néanmoins de prendre Mlle de Walberg comme élève. A cette école, car M. de Montigny était un homme de cheval remarquable, un savant chez lequel on retrouvait les vieilles et bonnes traditions équestres de l'ancien manège de Versailles, Mlle de Walberg ne tarda pas à devenir de première force.

Ardent, zélé et très intelligent, le comte de Montigny portait un très vif intérêt à Mlle de Walberg, et il a même résumé dans une petite brochure ses souvenirs sur le cours d'équitation qu'il lui fit suivre.

« Vous avez bien voulu, dit-il dans cet opuscule, prêter à mes enseignements une attention si persévérante, et vous en avez si bien compris l'utilité, que je me crois autorisé à vous résumer en quelques pages ce qui a fait l'objet de nos entretiens équestres et de vous épargner ainsi la lecture de mon trop long ouvrage sur l'équitation des dames.

« Votre nature, si heureusement douée pour le noble exercice du cheval, vous entraîne en quelque sorte à en connaître, aussi théoriquement que pratiquement, l'emploi, et vous avez instinctivement un tel désir de savoir le *pourquoi* de la théorie que le professeur se sent encouragé et presque obligé à donner satisfaction complète à vos aspirations.

« Vous n'avez pas tardé à comprendre qu'il y avait dans le cheval, approprié à l'équitation des femmes, autre chose qu'un moyen de locomotion plus ou moins brillant et agréable.

« Votre tact n'a pas hésité à saisir ce qui se trouvait d'attachant dans l'assouplissement et l'asservissement de votre monture par des moyens simples et rationnels, et vous avez admirablement compris le *pourquoi* des résistances et celui du désordre dans les allures; aussi la connaissance des aides n'a-t-elle plus été un secret pour vous.

« J'ai été trop heureux de vous consacrer mes soins et de développer chez vous les dispositions natives secondées par une grande énergie pour ne pas éprouver une jouissance à vous laisser en termes précis l'exposé sommaire des principes que je vous ai transmis. »

Quoi d'étonnant après cela de voir Mlle de Walberg occuper une des premières places dans le monde des écuyères ?

C'est au Cirque de la rue Benouville, dans une représentation d'amateurs donnée par M. E. Molier, un maître en l'art équestre, que Mlle Camille de Walberg a fait ses débuts. Ils avaient été tellement brillants que le soir même, on lui offrit un engagement des plus sérieux pour l'Espagne, où elle allait, quelque temps après, faire consacrer son talent d'écuyère. Depuis, elle a marché de succès en succès, et elle a prouvé, par le goût qu'elle avait pour l'équitation de haute école, qu'elle était douée des facultés merveilleuses dont parlait le comte de Montigny et que cet art, si difficile, était pour elle un amusement. Et, en effet, il est malaisé de rencontrer une écuyère, qui ait autant de sentiment du cheval que Mlle Camille de Walberg. Sa manière fine, élégante, toute de tact, résume bien toutes les traditions de l'école française, cette école qui n'a jamais confondu la haute école traditionnelle avec l'acrobatisme à cheval.

Le travail de Mlle de Walberg sur son cheval, *Sabatka*, est la suprême expression de la manière française actuelle. Finesse, science, distinction y sont réunies; c'est en assistant à cet admirable spectacle qu'il est aisé de se convaincre que tous ces coups de tam-tam, tous ces trucs que l'on tente aujourd'hui de faire prendre pour la dernière manifestation de l'art, ne sont que des tours de passe-passe, aussi dissemblables de la véritable équitation que l'orgue de Barbarie l'est du violon. On peut difficilement faire aussi bien que Mlle de Walberg; à aucune époque, on ne fit mieux nulle part.

Tous les véritables amateurs de belle et bonne équitation ont jugé de cette manière le travail de cette écuyère.

La science de la haute école n'est pas, comme on le croit généralement, d'une absolue superfluité. Chacun de ses « airs » ou mouvement du cheval n'est, après tout, que la reproduction, coquettement exagérée, mais exacte,

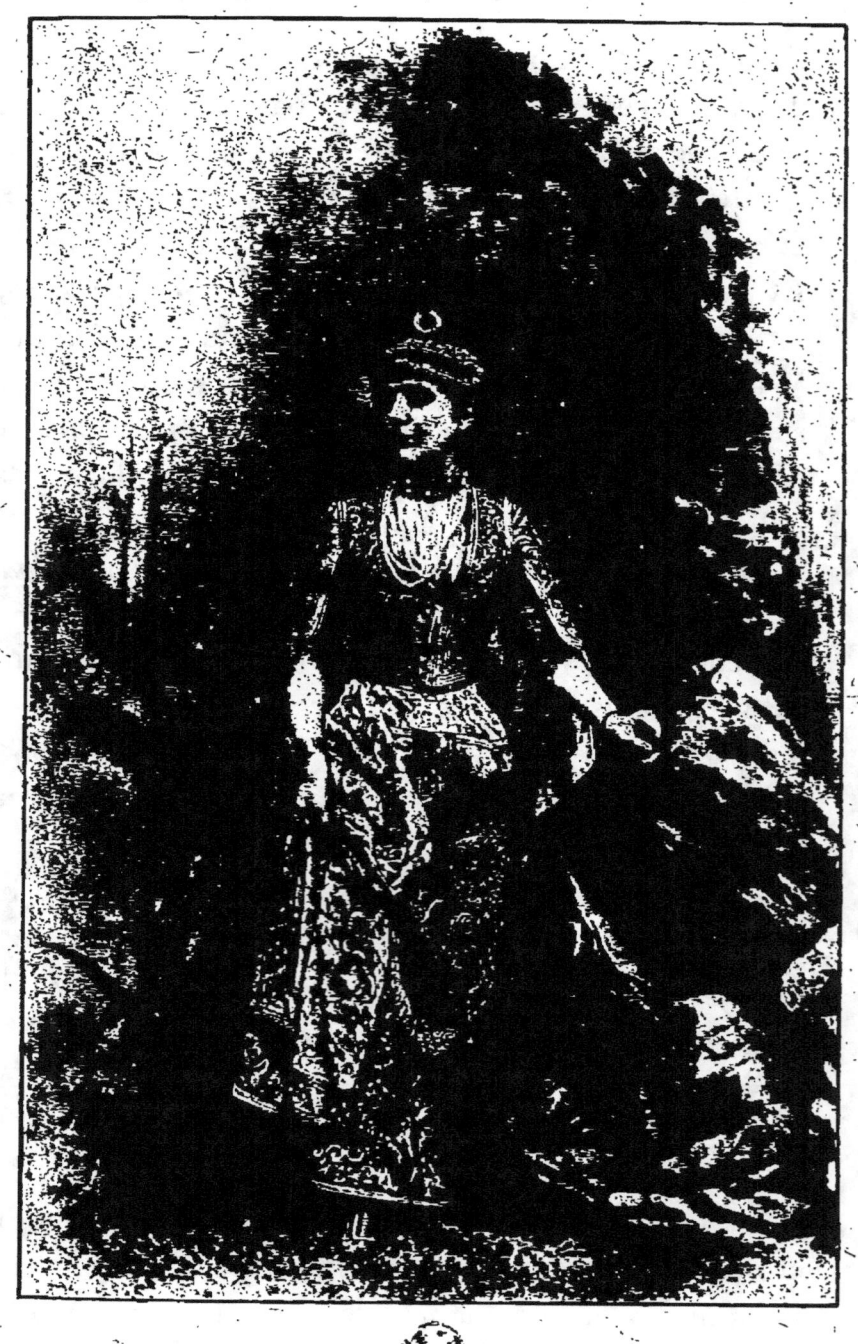

Mlle Camille Van WALBERG

d'une position ou d'une allure dont on a besoin dans la pratique ordinaire de l'équitation.

Mlle de Walberg commet bien quelques excentricités équestres, mais, s'exposant au jugement du public, cela est bien un peu forcé. Sauf cela, elle se tient dans le cercle d'une équitation saine et régulière; son cheval est équilibré, assoupli, léger et se détache de terre. Un semblable dressage ne peut évidemment s'effectuer qu'à l'aide d'effets de tact et de précision, et ce n'est point à la portée de la première venue.

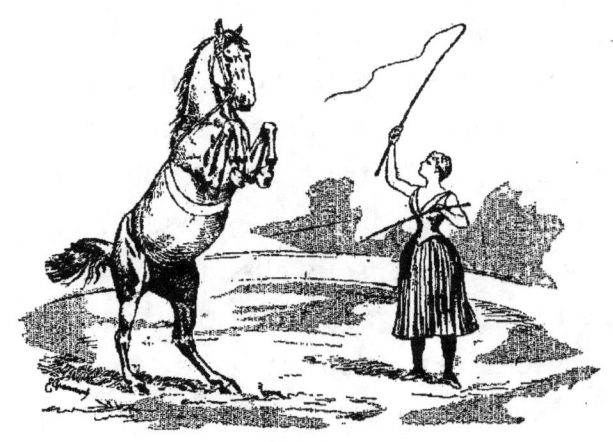

Mlle ANTOINETTE GONTARD

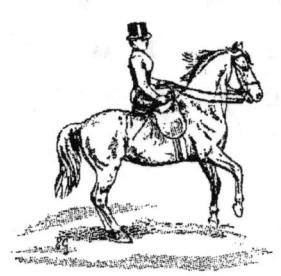

C'est à l'Hippodrome que Mlle Antoinette Gontard s'est fait connaître. Elle procède, comme Mme Wulff, avec laquelle elle travaillait, de l'école allemande. Son cheval obéit brusquement et mécaniquement; cet « assujettissement », si je peux me servir de cette expression, peut offrir, à la vérité, dans certains cas et pour certains usages, plus de sûreté et de rectitude dans l'exécution, mais alors, cette méthode est absolument automatique, par conséquent tellement dépourvue d'élégance et d'harmonie qu'elle ôte à l'écuyère sa valeur réelle, puisque sa monture est réduite, sous elle, au rôle de leviers, qui, au lieu d'être en acier, sont faits de muscles et d'os.

Pour atteindre ce résultat, il faut une certaine science et une connaissance assez approfondie de l'équilibre et de la décomposition des forces agissantes de cheval. Seulement cet équilibre est faux, en ce sens que l'animal ne repose pas réellement sur ses jambes. Le travail « de haute école » d'un cheval dressé à l'allemande, comparé à celui d'un cheval ajusté à la française, diffère tant que leur comparaison fera facilement ressortir la dissemblance.

Le premier, au lieu de s'enlever léger et assoupli, de couler entre les mains et les jambes de son cavalier comme le second, se détache lourdement du sol, qu'il semble quitter à regret ; le mouvement qu'il exécute s'effectue avec effort, toujours sur un renversement.

Le « brisement », car on ne peut donner à cette façon d'user des aides le nom « d'assouplissement », s'opère en rejetant la masse sur l'arrière-main, où elle reste fixée. Or cette partie du corps de l'animal, étant le point central d'où émane toute impulsion, que l'avant-main est destinée à recevoir et à continuer, par la projection en avant, se trouve en partie paralysée. « Ecrasée », au lieu d'être « allégée », comme dans l'école française, il lui faut donc se contracter avec effort, pour mettre la masse en mouvement. Or cet effort, s'opérant sur « l'immobilité », est nécessairement pénible et disgracieux, car, en lui-même, tout mouvement ne saurait différer de la position dont il procède, et est la conséquence. En un mot, au lieu de s'élever de bas en haut comme une balle élastique, le cheval se balance de haut en bas à la manière d'un ballon captif, mais incomplètement gonflé. Dans cette position — on le comprendra aisément — l'animal, pour se mettre en mouvement, est forcé de projeter sa masse entière en avant, et cela tout d'une pièce, tandis que le contraire doit avoir lieu, car la condition première de toute allure juste et gracieuse réside dans l'immobilité du corps ; les jambes seules doivent se détacher de terre et entamer la progression, ce que ne peut faire un cheval, sans être assoupli et parfaitement équilibré. Malgré cela, Mlle Gontard est souple et gracieuse à cheval.

Fille du clown Gontard, Mlle Antoinette Gontard prit ses premières leçons avec Frantz Renz, qui la fit travailler avec assiduité ; et, lorsqu'elle fut assez familiarisée avec le cheval, il la fit monter dans les quadrilles et dans les manœuvres équestres. C'est alors qu'il la mit au travail de haute école, et, comme ses aptitudes étaient excellentes, il développa chez elle le goût de l'équitation savante ; en peu de temps il en fit une écuyère capable de monter en public.

Elle partit pour Rotterdam chez M. Forst, qui lui continua les bonnes leçons ; et, lorsqu'arrivèrent ses débuts, en Italie, chez M. Sourd, elle obtint un immense succès, qui se prolongea pendant toute la durée de son engagement.

Sa réputation commença à s'établir, et son goût pour le travail équestre se développa de plus en plus. Malheureusement, elle fut obligée de s'arrêter en plein succès : la fièvre typhoïde, qui régnait en ce moment-là, en Italie, lui enleva deux de ses chevaux d'école, perte irréparable pour elle, car elle perdait là six mois de travail et de patience.

Elle ne se découragea pas et se fit engager au cirque Ciniselli, à Saint-Pétersbourg, où elle monta les chevaux de la Direction. A son départ, qui eut lieu un an après, c'est-à-dire à l'expiration de son engagement, elle fut fort regrettée, car elle était très aimé du public russe. A cette époque, Mlle Élisa quittait l'Hippodrome de Paris et

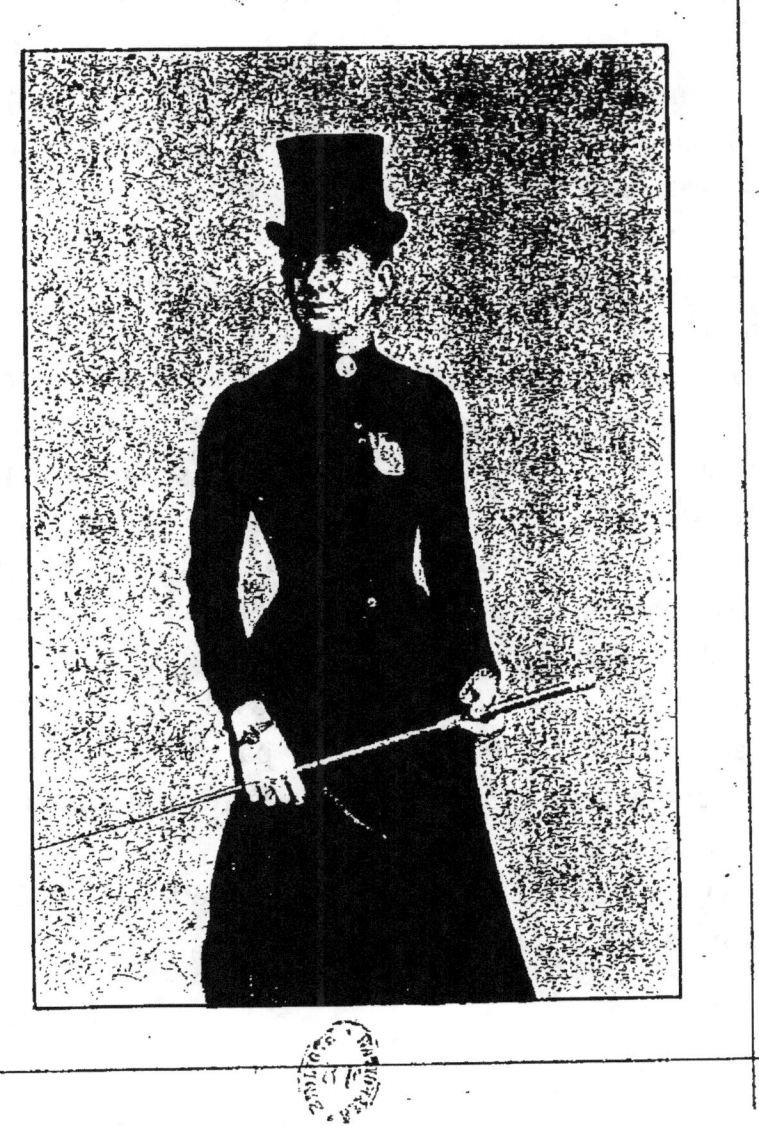

Mlle Antoinette GONTARD

clôturait sa carrière artistique par le mariage. Mlle Antoinette Gontard fit l'acquisition, à la vente de ses chevaux, du fameux cheval *Etoile du Nord*. Peu de temps après, elle débutait avec ce même cheval, à Saint-Pétersbourg, où ses succès s'accentuèrent de plus en plus. De là, elle s'en vint au cirque Wulff, en Italie, où elle resta deux ans ; et ensuite à l'Hippodrome de Paris, où elle se fit remarquer dans la création du tandem à trois, exercices de chevaux sauteurs, très goûté du public parisien, et dans la double haute école avec sa petite sœur Clara, exercices qui n'ont pas été refaits par d'autres depuis son départ.

Elle fit également partie de la troupe de l'Hippodrome qui alla donner des représentations à Londres ; elle travailla devant la Reine et se fit très applaudir.

Après l'exposition de Paris, ayant terminé son engagement à l'Hippodrome, elle partit pour Lisbonne et, la saison terminée, elle vint se faire applaudir à Madrid, au Grand Cirque Price.

Depuis cette époque, Mlle Antoinette Gontard est pensionnaire du Grand Cirque Alégria.

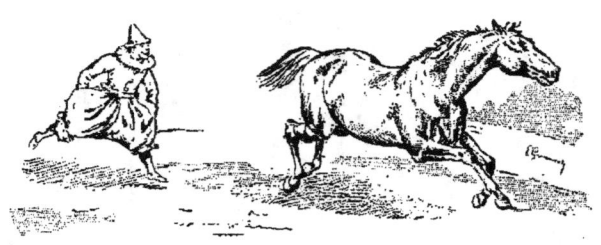

Mlle MARGUERITE DUDLEY

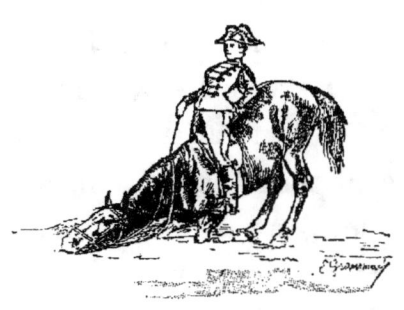

C'est en 1884 que Mlle Marguerite Dudley, la petite Dudley, comme on l'appelait alors, fit son entrée au cirque des Champs-Élysées : elle avait alors dix-huit ans.

Tout enfant, Mlle Dudley s'en venait assister, presque chaque jour, aux représentations de Mlle Émilie Loisset. Elle prenait un plaisir très vif à la voir travailler, et son plus grand désir était d'être écuyère. Cette idée ne l'abandonnait ni jour ni nuit ; elle en était pour ainsi dire hantée. C'est alors que sa famille se décida à la laisser entrer au cirque. Désireuse d'apprendre et de connaître à fond son métier, elle commença, comme tout bon ouvrier, par l'A B C du métier.

Après six mois de répétitions et de travail opiniâtre, Mlle Dudley entra comme écuyère dans les manœuvres; puis après dans les quadrilles d'école ensuite dans les reprises d'ensemble de haute école.

Voyant son assiduité, son énergie et aussi sa manière élégante de monter, M. Charles Franconi la détacha du groupe de ses camarades du cirque et s'appliqua à en faire l'écuyère de haute école que nous connaissons. Mlle Dudley est la digne élève d'un maître comme M. Charles Franconi.

Mlle Dudley peut aujourd'hui prendre place à côté de nos grandes écuyères : *Moskowa*, le cheval avec lequel elle s'est présentée au Cirque d'Été, en est la preuve. Il exécute tous les airs de manège avec une netteté et une précision remarquables ; les difficultés, pour les changements de pieds, du tac au tac, provoquées par l'emploi discret de l'éperon et de la cravache, ont été vaincues ; le trot espagnol par l'impulsion et le soutien, résume tout le développement qu'un cheval peut donner dans ses allures artificielles. Mlle Dudley, dont le buste centaurise avec le cheval, est très correcte ; en un mot, c'est une écuyère d'une incontestable supériorité. Mlle Marguerite Dudley est le type idéal de l'amazone élégante. Elle a la finesse, le sentiment innés avec lesquels on monte réellement à cheval.

A cheval, la finesse et la distinction seront toujours des conditions indispensables pour rendre une femme agréable à regarder ; si elle substitue la force à la grâce, la violence au tact, non seulement elle offre un spectacle pénible à voir, mais tout charme est rompu ; Mlle Dudley a le sentiment et le « comme il faut » d'une écuyère de haut style, et elle est à cheval souple et gracieuse. Les difficultés sont résolues par elle comme par son cheval avec une telle aisance, une si merveilleuse facilité, qu'en vérité on se demande pourquoi on ne le ferait pas soi-même.

Un terrible accident manqua de briser la carrière de Mlle Marguerite Dudley. En 1889, à une répétition du Cirque d'Hiver, elle venait de terminer sa reprise d'école sur son fameux cheval russe *Dvornick*, elle rentrait au trot espagnol; déjà elle avait franchi la barrière qui sépare la piste de l'écurie, quand le cheval se mit à reculer précipitamment, prit son élan, se tint droit, debout sur ses jarrets et se renversa violemment sur la malheureuse écuyère, qui se débattait, étouffant sous le poids de *Dvornick*. Les écuyers, témoins de cette chute, se précipitèrent dans le manège au secours de Mlle Dudley; il fallut plusieurs minutes pour la dégager. On la releva, on l'emporta brisée, évanouie; on crut un instant qu'elle allait succomber, comme la pauvre Émilie Loisset, mais ce qui tua l'une sauva l'autre : les fourches de la selle, le cheval tombant à droite, la préservèrent de l'écrasement; ce ne fut qu'au bout de trois mois qu'elle put reparaître devant le public, qui lui fit une ovation, et qui, par ses applaudissements, manifesta à la sympathique écuyère tout le plaisir qu'il avait de la voir reprendre à nouveau ses exercices de haute école.

Voici la nomenclature des chevaux montés par elle : *Abouretcha*, cheval tarbe; *Tcherkess*, cheval Trakehnen; *Dvornick*, cheval russe ;..... cheval de l'Ukraine ; *Brigand*, cheval de demi-sang, remarquable par la vitesse, la justesse, la précision de ses changements de pieds au deux temps et du tac au tac; il peut en fournir à volonté pendant deux ou trois tours de manège, sans pour cela se jamais désunir.

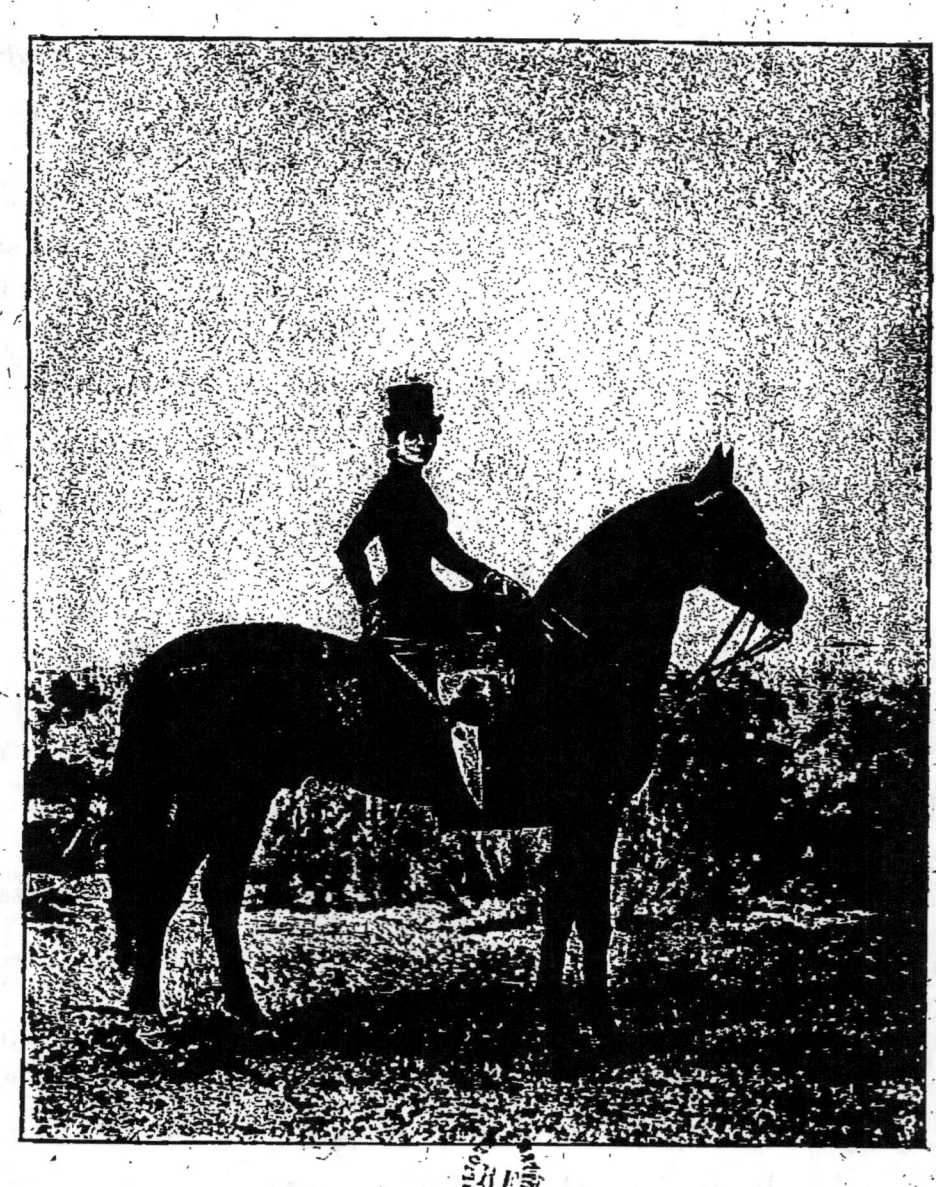

Mlle Marguerite DUDLEY

Enfin *Régent*, un joli cheval polonais à deux fins. C'est à lui que Mlle Dudley, à la fin de la reprise d'école, faisait exécuter à pied, la chambrière à la main, tout sellé et bridé, les airs de manège d'un cheval en liberté, travail au trot, au galop, pirouettes, saut des barrières, etc., etc.

Cette innovation heureuse rompait un peu la monotonie forcée et régulière de la haute école.

Parlons du cheval en liberté. Quelques mots sur le caractère du cheval ne seront pas déplacés ici, car on se fait en général une idée très fausse de son organisation morale. On suppose le cheval un être inintelligent et dont les facultés sont très bornées, et bon à servir comme cheval de selle ou cheval d'attelage. L'intelligence du cheval est beaucoup plus développée qu'on ne se le figure.

S'il est monté, il se rend compte facilement des aptitudes équestres de son cavalier, auquel il ne manquera pas d'imposer sa volonté s'il se sent le plus fort; le cheval que l'on dresse en liberté se montre souvent rebelle, mais il en est qui retiennent facilement ce qu'on leur apprend. Ce qui est surtout remarquable dans cet animal, c'est sa mémoire; cessez les exercices accoutumés pendant une année; au bout de cet intervalle, demandez-lui son travail, il l'exécutera aussi régulièrement et aussi correctement que s'il n'y avait jamais eu interruption.

Petit à petit Mlle Dudley prit goût au travail à pied, et, comme elle manie la chambrière aussi bien que la cravache, elle est arrivée à des résultats merveilleux.

Pour le moment, elle a en dressage six chevaux en liberté, qu'elle dirige avec une crânerie remarquable. Sa chambrière va des épaules de l'un, pour la ramener vivement en arrière des hanches des derniers pour les faire avancer; cela a l'air facile aux représentations quand le travail est tout prêt, tout mâché, mais que d'efforts, que de patience, pour arriver à ce résultat!

Un mot pour finir :

Mlle Dudley a inauguré, pour ses chevaux en liberté, l'habit, la culotte et le bas de soie noire. Rien d'élégant comme ce dernier costume, qu'elle porte avec une distinction d'attaché d'ambassade.

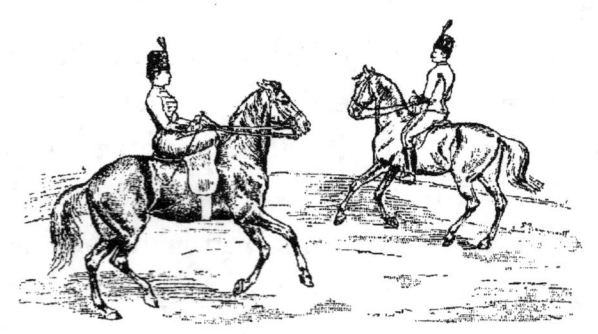

Mlle MARIA GENTIS

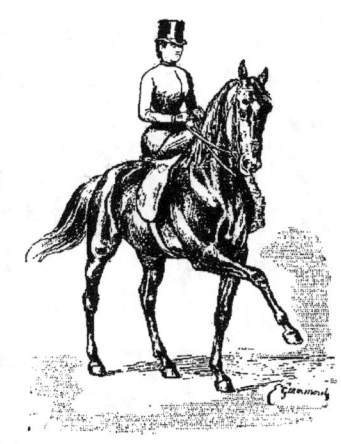

Fille d'un ingénieur qui laissa à sa veuve quelques petites rentes, Mlle Gentis pratiqua l'équitation courante sous divers professeurs. Vers la fin de l'année 1886, elle s'en vint demander conseil à M. Auguste Raux, le professeur de haute école bien connu, qui se chargea de parfaire son instruction équestre. Grâce aux excellentes leçons du maître et aux remarquables aptitudes de l'élève, Mlle Gentis débuta très brillamment en 1888, au Nouveau Cirque de la rue Saint-Honoré, sur un cheval noir de pur-sang du nom de *Claude* et dont le travail consistait en :

1. — Une entrée et un travail complet de deux pistes à un très beau passage;
2. — Travail au galop à droite et à gauche avec pirouettes aux deux mains;
3. — Pas espagnol;
4. — Travail au galop avec changements de pieds aux trois temps, aux deux temps, au temps;
5. — Trot espagnol et sortie.

Tous les arrêts du cheval s'exécutaient avec jambettes (à droite et à gauche) tendue, soutenue et élevée.

Un peu plus tard, Mlle Gentis présenta un grand cheval alezan, également de pur-sang, le terrible *Campo*, petit-fils de *Vermouth*, qu'elle parvint à dompter d'abord, à dresser ensuite sous la direction de M. Auguste Raux. Le travail de ce cheval fut plus complet et plus brillant que celui de *Claude*; aussi, lorsque l'année suivante il travailla en compagnie de deux autres chevaux de haute école dans l'une des trois pistes de l'Hippodrome de l'avenue de l'Alma, M. Houcke fit constamment au petit fils de *Vermouth* l'honneur de la piste du milieu, et c'était justice, car, lorsque Campo exécutait son passage, son galop ou son trot espagnol sous Mlle Gentis, il semblait planer, écrasant par la comparaison des allures et du dressage les chevaux de Mme Maestrich.

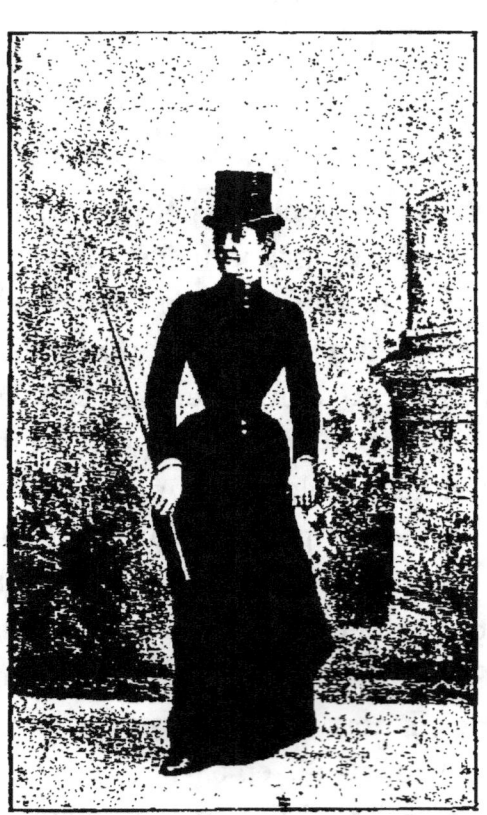

Fig. 86. — Mlle MARIA GENTIS.

En 1890, Mlle Gentis fit sa rentrée à l'Hippodrome,

dans le numéro intitulé « Fantaisie Hippique ». Elle se distingua entre toutes. Montée sur un vigoureux cheval de sang, tout en en conduisant un autre en tandem, elle parcourait à fond de train la piste de l'Hippodrome, franchissant, à une vitesse vertigineuse et avec une aisance remarquable, les obstacles les plus sérieux.

Les succès de Mlle Gentis, au Nouveau Cirque et à l'Hippodrome, ont été trop visibles pour être niés. Je m'en applaudis, loin de m'en plaindre, car toute ma sympathie est acquise à son maître M. Auguste Raux, qui partage mon avis et considère les changements qu'a subis l'équitation de cirque depuis Baucher comme une révolution néfaste.

Cette écuyère, dont l'intrépidité est véritablement inouïe a accepté, pour un prix très élevé sans doute, l'engagement d'exécuter en dame, en France, en Espagne et en Portugal le travail du célèbre Tinoco, le fameux *Caballero en plaza* que nous avons tous admiré aux arènes de la rue Pergolèse. — Ceci n'est plus de l'équitation savante, mais de la tauromachie pure, et c'est avec regret que nous voyons Mlle Gentis faire un aussi dangereux usage de son beau talent.

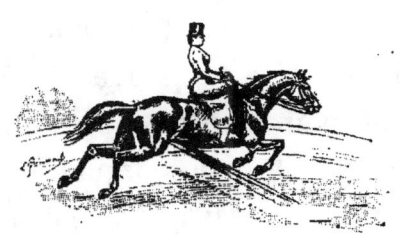

Mlle MATHILDE VIDAL

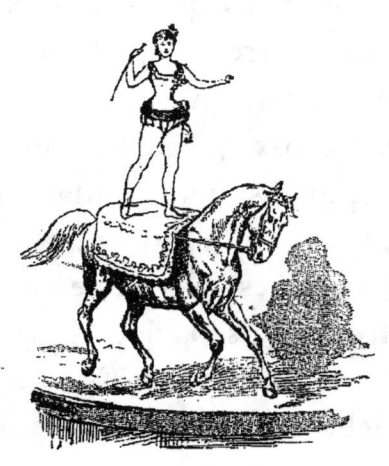

L'équitation de cirque comporte des exigences dont on doit tenir compte dans son appréciation. Elle s'adresse au public, c'est-à-dire à tout le monde, et se trouve par conséquent avoir pour juges des spectateurs dont le plus grand nombre est absolument hors d'état de comprendre les difficultés, les finesses et le charme d'un véritable travail d'école. L'artiste se trouve forcément ici en face d'une double tâche assez épineuse : être applaudie d'abord, puis obtenir en même temps l'approbation de quelques rares adeptes d'une science dont les derniers errements passeront bientôt à l'état de légendes. La première de ces conditions représente une nécessité absolue ; la seconde une satisfaction intime dont on pourrait, à la rigueur, se passer. Son absence, cependant, répugne à l'artiste assez intelligent pour avoir la conscience de sa valeur réelle et faire à part lui, des applaudissements qu'il est obligé de rechercher, le cas qu'ils méritent.

En dehors des tendances générales sous l'influence desquelles l'équitation moderne s'est si étrangement métamorphosée, la spécialité de haute école dans les cirques a dû ressentir les effets de ce goût de l'invraisemblable et de l'impossible, si à la mode de nos jours. Il a fallu substituer les contorsions épileptiques à l'harmonie du mouvement, les attitudes naturelles, presque grotesques, à la cadence des allures natives.

Il est à remarquer qu'aujourd'hui on n'admet plus l'équitation, comme spectacle, qu'interprétée par une femme. Un écuyer, quel que soit d'ailleurs son talent, sa finesse et le fini de son exécution, ne rencontre qu'un accueil glacial, dont le morne silence est seulement interrompu par les bravos de quelques fanatiques aimant l'art pour l'art.

Au point de vue du plaisir des yeux, je suis loin de m'élever contre cette nouvelle tendance, une jolie femme montant bien un joli cheval étant à mon sens une des plus grandes séductions de ce monde. Mais cette sorte d'ostracisme dont on frappe l'homme dans l'exercice de l'une de ses principales attributions est, relativement à l'équitation proprement dite, souverainement injuste.

Pendant ces dernières années, une charmante femme, Mlle Mathilde Vidal, élève de M. Victor Franconi, s'est fait applaudir au Cirque d'Été.

Mathilde Vidal est née à Paris, pendant le siège; elle a donc vingt et un ans. Son père et sa mère appartiennent, comme écuyer et écuyère, aux deux cirques.

Sa mère, il y a vingt ans, avait la spécialité de monter

les chevaux sauteurs ; elle faisait aussi sa partie dans les quadrilles et manœuvres que Baucher avait organisés au Cirque d'Été. C'est ainsi qu'elle se fit applaudir dans le quadrille des *Poissardes* et dans la scène de *Monte au ciel*, une grande pantomime équestre qui tint l'affiche pendant fort longtemps. Son père, qui sortait des chasseurs d'Afrique, comme sous-officier, débuta à l'hippodrome d'Arnault, qui était situé à l'Arc de triomphe. Après des débuts fort brillants, il entra au Cirque d'Été, où, depuis 1864, il fait partie de la troupe de M. Franconi ; et nous le voyons journellement dans les airs d'ensemble, le jeu de barres, le tandem, etc. Il a belle position à cheval, on voit qu'il a profité des leçons que Baucher et Franconi lui ont données.

Mais revenons à Mlle Mathilde Vidal, qui est une belle personne de vingt et un ans, grande, mince, blonde. On peut dire qu'en nourrice, elle a commencé à monter. Vous vous rappelez tous la jolie pantomime du Cirque d'Hiver, la *Vie Parisienne*. Au premier tableau paraissaient de jolies petites amazones, de brillants petits cavaliers. Mathilde avait six ans quand elle faisait son tour du bois, dans la piste du cirque. Elle ne cessa pas de monter à cheval depuis, recevant les leçons et les conseils de M. Franconi : à quinze ans, elle parut en public, elle débuta avec les chevaux sauteurs.

Le 14 juillet 1887, le jour de la fête nationale, elle monta son premier cheval d'école, *Brillant*, pur-sang anglais. Depuis nous l'avons vue avec ses autres chevaux : *Migel*, *Négro*, *Waterley*, et enfin le célèbre *Mohamet*,

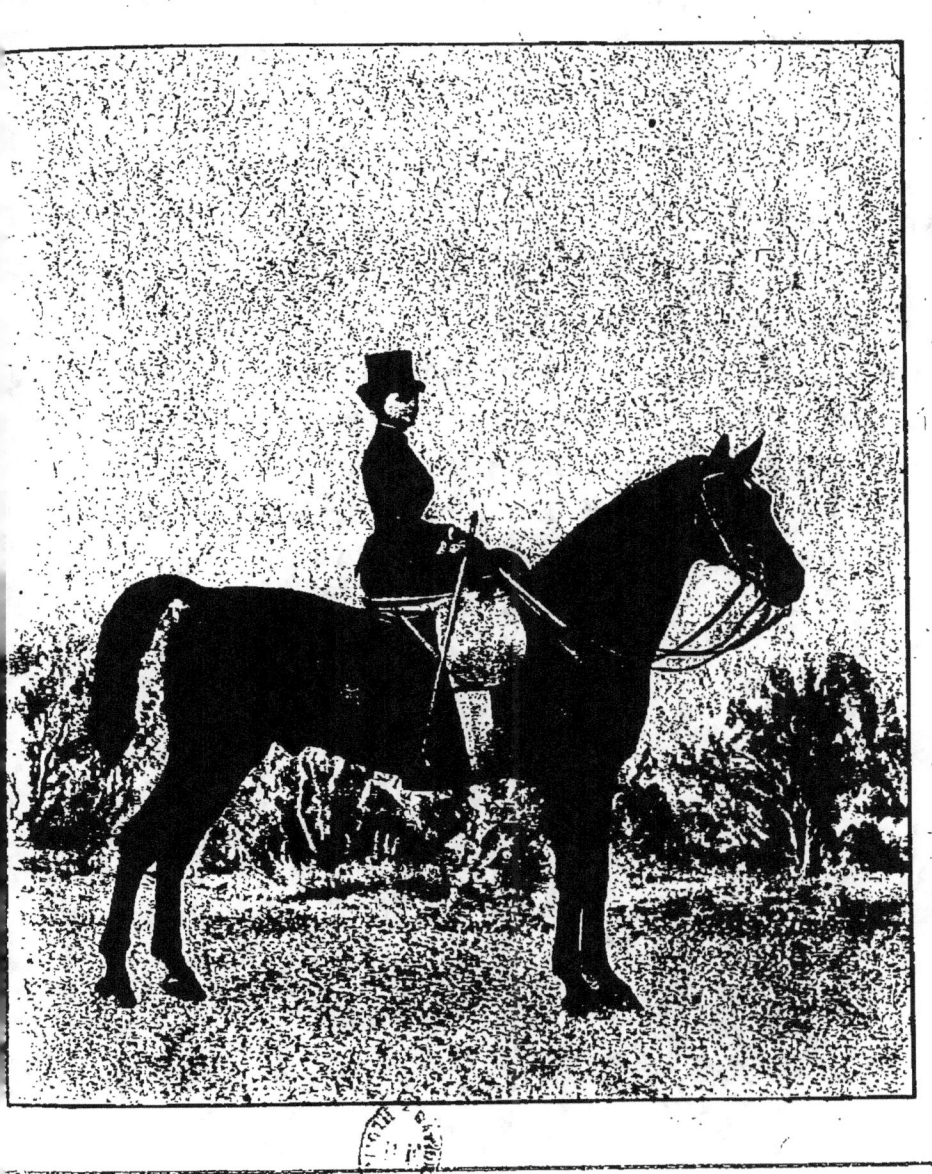

Mlle MATHILDE VIDAL

cheval d'école, coupant sa reprise par des bonds successifs. Mlle Vidal était remarquable par son inébranlable assiette et son sang-froid ; rien ne la déplaçait, rien ne la déroutait ; les bonds terminés, elle reprenait la suite de la reprise d'école.

Après avoir passé toute son enfance à Paris, Mathilde Vidal s'en alla en 1888, au Cirque Parisch, à Madrid ; elle y fit un séjour de plusieurs mois, puis elle contracta un engagement avec le Cirque Ciniselli, à Pétersbourg. En ce moment elle est à Vienne ; c'est la plus jeune du métier, et ce n'est pas la moins pratiquante ; elle fournira je ne dirai pas de beaux jours, mais de belles soirées pour les cirques ; certainement nous la verrons revenir à Paris avec le plus grand plaisir.

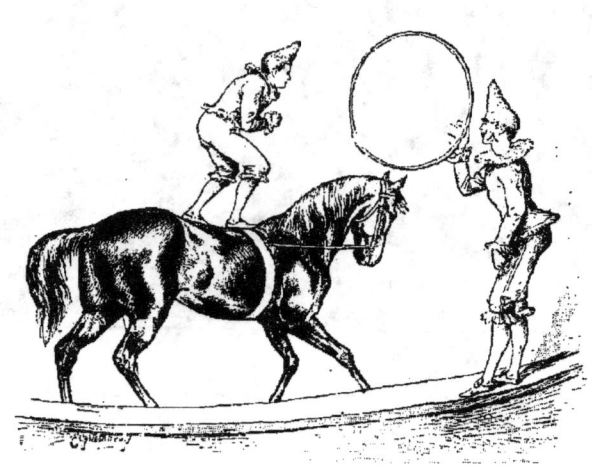

Mme JUTARD

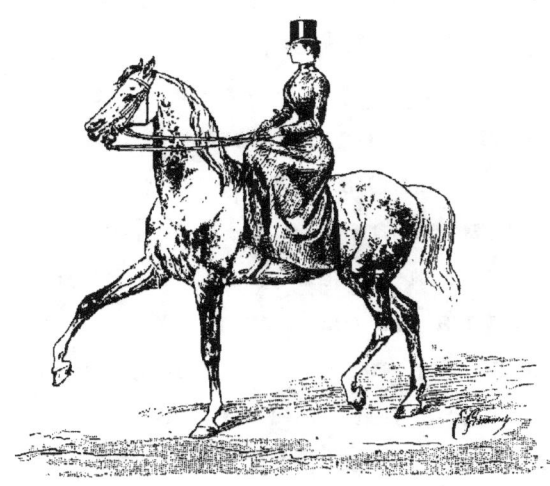

Quoique Mme Jutard ne soit pas une écuyère de haute école, la stricte équité me fait un devoir de lui donner une place dans cette galerie, car c'est une femme de cheval dans toute l'acception du terme. Je ne sais pas si elle a passé par le manège, mais, ce que je sais bien, c'est qu'au Bois ou dans la campagne, elle monte à cheval comme une vraie femme de cheval. Voyez-la en selle : sa position est élégante, correcte; elle est, en quelque sorte, chez elle. Mme Jutard, fort heureusement pour elle, n'a jamais eu de professeur ; c'est un précieux avantage quand on est instinctivement doué du sentiment du cheval. Cela vous évite de longs tâtonnements au milieu des rengaines coutumières, des prétendus principes traditionnels, des méthodes savantes, des découvertes infaillibles. On ne perd pas son temps avant d'arriver au jour où l'on se dit : Mais tous ces gens-là m'ennuient ; c'est à dormir debout, ce qu'ils me racontent, et je me tire cent fois mieux d'affaire en mettant leurs conseils dans ma poche et mon mouchoir par-dessus.

Pour Mme Jutard, un cheval doit se monter comme un habit doit s'endosser ; il est fait pour cela. Rien ne l'étonne comme d'entendre dire : Tel cheval ne se monte pas, ne veut pas faire ceci ou cela. « Ah ! vous répond-elle, faites-lui donc mettre ma selle. » Elle s'y asseoit naturellement, prend ses rênes, puis, calme, elle dit tranquillement : « Laissez aller. » L'animal, pris sous une assiette inébranlable, rencontrant, à chaque tentative de défense, une main fixe, juste et fine, tombe de lui-même dans un équilibre naturel et, nécessairement, dans une allure régulière. Elle s'en va alors droit devant elle, sautant ce qui se trouve sur son chemin, uniquement pour ne pas s'en détourner, tout cela naturellement et comme s'il s'agissait de l'action la plus usuelle du monde.

Il est bien fâcheux que Mme Jutard n'ait pas étudié l'équitation savante, car, avec le sentiment équestre qu'elle possède, elle aurait certainement été une écuyère d'une supériorité incontestable.

Maintenant, il est vrai de dire qu'une fois sous le charme de l'équitation savante, on ne pense plus guère au dehors, et le dehors pour des natures comme celle de Mme Jutard a certainement un très grand attrait.

Vous la voyez, du reste, tous les matins au Bois en compagnie de quelques mondaines dont elle est l'amie et la conseillère. Il serait à souhaiter que toutes les amazones, qui montent chaque matin, prissent exemple sur elle, car, si elles sont presque toutes charmantes, il y en a bien peu qui sont à vrai dire des cavalières. Le Bois, le matin, est pour beaucoup une promenade costumée, où le cheval bien appris se montre généralement aimable, comme un danseur de cotillon pour sa danseuse, et puis voilà tout!

J'ai fort admiré, à l'époque où j'étais à l'école, un très vieil écuyer qui avait travaillé avec M. Aubert, l'ancien professeur à l'École royale de Versailles. Il donnait, quand je le connus, des leçons aux dames, dans un manège de Paris. Sa mémoire était pleine d'anecdotes spéciales, sur l'importance que l'ancien régime attachait au noble art du manège, si détrôné aujourd'hui par le sport. Il me contait que son maître, M. Aubert, avait vu, par exemple, la duchesse de Luynes et la maréchale de Duras, venant visiter le manège auquel elles étaient si fidèles, prendre elles-mêmes la chambrière, la faire résonner comme un instrument dont elles eussent le doigté, donner des leçons au besoin, diriger, animer les reprises de galop et les sauteurs de piliers. Il me parlait du goût particulier que l'infortunée Marie-Antoinette et sa belle-sœur, Madame Élisabeth, professaient pour l'équitation; mais un des souvenirs qu'il aimait entre tous à dérouler et qui me faisait ouvrir de grands yeux, c'était celui de la duchesse de Brionne, mère du prince de Lambesc et du prince de Vaudémont, remplissant la charge de grand écuyer de France, après la mort de son mari et pendant la minorité de son fils aîné. Cette vraie régente *in parti-*

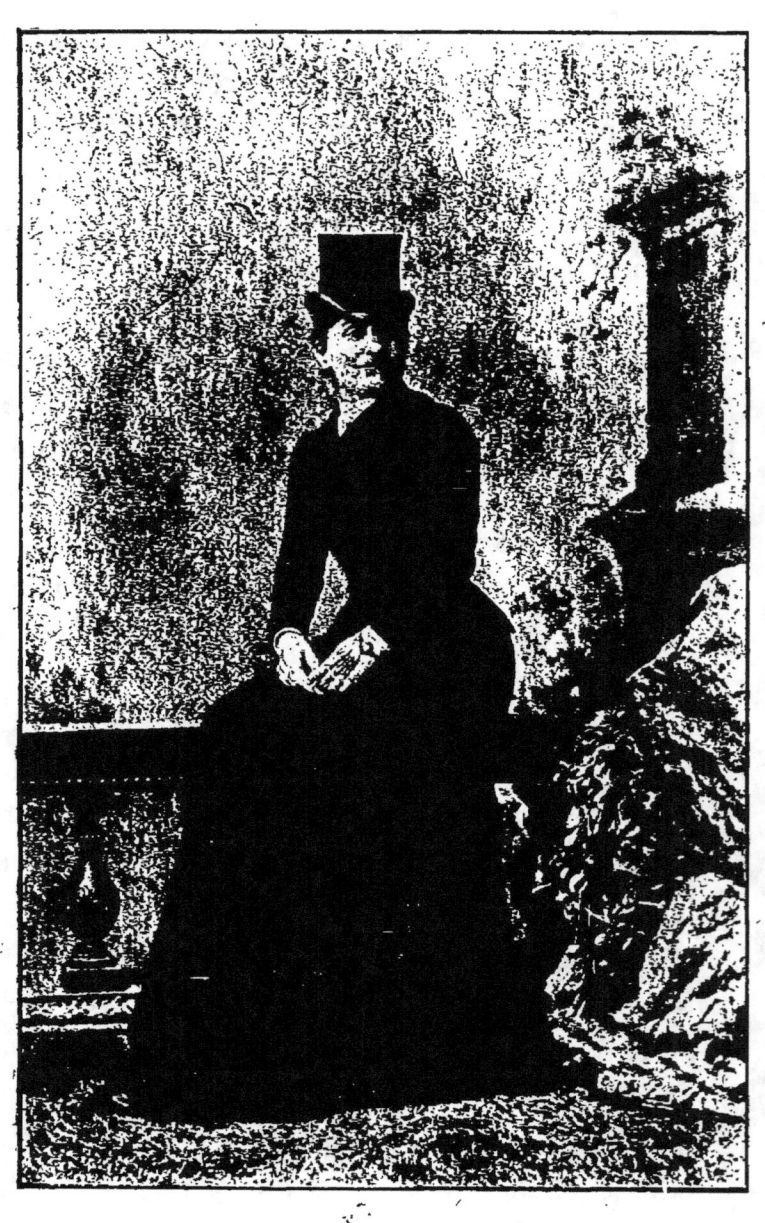

Mme JUTARD

bus equorum présidait aux charges des écuries du roi et à celles des haras de France, recevait les rapports des écuyers de manège sur l'instruction des pages et sur l'ensemble des services soumis à son contrôle. Il ajoutait, d'après son ancien maître, que jamais la charge de grand écuyer ne fut mieux remplie que par cette belle duchesse.

Cette histoire me revient à la mémoire chaque fois que je vois travailler Mme Jutard, et toutes les fois je me dis : Si jamais on rétablit cette charge, personne mieux que cette femme de cheval n'est apte à la remplir.

Cet avis, je ne suis pas le seul à l'avoir, car, dès 1869, le jury du Concours hippique lui décernait, comme *prix extraordinaire,* une cravache d'honneur. Le cheval qu'elle montait ce jour-là était *Indien,* un gaillard peu commode, mais dont elle tira un parti étourdissant. Depuis cette époque, elle a présenté tous les ans des chevaux au concours, entre autres *Madame le Diable, Follette,* etc., et toujours elle a obtenu les premiers prix.

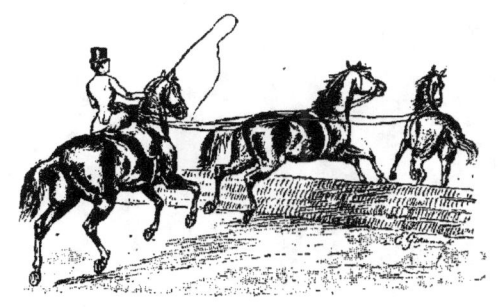

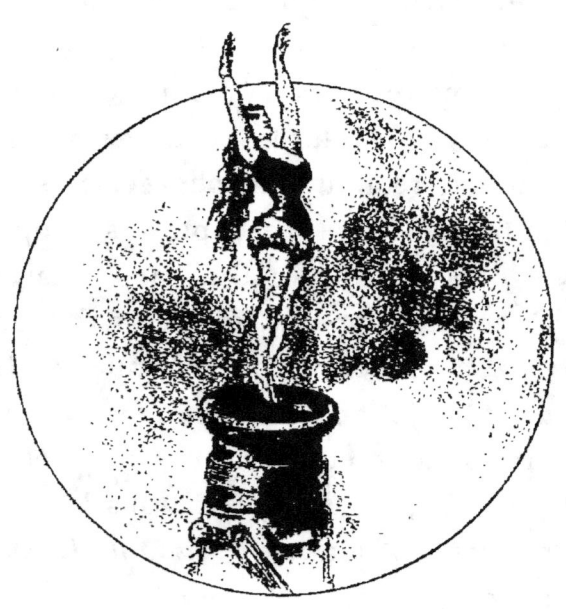

ÉCUYÈRES
DES
DEUX CIRQUES

Mme ANGÈLE MAILLARD

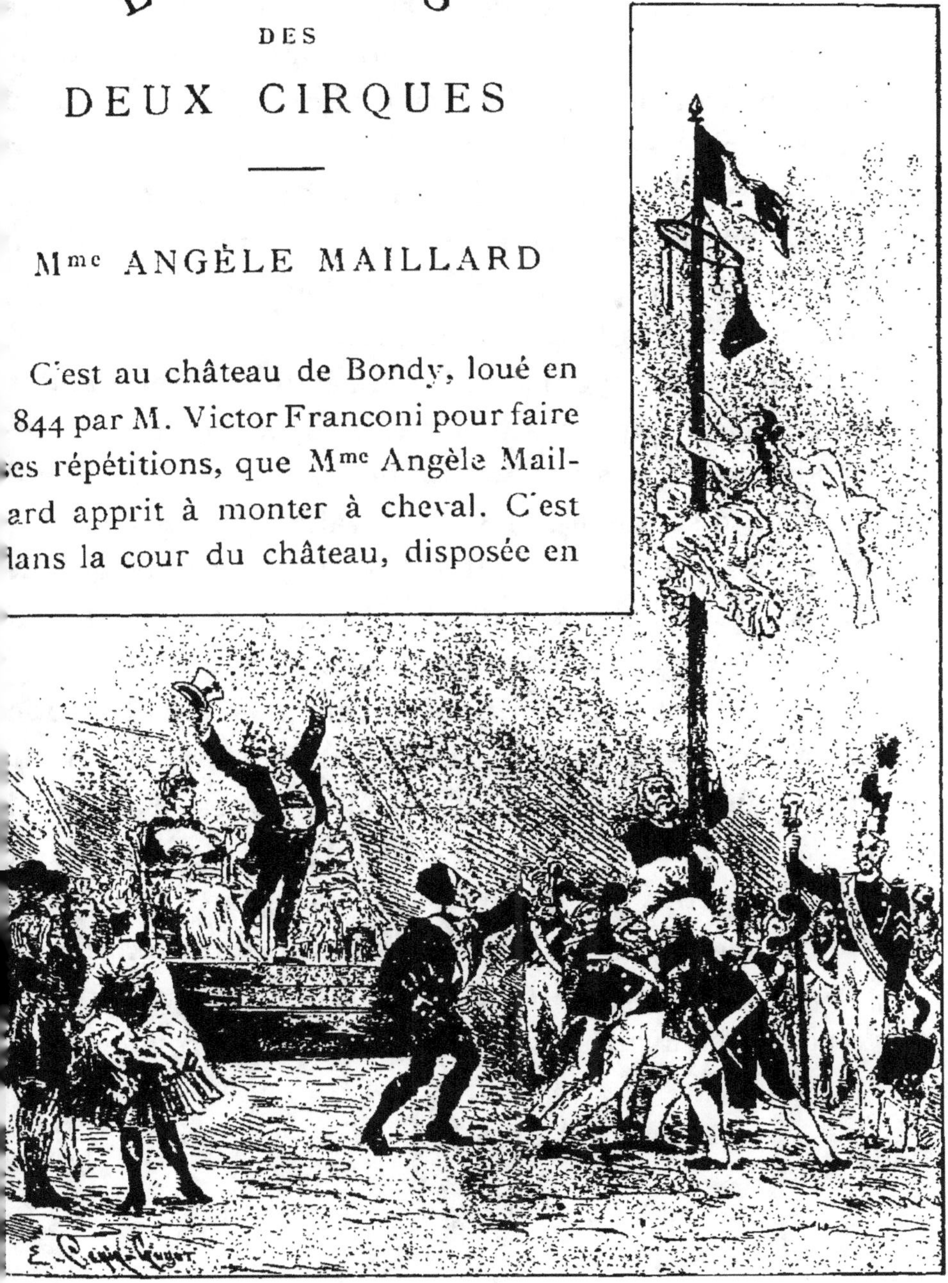

C'est au château de Bondy, loué en 1844 par M. Victor Franconi pour faire ses répétitions, que Mme Angèle Maillard apprit à monter à cheval. C'est dans la cour du château, disposée en

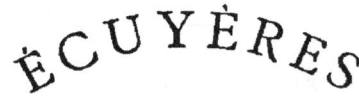

manège, que M. Franconi faisait répéter les exercices exécutés le soir à l'Hippodrome, installé alors sur le talus avoisinant l'Arc de Triomphe, tout près de la rue Lauriston. A ses débuts, Mme Angèle Maillard fit comme toutes ses camarades : elle monta dans les courses, les steeple-chases, les quadrilles ; mais, comme elle avait une préférence marquée pour l'équitation savante, M. Franconi lui fit travailler la haute école.

Il mit à profit pour cela les six mois d'hiver, pendant lesquels les représentations de l'Hippodrome étaient suspendues, et, comme il avait toujours une quarantaine de chevaux disponibles, il s'en servait pour ses leçons ou pour ses répétitions. Ce fut ainsi que, trouvant de grandes aptitudes chez elle, il s'attacha à en faire l'artiste remarquable que tout Paris applaudissait à cette époque.

Grande, brune, bien prise, joignant à tous ces dons extérieurs les qualités d'une véritable écuyère, elle eut un grand succès dans toutes les troupes équestres dont elle fit partie ; à l'étranger, elle était littéralement idolâtrée.

Elle se retira fort jeune à Maisons-Laffite, où elle possédait plusieurs propriétés, consacrant tout son temps jusqu'à sa mort, à la religion, aux bonnes œuvres. Dans le pays on l'avait surnommée la maman Providence.

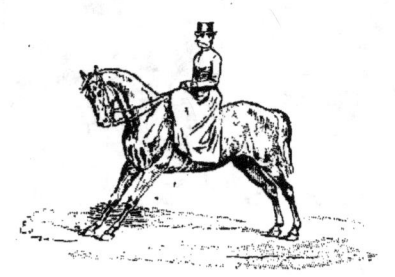

Mlle AMALIA

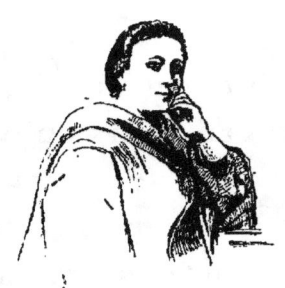

Fig. 95.
Portrait de Mlle Amalia.

Encore une écuyère de l'ancien Hippodrome qui mérite de ne pas être oubliée, car elle a été véritablement une femme de cheval remarquable.

Élève d'Auguste Danfeld, Mlle Amalia fut pendant plusieurs années la pensionnaire de M. Arnaud, directeur alors de l'Hippodrome.

Elle montait dans un grand style et représentait la manière française proprement dite. Elle exécutait au manège son travail, en maintenant son cheval dans un équilibre juste et « toujours en avant », une chose difficultueuse en diable, mais pourtant indispensable. A cheval, elle était très correcte et très élégante : c'était une écuyère d'un talent de premier ordre, d'une volonté inébranlable, d'une énergie sans limites, abordant de front les plus épineuses difficultés de l'équitation au lieu de les tourner en les remplaçant par des pasquinades.

Après l'incendie de l'Hippodrome, Mme Amalia ne reparut plus en public : elle se maria avec un chef de gare des environs de Paris.

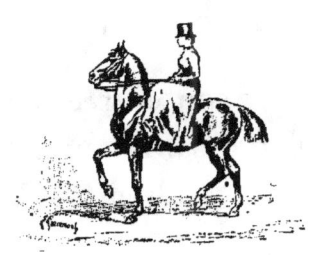

Mme EMMA CINESELLI

Mme Emma Cineselli est la fille du directeur du Cirque royal d'Italie, qui faisait autrefois les beaux soirs du Roi Victor-Emmanuel un des plus grands amateurs des jeux du cirque.

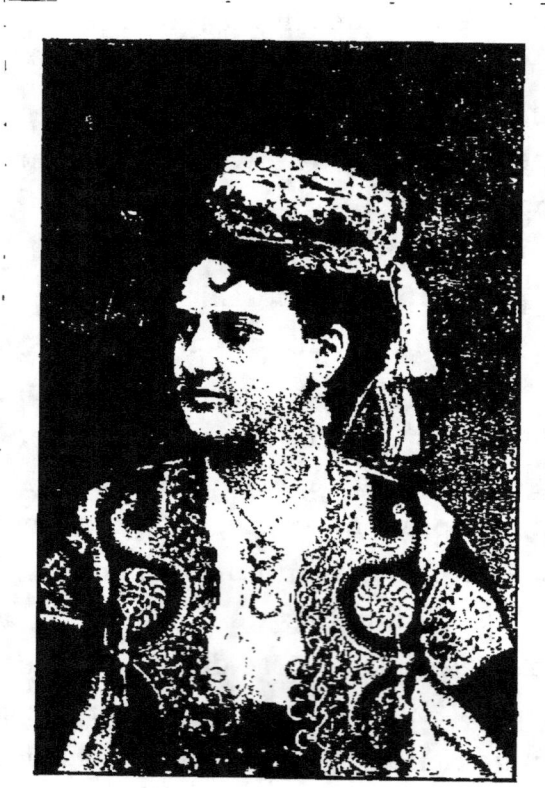

Fig. 97. — Mme Emma Cineselli.

C'est au Cirque d'Été que Madame Emma Cineselli s'est fait applaudir. C'était une fort jolie personne, montant très correctement à cheval. Elle montait les chevaux que son père — un élève de Baucher — avait dressés. Elle en tirait toujours un excellent parti. Elle portait rarement l'amazone, elle faisait presque toujours son entrée, dans le cirque, revêtue de costumes resplendissants qui rehaussaient le charme de sa personne. Elle est mariée aujourd'hui et vit en Russie.

Mme DE CORBIE

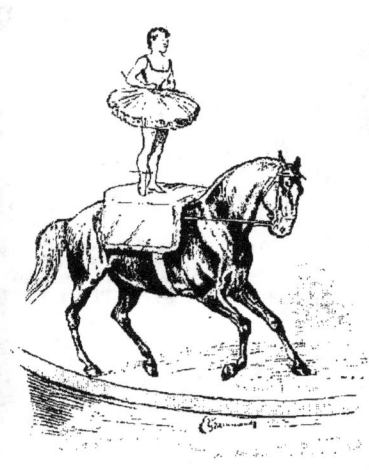

Mme de Corbie représentait ce que l'art hippique peut produire de plus correct et en même temps de plus distingué. Mme de Corbie était ce qu'on peut appeler, en équitation, une *classique*. Mais, en elle, le respect le plus scrupuleux des règles de l'art et des traditions de l'école française n'excluaient nullement la grâce et l'élégance la plus raffinée, tant s'en faut. Elle se distinguait surtout par une grande sobriété de mouvements et une étonnante légèreté de main. Conduisant son cheval d'une façon presque imperceptible à la cravache et à la voix, elle ne se servait généralement pas du filet et obtenait ainsi sans efforts apparents les résultats les plus complets.

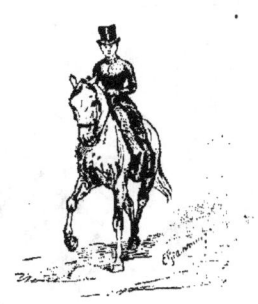

Mme BRADBURY

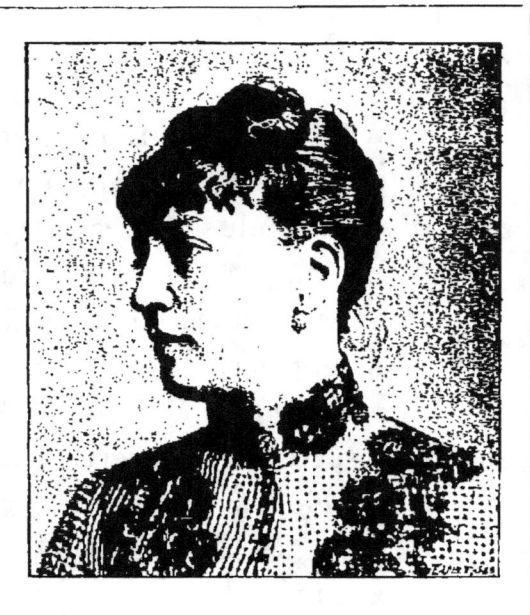

Fig. 100. — Portrait de Mme BRADBURY.

Mme Bradbur[y] avait de qui teni[r] car elle était la femm[e] de Bradbury, l'écuy[er] de l'Hippodrome, [et] fille de Montero, do[nt] le nom est célèb[re] dans les fastes d[u] cirque. Elle résuma[it] en elle tout ce que [la] grâce, la beauté et [la] tournure, jointes [à] l'intrépidité et au ta[...] lent, ont de plus e[n] traînant; aussi cett[e] femme vraiment séduisante était-elle l'artiste de prédilec[tion] du public de l'hippodrome, qui ne lui marchanda[it] pas les ovations. Elle avait par-dessus tout le don de pa[s-]sionner la foule, et il fallait voir avec quelle frénésie le[s] applaudissements éclataient sous son passage lorsqu'ell[e] parcourait triomphalement l'arène.

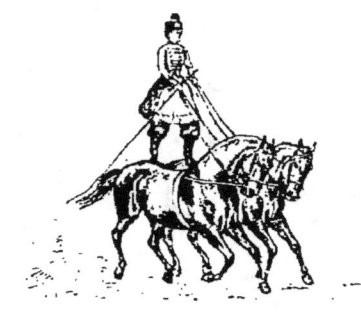

Mlle VIRGINIE LÉONARD

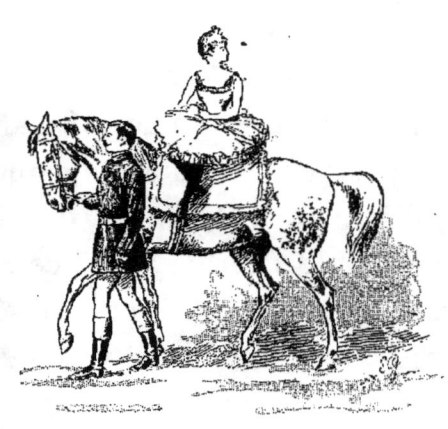

Tout le monde à Paris, se rappelle, pendant l'Exposition de 1878, cette ravissante brune, que l'on voyait tous les soirs au Cirque d'Été, et qu'on nommait Mlle Virginie Léonard. C'était une des trois artistes, engagées par M. Franconi, qui faisait courir alors tout Paris. Elle figurait sur l'affiche à côté d'Émilie Loisset et d'Océana.

Vous souvenez-vous comme elle était jolie sous son costume de Charles Ier, quand elle nous présentait son cheval en liberté, ou bien encore sous la toque de jockey, quand elle montait son cheval sauteur?

Depuis, elle a épousé M. Worms, le beau-frère du commandant Franchetti, tué glorieusement à l'ennemi le 2 décembre 1870, au combat de Champigny.

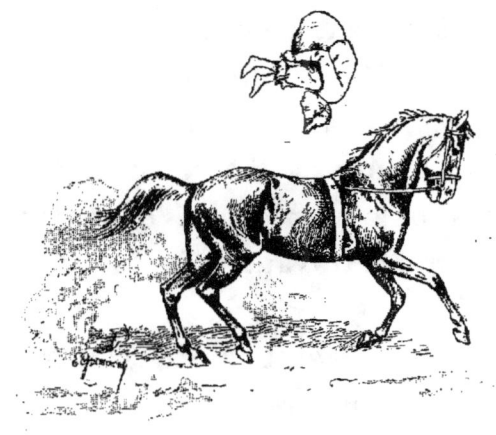

Mlle FANNY LEHMANN

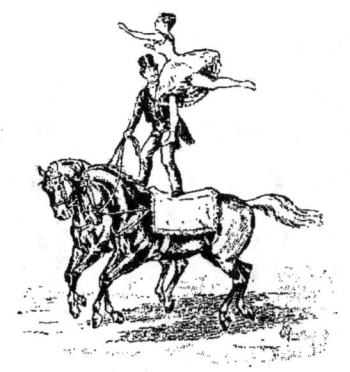

Une véritable sylphide, la Sarah Bernhardt de l'équitation, que Fanny Lehmann, mais d'une indomptable énergie sous cette apparence délicate. D'une beauté un peu étrange avec un type très accentué, elle s'identifiait si parfaitement avec sa monture et avec ses rôles qu'elle ne semblait ne faire qu'un avec son cheval. C'était une artiste très consciencieuse, intrépide jusqu'à la témérité, passionnée pour son art.

MISS JENNY

Après avoir appartenu pendant longtemps au cirque Cineselli, de Saint-Pétersbourg, miss Jenny est devenue la pensionnaire de M. Franconi; ses débuts au Cirque d'Été ont été très brillants. C'est une écuyère gracieuse malheureusement entachée d'acrobatisme allemand. Néanmoins, ses chevaux obéissent à des effets de tact, et, chaque fois que je les ai vus travailler, ils faisaient de la belle et bonne équitation.

Miss Jenny est d'origine anglaise ; c'est une fort belle personne qui a obtenu presque autant de succès comme femme que comme écuyère. Elle est très aimée à l'étranger et au *Çolyseu dos Recreios* de Lisbonne, elle est arrivée à faire adopter par la *gentry* du pays deux jours chics par semaine, absolument comme le Cirque d'Été et l'Hippodrome.

La dernière fois qu'elle a paru à Paris, elle montait *Amiral*, cheval entier accusant beaucoup de sang, léger dans son ensemble, qui exécutait un pas espagnol merveilleux. Elle avait aussi un pur sang, *Buckingham*, qui, dans ses changements de pied, à deux et à un temps, était vraiment de toute beauté.

Avec son cheval sauteur *Azeitono*, elle a renouvelé les exploits de Mlle Van Walberg, en lui faisant franchir une table chargée de candélabres allumés.

Si Miss Jenny voulait se débarrasser des trucs germaniques, elle serait parfaite. Cela lui serait facile, car elle monte à cheval réellement. Ses amazones de Redfern sont des chefs-d'œuvre qu'elle porte avec une grâce inimitable.

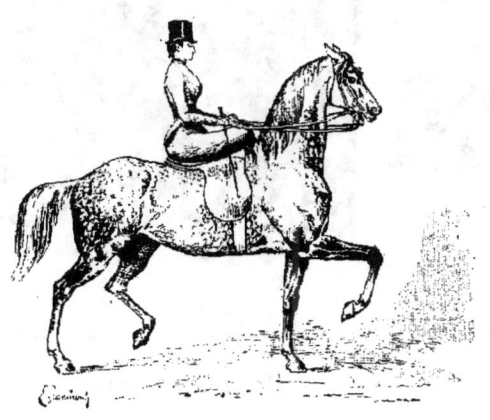

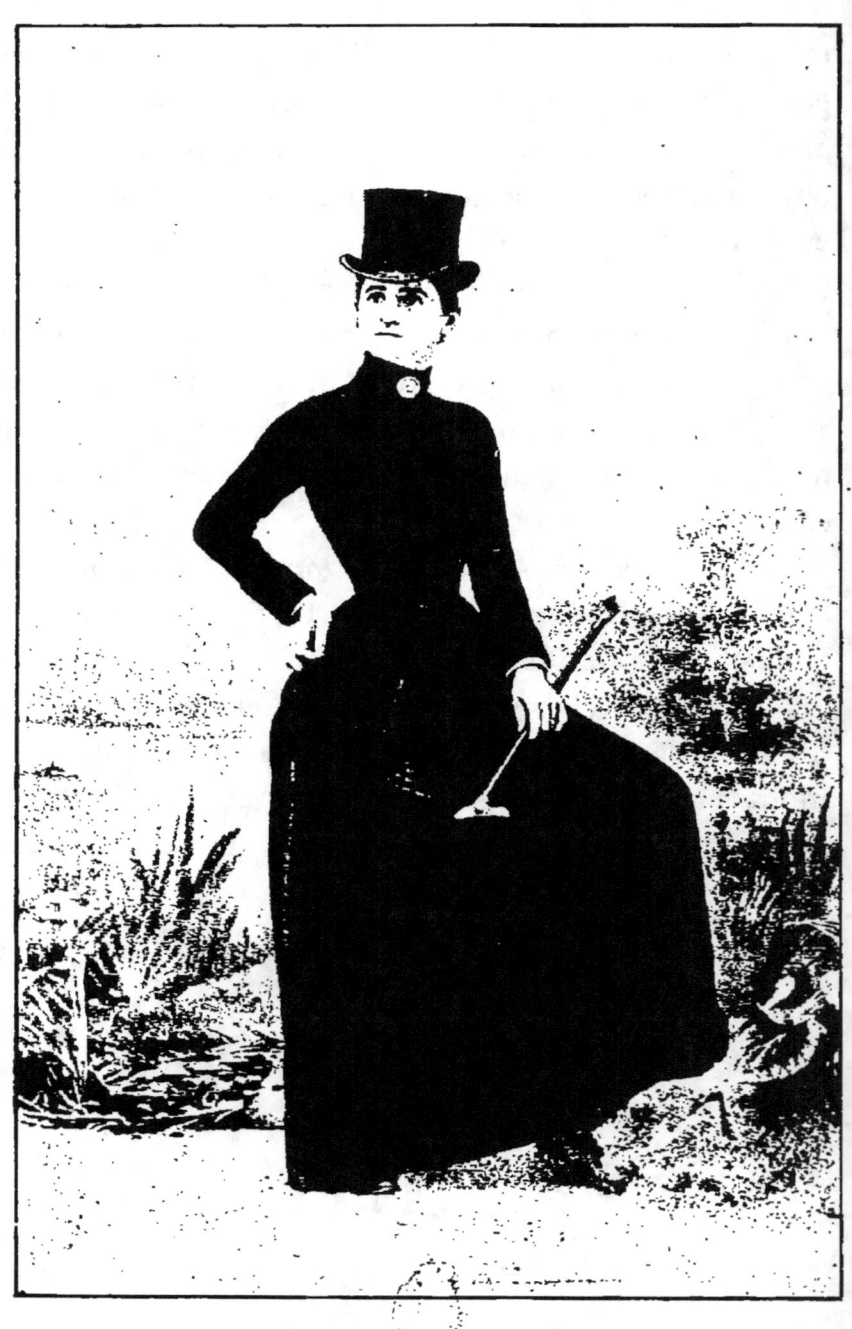

Fig. 106. — Portrait de Miss Jenny.

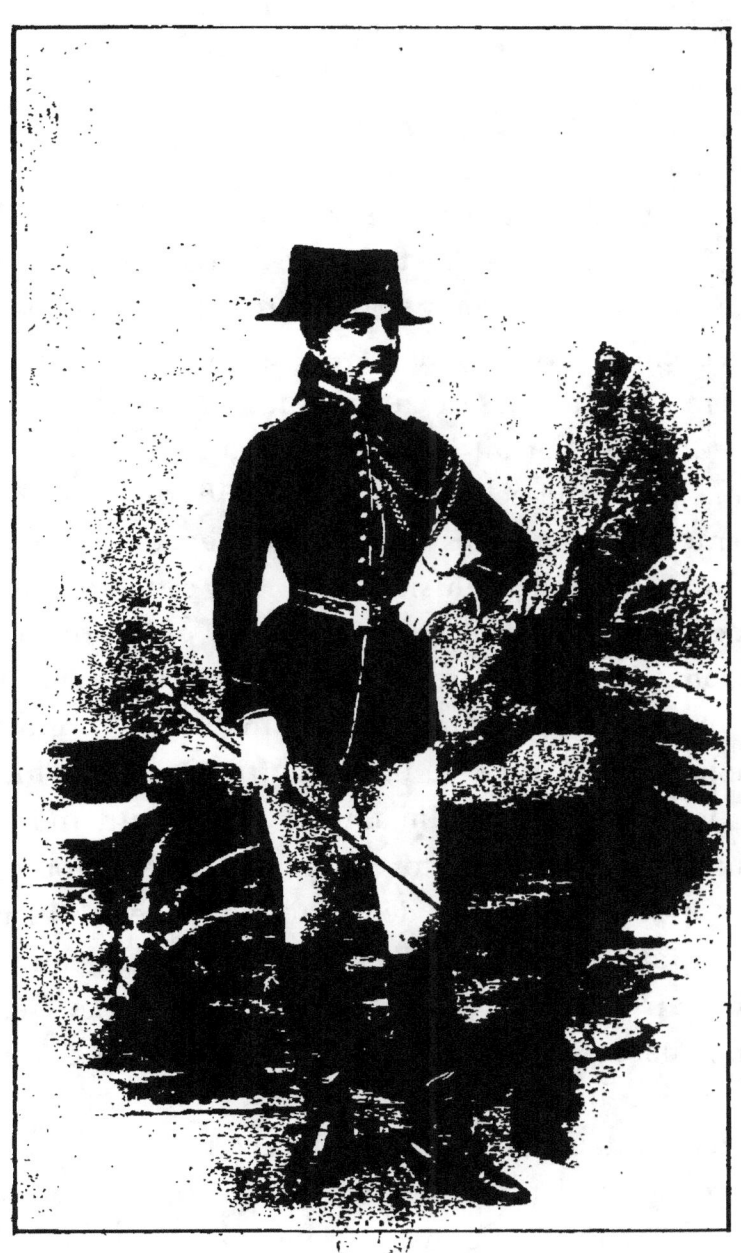

Fig. 107. — Portrait de Mlle Lankast.

Mlle LOUISA LANKAST

C'est au Nouveau-Cirque, en tenue d'écuyer, qu'a débuté Mlle Louisa Lankast. Quand je dis écuyer, je ne me trompe pas, car la nouvelle débutante ne s'est pas présentée en amazone, mais revêtue du costume de La Guérinière. La chose peut paraître extraordinaire, mais Mlle Lankast portait avec tant de grâce le brillant uniforme du grand-écuyer de Louis XV, qu'on se croyait revenu au bon temps de l'Académie de Versailles, et ce qui complétait l'illusion, c'est que cette écuyère avait à cheval un air d'aisance et de liberté qu'on ne voit pas souvent. Et puis, laissant de côté tous les vieux trucs, les mouvements bizarres et antinaturels, comme faire coucher son cheval, le faire mettre à genoux, lui faire renifler la poussière, lui faire rapporter un mouchoir, comme au chien Munito, toutes choses, en un mot, qui ne sont pas du domaine de l'équitation, elle a, s'inspirant de son maître, M. E. Molier, abordé la bonne équitation, c'est-à-dire l'équitation rationnelle, logique, fine, élégante, artistique, résidant dans une excessive finesse d'aides, un tact et un sentiment particuliers.

Aussi c'était plaisir à la voir travailler : l'écuyère et le cheval semblaient se mouvoir en vertu d'un accord si parfait, qu'aucun signe extérieur ne venait en trahir le secret aux yeux de l'observateur. Sa position — que je recommande à bon nombre d'habitués du Bois — était élégante et correcte. Son cheval équilibré naturellement était agréable à voir ; elle l'avait dans la main, et, pour me servir d'une expression en usage autrefois à Saumur, « il goûtait son mors ». Aussi son travail ne laissait absolument rien à désirer. L'animal semblait obéir à sa propre impulsion bien plus qu'à une indication quelconque : il acceptait sans révolte cette main de fer, enveloppée d'un gant de velours ; il travaillait gaiement avec tout l'entrain de sa nature. Pour arriver à un résultat comme celui-là, même avec un maître comme Molier, il faut assurément avoir la passion du cheval et posséder certaines aptitudes. Mlle Lankast, presque encore une enfant, me paraît cependant posséder cette passion et être douée de ces aptitudes.

Le travail de son alezan est simple, mais très net et très précis ; les galops sont réguliers et l'élévation que nous remarquons dans les changements de pied du tac au tac nous prouve un bon rassembler et une grande possession des aides.

Mlle Louisa Lankast est fort jolie ; elle appartient à une excellente famille, et ce sont des revers de fortune qui l'ont amenée à faire de l'équitation. En cherchant bien, on verrait que bon sang ne peut mentir, car parmi les siens figurent quelques hommes de cheval remarquables. A certaines familles d'hommes, de même qu'à certaines races de chevaux sont inhérentes des aptitudes particulières, quoi qu'on en puisse dire ; chez les uns comme chez les autres, « le sang est toujours le sang ».

Mlle Lankast est incontestablement fort bien placée à cheval, et son maître, M. Molier, a attaché avec raison

une excessive importance à la régularité de sa position
C'est la base première de l'enseignement, et cela se com
prend aisément. Maintenant, comme il a fait passer so
élève par les épreuves les plus énergiques, nous pouvon
dire que Mlle Lankast est à cheval et qu'elle y est bien, e
qu'elle y est comme le comporte l'école française.

LA BARONNE DE RHADEN

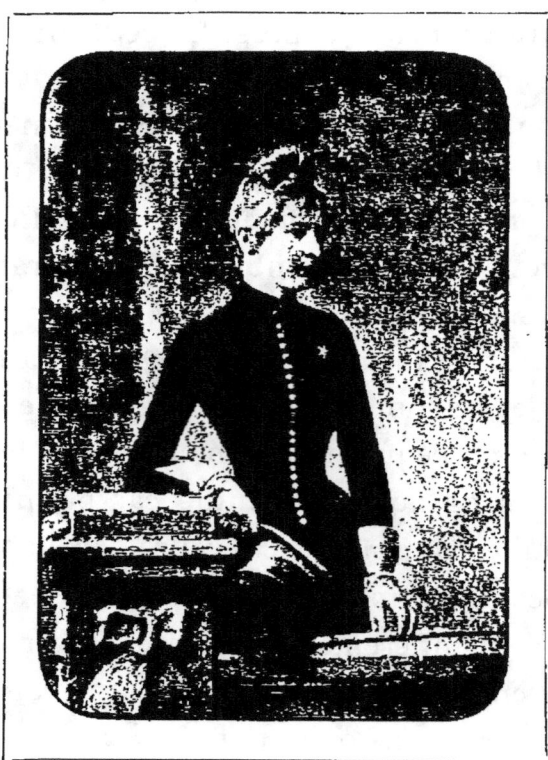

Fig. 108. — Portrait de Mme DE RHADEN.

Ceux qui ont v
la baronne de Rha
den au nouvea
cirque se sont cer
tainement figur
que cette écuyèr
était bien plus un
acrobate qu'un
femme de cheval
et, de fait, en l
voyant se renverse
sur son cheval, a
moment où il poin
tait, cette idé
n'avait là rien d'ex
traordinaire. C'es
une erreur, la ba
ronne de Rhaden est une écuyère, et une écuyère dan

la bonne acception du mot. Le tour de force qu'elle exécutait chaque soir au Nouveau-Cirque n'a, en effet, rien à voir avec l'équitation, et je me demande pourquoi on lui demandait une pareille excentricité, aussi dangereuse qu'inutile. Elle était bien plus intéressante à voir lorsqu'elle faisait de la haute école. Rien n'y manquait : travail sur deux pistes, pas espagnol, pirouettes, changements de pied, etc.; c'était de l'équitation allemande, il est vrai, mais c'était de l'équitation.

Équitation a toujours voulu dire monter à cheval; par conséquent, risquer de se rompre les os en se renversant sur un cheval qui pointe pour obtenir des bravos est tout ce qu'on voudra, mais ce n'est pas de l'équitation. Cela prouve que l'écuyère est hardie, courageuse, mais cela ne nous montre pas qu'elle a du talent. La baronne de Rhaden aurait pu se dispenser de ce dangereux exercice, car elle sait monter à cheval; et sa position est irréprochable.

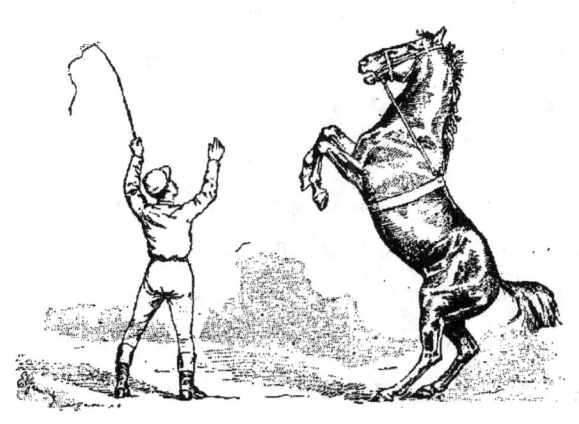

Mlle CHINON

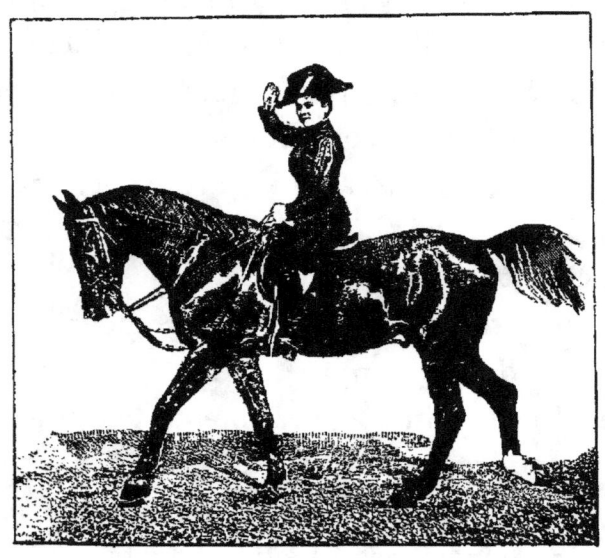

Fig. 110. — Mlle Isabelle Chinon montant *Cordeville*.

A l'époque où j'étais à Saumur, le colonel Guérin qui était alors mon écuyer en chef, me faisait assister presque chaque jour, entre les reprises, au travail d'une jeune fille de la ville, Mlle de T. à laquelle il avait appris à monter à cheval à califourchon. Mlle de T., mariée aujourd'hui et mère d'un jeune officier qui s'est distingué pendant plusieurs années au concours hippique, était arrivée à être une véritable écuyère de haute école; et lorsque le commandant lui faisait monter son cheval *Rivoli*, il en résultait un travail fin, délicat, gracieux et des plus agréables à regarder. Une légère pesée de l'assiette, une imperceptible pression du genou, un insaisissable doigté de la main suffisaient à Mlle de T. pour communiquer sa volonté à *Rivoli*. L'animal semblait obéir à sa propre impulsion, bien plus qu'à une indication quelconque.

Il faudrait un volume pour rendre dans toute leur expressive signification les jouissances que nous procuraient le travail de *Rivoli* sous cette écuyère, qui en jouait avec une véritable virtuosité.

Toute proportion gardée, Mlle Chinon m'a rappelé, lorsque je l'ai vue au Nouveau-Cirque, les bonnes heures passées autrefois au manège des écuyers de Saumur en compagnie de mon vénéré maître et de son élève Mlle de T.

C'est en avril 1870 que Mlle Chinon fit ses débuts. sur *Cordeville*, un alezan fort bien mis, ma foi, doué d'une cadence et d'une légèreté naturelle remarquables. Élève de Gautier, Mlle Chinon a pris de son maître la légèreté de main et la fixité de l'assiette. Elle était charmante, à califourchon, dans son élégant costume d'écuyer de Saumur. Dès le premier jour, elle a conquis la faveur du public élégant qui fréquente l'établissement de la rue Saint-Honoré.

Quelque temps après, dans une parodie des corrida de la rue Pergolèse, elle simulait les exploits du cavalier en place, le célèbre Tinoco, et, montée sur un cheval andalou, plantait les banderilles dans le cou du taureau en carton, qui avait le don d'effrayer fort sa monture, provenant justement des arènes où elle avait senti de près le taureau. Dans ce travail, Mlle Chinon faisait preuve d'une assiette et d'une sûreté de main peu communes chez une femme montant dans ces conditions.

Ensuite elle présentait au public un magnifique cheval alezan, l'*Étourdi*. Mais est-ce parce que le dressage de ce cheval n'était pas fini ou autre chose, je préfère voir Mlle Chinon en écuyer qu'en écuyère.

Mlle Chinon n'a quitté le Nouveau-Cirque, où elle a été engagée pendant deux saisons consécutives, que pour aller chez Wulf à Bruxelles, puis à Buda-Pesth. Le même succès l'attendait dans l'une et l'autre ville, et on peut, sans crainte de se tromper, lui prédire un brillant avenir.

Mme ILONA DE SZÉLES

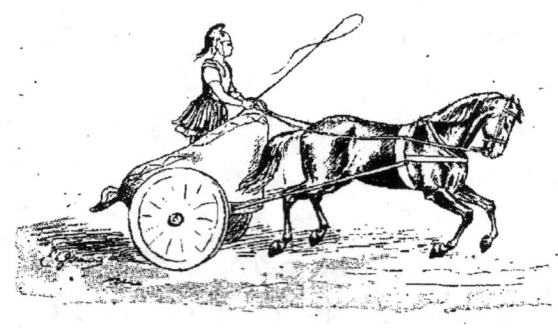

Après avoir travaillé pendant quelque temps au cirque Renz, Mme Ilona de Széles fut engagée au cirque de Vienne où elle eut un certain succès. Le soir de ses débuts, il y avait grand bruit dans les cercles, car une cabale s'était formée pour empêcher Mme de Széles de paraître en public, et le directeur se demandait avec inquiétude comment tout cela allait finir. « Soyez sans inquiétude, lui dit sa pensionnaire, il ne se passera rien, et vous verrez que la cabale qui doit me siffler me couvrira de fleurs. — Comment cela ? — C'est bien simple : j'ai vu les principaux meneurs, et ils m'ont promis le silence. »

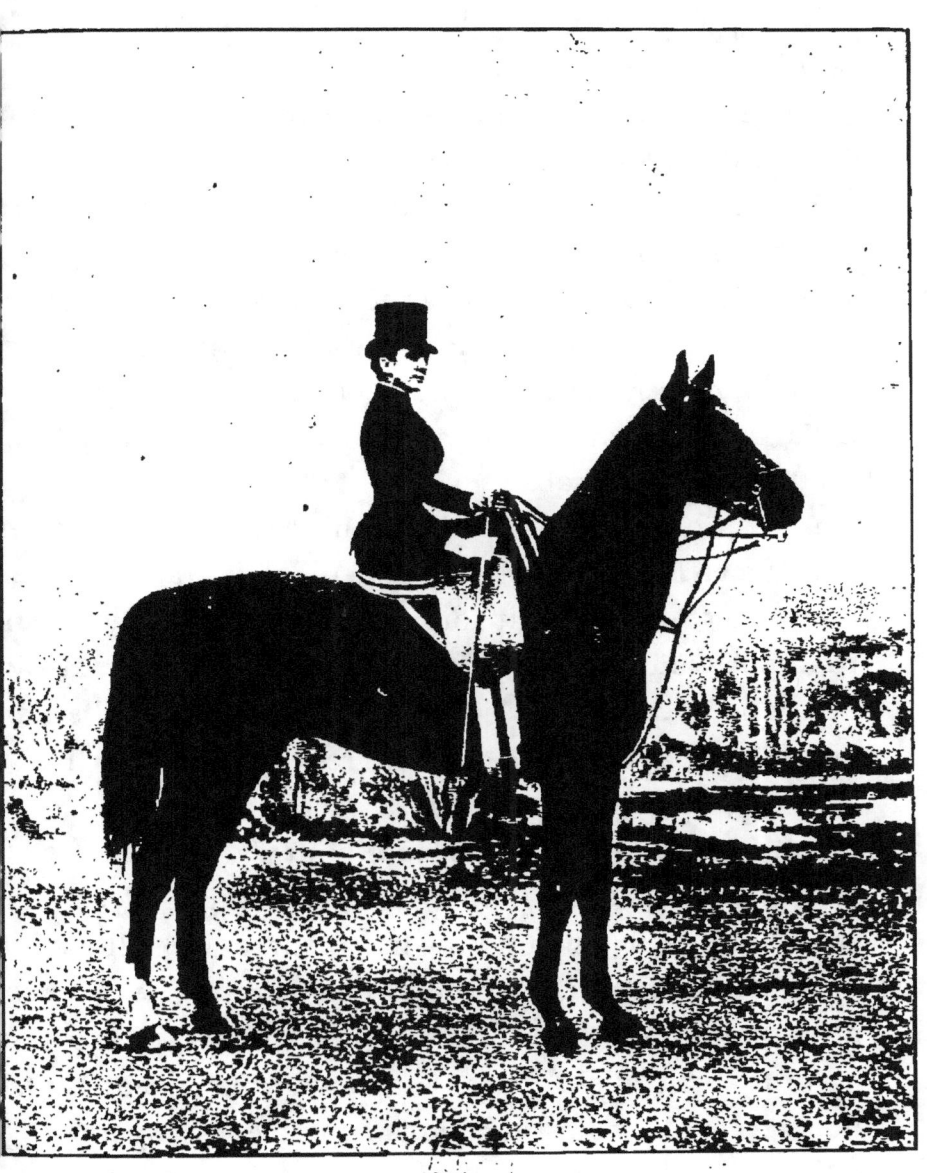

Fig. 112. — Portrait de Mme Ilona de Széles.

La représentation eut lieu et, comme l'avait prédit la gentille écuyère, elle fut bissée, acclamée et couverte de fleurs. Les quelques siffleurs, honteux et confus de leur défaite, disparurent pour ne plus s'y montrer.

Mme Ilona de Széles, Hongroise d'origine, avait épousé un officier de l'armée autrichienne, dur et brutal, qu'elle avait planté là quelques années après son mariage. L'aristocratie viennoise, à laquelle appartenait cet officier, avait vu d'un mauvais œil les débuts, dans un cirque, de la jeune comtesse et, dans l'espoir de l'en dégoûter, avait monté cette cabale.

Après une saison passée à Vienne, Mme Ilona de Széles s'en alla en Russie, où elle eut également de grands succès. L'étranger, où elle était fort bien accueillie, ne lui allait pas; elle voulait Paris, et, comme elle ne connaissait personne et qu'elle parlait fort peu le français, elle s'en vint frapper à une porte qui s'ouvre toujours aux artistes : à celle du cirque Molier.

On était en pleine répétition pour la représentation annuelle que le maître offre à ses amis. L'occasion était bonne; il offrit immédiatement à Mme Ilona de Széles de figurer sur le programme de cette fête. La proposition fut acceptée, et l'écuyère hongroise, que personne n'avait jamais vue à Paris, eut, le soir de la représentation, un succès colossal de jolie femme et d'écuyère.

Comme jolie femme, je n'ai rien à dire, car il est difficile d'être plus jolie; mais, comme écuyère, je me permettrai quelques critiques; elles sont légères, mais elles me semblent nécessaires.

Mme Ilona de Széles se ressent un peu trop de la méthode allemande, qu'elle a pratiquée chez Renz, et son cheval est un peu toujours le même; cependant ses changements de pied ne laissent rien à désirer. Ce que je trouve mauvais dans l'équitation allemande, ce sont ces mouvements bizarres et souvent ridicules qu'on fait exécuter au cheval. Et puis, cette équitation a besoin de chevaux particuliers, tous à peu près coulés dans le même moule, doués d'une sorte de fausse souplesse naturelle, ou pour mieux dire d'un manque de ressort et d'élasticité. Ainsi les chevaux de Mme Ilona de Széles ne sont pas fins et vibrants comme je les voudrais. Je ne les trouve pas non plus assez équilibrés, assez assouplis et assez légers; et puis, au lieu d'exécuter avec gaieté ce que leur demande leur gracieuse cavalière, ils accomplissent tristes et mornes leur besogne comme des esclaves courbés sous le joug.

Mais, comme Mme Ilona de Széles est une nature excellente adorant le cheval, je suis certain que, grâce aux excellents conseils de Molier, elle s'est débarrassée de toute cette acrobatie. La preuve, c'est que, dernièrement, à Amiens, dans une représentation de bienfaisance donnée par le cirque Molier, elle était acclamée, et on lui a redemandé de recommencer son travail. Son succès a été très franc et très réel. Elle a exécuté du reste avec une très grande finesse ses pirouettes, ses changements de pied de deux en deux temps, et son travail sur les deux pistes a été d'une très grande perfection.

Mme MAËSTRICHT

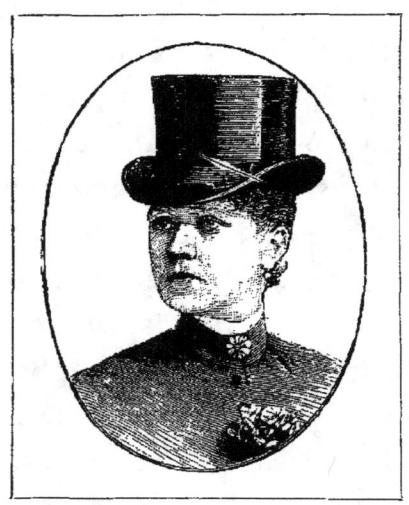

Fig. 113.
Portrait de Mme Maestricht.

Mme Maëstricht, que j'ai vue à l'Hippodrome de Paris lors des représentations de la troupe Wulff, est une écuyère d'une certaine valeur. Elle procède de l'école allemande, de cette école que tout homme ayant l'intelligence et le sentiment de l'art ne saurait accepter ni dans son principe ni dans son exécution, tant elle représente fidèlement ce que le baron d'Étreillis nommait avec beaucoup de justesse « l'automatie équestre ». Cette définition caractérise bien cette école qui a pour principe de faire obéir le cheval brusquement et mécaniquement sous un cavalier raide et immobile.

Au point de vue de l'art, cela laisse un peu à désirer.

Cet « assujétissement » complet du mécanisme du cheval peut offrir à la vérité, dans certains cas et pour certains usages, plus de sûreté et de rectitude dans l'exécution ; mais, comme le dit encore le baron d'Étreillis, cette manière est absolument automatique, tellement dépourvue d'élégance et d'harmonie, qu'elle ôte au cavalier toute sa valeur réelle, puisque sa monture est réduite sous lui, au rôle de levier.

Pour atteindre ce résultat, il faut — nous le savons — une certaine science et une connaissance approfondie de l'équilibre et de la décomposition des forces agissantes du cheval; seulement cet équilibre est faux en ce sens que l'animal ne repose pas réellement sur ses jambes. Quant à l'exécution des mouvements, elle est si dépourvue de tout sentiment artistique, que cette manière de faire est à l'équitation vraie comme la photographie à la peinture.

Le travail de haute école que faisait Mme Maëstricht se ressentait du dressage à l'allemande, et son cheval, au lieu d'être léger et assoupli, se détachait lourdement du sol et semblait exécuter tous ses mouvements avec effort. Et, si vous vous souvenez de certains de ces mouvements, vous devez vous rappeler que l'élévation des membres antérieurs de son cheval s'effectuait au moyen du genou et non de l'épaule.

Remuant son pied « sous lui » au lieu de le lancer « devant lui », son cheval avait une allure fausse et disgracieuse, aussi insupportable à voir qu'à sentir. Il avait l'air d'un enfonceur de pavés.

L'écuyère était raide, droite, immobile. Elle était à cheval selon les principes de ses maîtres, dont je ne conteste pas l'autorité; j'aurais préféré la voir un peu plus souple et un peu plus élégante.

Mlle PIA DE VÉRIANNE

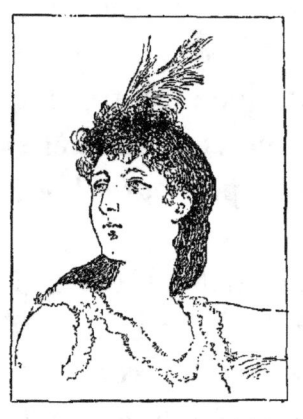

Fig. 114.
Mlle DE VÉRIANNE.

Parmi les individualités plus o[u] moins jolies, plus ou moins bri[l]lantes, plus ou moins douées d[e] qualités réelles qui ont figuré a[u] cirque Molier, il en est une q[ui] mérite de figurer dans cette gal[e]rie. Je veux parler de Mlle Pia d[e] Vérianne, la sœur du sculpteu[r] bien connu.

C'est au cirque Gauthier qu[e] Mlle de Vérianne a commencé son éducation équestr[e]. Elle était déjà d'une certaine habileté, lorsque Molie[r,] ce grand dénicheur d'écuyères, la fit venir chez lui. El[le] était toute jeune alors, et, comme elle avait le désir et [la] volonté d'arriver, elle ne tarda pas à devenir de premièr[e] force. Supérieurement douée, Molier vit de suite le par[ti] qu'il pouvait tirer de cette petite brunette, qui était tou[jours] la première aux répétitions et qui en partait [la] dernière.

Il la mit sur le panneau, et en peu de temps il en f[it] une voltigeuse remarquable. Sa représentation annuel[le] approchait, et, comme il voulait offrir à ses amis un pro[gramme] des plus corsés, il fit exécuter à la petite d[e]

Vérianne un travail nouveau qui eut, le jour de la fête, un succès étourdissant. C'était en 1888.

Depuis Miss Ada Menken, on n'avait pas vu pareille chose ; jamais on n'avait montré une toute jeune fille exécutant en pleine carrière une voltige vertigineuse à un galop furieux, franchissant des barres avec une énergie et un entrain endiablé, la tête en bas, retenue seulement par un pied, les cheveux dénoués traînant sur le sable, et ramassant après chaque obstacle soit un foulard, soit un bouquet de fleurs.

Depuis lors, elle a continué de travailler ; aussi, aujourd'hui, voltige-t-elle comme un vrai papillon.

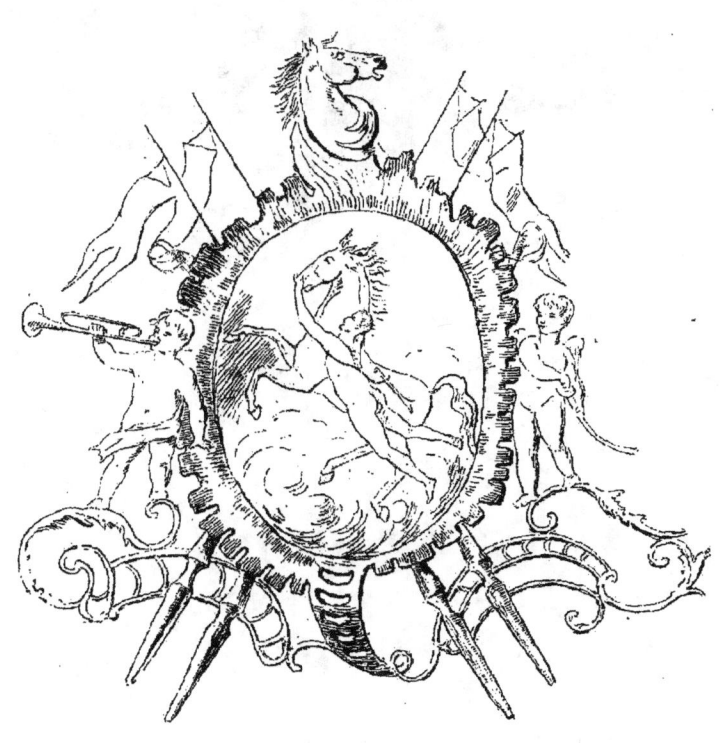

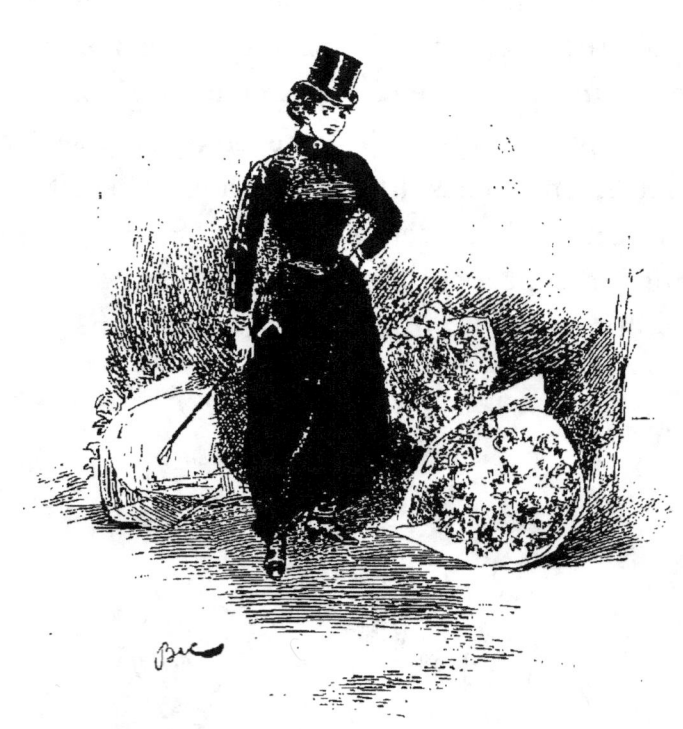

LES DRESSEURS

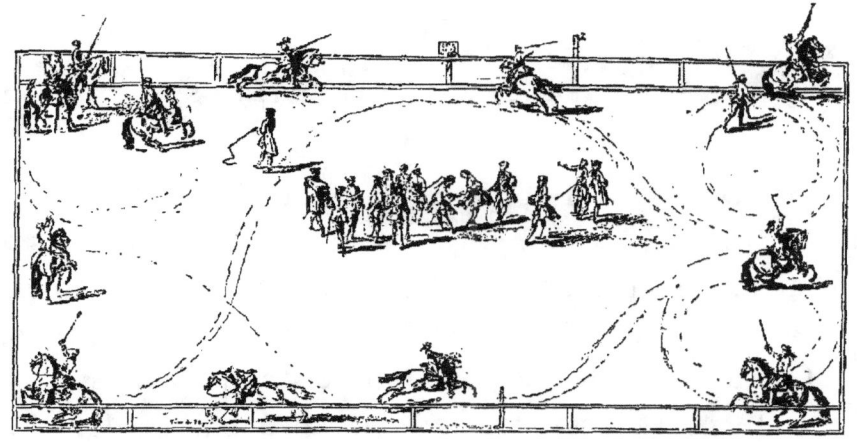

Fig. 117. — Course de Têtes et de la Bague.

LES DRESSEURS

LOYAL ET CORRADINI

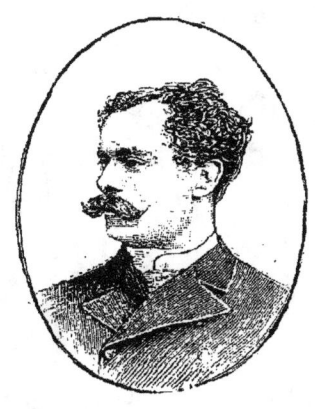

Fig. 118. — Corradini.

Il est impossible de parler écuyers, écuyères, cirques, sans s'occuper de chevaux savants, et sans portraicturer deux des hommes qui se sont le plus occupés de ce dressage : Loyal et Corradini. Tous deux se sont acquis une vraie célébrité comme dresseurs, et voici comment Loyal expliquait ses procédés de dressage.

« Le cheval (1), dit-il, est l'animal le plus bête de la terre ; il n'a qu'une faculté, la mémoire. Partant de ce

1. — Hugues Leroux. *Les Jeux de Cirque.*

point, il faut lui apprendre avec le caveçon et la cham
brière les exercices, puis, quand on les lui a fourrés dan
la tête, le cravacher quand il résiste, et lui donner de
carottes quand il obéit et montre de la bonne volonté
Cravache et carotte, voilà tout le secret du dresseur. »

On peut dresser tous les chevaux, mais on doit choisi
de préférence les races arabes ou allemandes — de la vieill
Prusse. L'éducation n'est réellement possible qu'entr
cinq et sept ans. Avant cet âge, le cheval est trop fou, tro
nerveux, et s'emballe; après, il n'a plus les muscle
assez souples et se prête difficilement à certain travail

Le premier soin du dresseur est d'habituer son cheva
à la piste, de le faire régulièrement tourner et de l'arrête
à un signal donné.

Pour cela, l'écuyer amène son cheval dans l'arène et l
fait mettre près du pourtour ; lui se place au milieu. D
la main gauche il tient une longe qui a été passée dan
le caveçon (demi-cercle en fer armé d'une pointe aigu
que l'on met sur le nez du cheval), dans sa main droit
il tient une chambrière (1). Derrière l'animal se dissimul
un aide avec une forte cravache de manège.

---

1. — Que de donneurs de leçons d'équitation qui ne savent pas pour
quoi l'on appelle une *chambrière* le fouet avec lequel ils se pavanent au
milieu de leurs élèves ! Sauvons leur l'embarras de la réponse. Si l'on s
rappelle que les fonctions d'une fille rangeant les meubles autour d'un
chambre lui ont fait donner le nom de chambrière, on sentira la justess
de l'application du même nom à l'instrument qui sert, au manège,
ranger bon gré mal gré, dans la piste qui règne le long des murs, des
chevaux toujours mal conduits, et qui ne pensent qu'à profiter de la fai
blesse de leur cavalier novice, pour accourcir leur chemin, en s'éloignan
malicieusement du mur qui borde la barrière.

(Charles Thiroux. *Traité sur l'Équitation.*)

Le dresseur fait un appel, et, tirant légèrement le cheval, l'oblige à marcher. S'il résiste, l'aide lui applique un coup de cravache; s'il obéit, il reçoit de son maître, après deux ou trois tours de piste, une carotte comme récom-

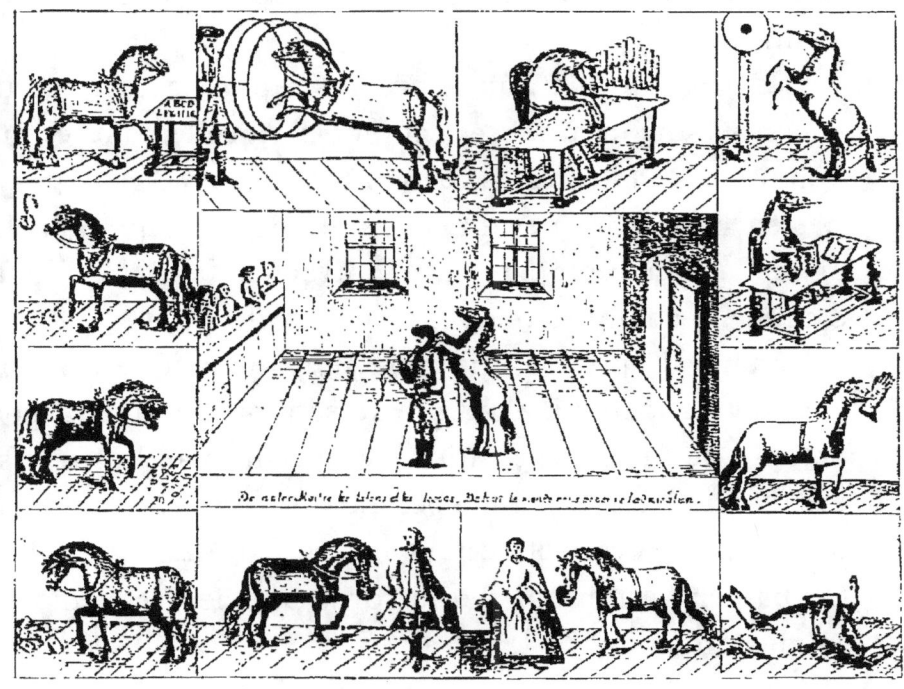

Fig. 119 à 131. — Chevaux dressés en Liberté.
(*D'après une ancienne Gravure.*)

pense. Pour l'arrêter, le dresseur fait brusquement claquer la chambrière devant son nez, et, en même temps, l'aide se jette au-devant de lui. Comme toujours, une correction attend l'animal s'il résiste, tandis qu'une carotte le récompense s'il se montre docile.

Le procédé pour faire sauter les chevaux est identique

à celui que je viens d'indiquer. On place le cheval devant un obstacle. Du geste et de la voix, le dresseur l'encourage à le franchir; s'il refuse, l'aide lui applique sur la croupe une volée de coups de cravache; s'il saute, l'éternelle carotte vient lui prouver la satisfaction de son maître.

Les races de chevaux se prêtant le plus facilement aux exercices du cirque se cabrent naturellement et très volontiers. Pour les faire pointer, l'écuyer n'a qu'à se placer carrément devant eux, et, de la main gauche agiter devant leur nez une cravache, tandis qu'il fait claquer la chambrière de la main droite.

Le cheval éprouve une répulsion instinctive à se coucher ou à s'agenouiller au gré de son maître. Il faut, pour obtenir de lui cette position, le prendre par la surprise et se servir d'un appareil spécial. Cet appareil consiste en un ou deux bracelets qu'on lui met au-dessus du pied. Ce bracelet est muni d'une corde que le dresseur tient solidement.

A un moment donné, il appelle l'attention du cheval par un mot, tire brusquement la corde qui fait lever le pied du cheval et détruit son aplomb, puis en même temps il lui donne un vigoureux coup d'épaule qui le jette par terre.

Au bout d'un certain temps, l'animal, en voyant le dresseur se mettre à côté de lui, en entendant son appel, n'attend plus la poussée et se renverse de lui-même, sans se rendre compte à la fin que son pied est débarrassé du bracelet.

Pour faire agenouiller le cheval, on lui met un bracelet à chacune des jambes de devant, et les deux bracelets sont reliés par une courroie à laquelle se rattache la corde que le dompteur tient à la main. Après le signal, il tire violemment, et l'animal tombe forcément sur ses genoux.

Grâce à sa mémoire prodigieuse, le cheval finit par se rappeler ce qu'on lui demande, et, après un certain temps d'exercice, s'agenouille de lui-même. On accentue son obéissance toujours avec la cravache ou la carotte suivant sa docilité. Le travail le plus difficile à obtenir du cheval en liberté est le changement de pied. C'est une question de patience qui demande souvent plus d'une année.

L'animal est amené sur la piste et commence à en faire le tour. L'écuyer le laisse tranquillement fournir sa course, puis subitement, d'un coup de chambrière savamment appliqué, il cherche à désunir son allure, c'est-à-dire à lui faire changer de pied. S'il obtient ce résultat, il le laisse galoper un tour ou deux, puis brusquement l'attaque de nouveau pour lui faire reprendre son allure première.

Quand le cheval a compris ce qu'il devait faire au coup de chambrière, au lieu de lui laisser faire un tour de piste sur le même pied, on le force à changer au bout d'un demi-tour. Plus tard on ne lui permet plus qu'un quart de tour à la même allure, puis on ne lui tolère plus que quatre mouvements et enfin deux. C'est alors qu'avec l'accompagnement de la musique qui suit ces mouvements, il a l'air de danser la polka.

Les chevaux qui font les différents exercices que nous

venons de raconter sont des chevaux dressés. Les chevaux savants sont ceux qui ouvrent des boîtes et rapportent des objets.

Voici par quel moyen on arrive à ces résultats. La carotte joue toujours le rôle principal.

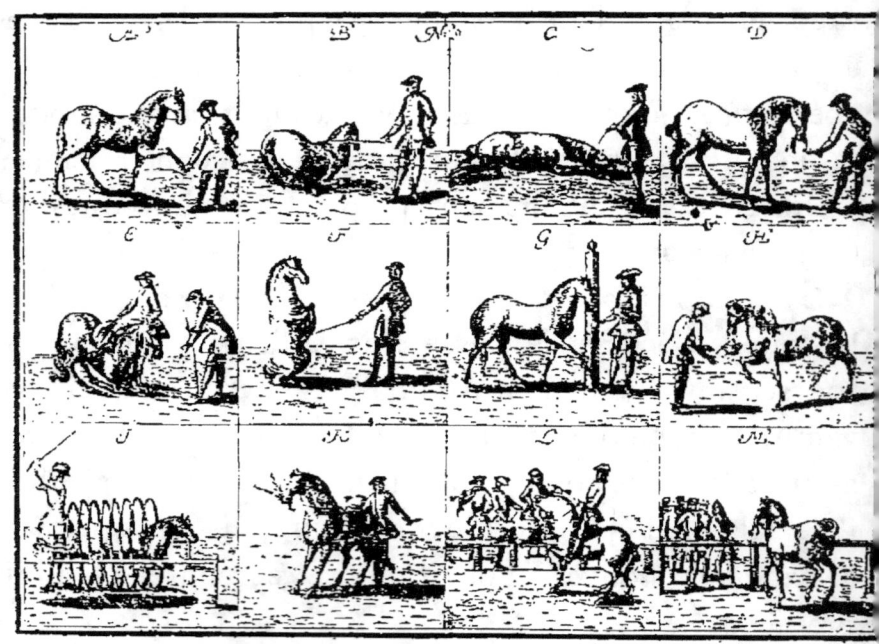

Fig. 132 à 143. — Chevaux dressés en Liberté.
(*D'après une ancienne Gravure.*)

On apporte une boîte contenant des carottes. On prend le cheval par la tête et on l'oblige à ouvrir la boîte avec son nez. Aussitôt le couvercle levé, il sent son légume favori qu'on lui abandonne. Quand on voit qu'il va tout seul ouvrir la boîte, on lui présente, avant de le lâcher, un mouchoir rempli de son qu'il essaie de mâcher, puis

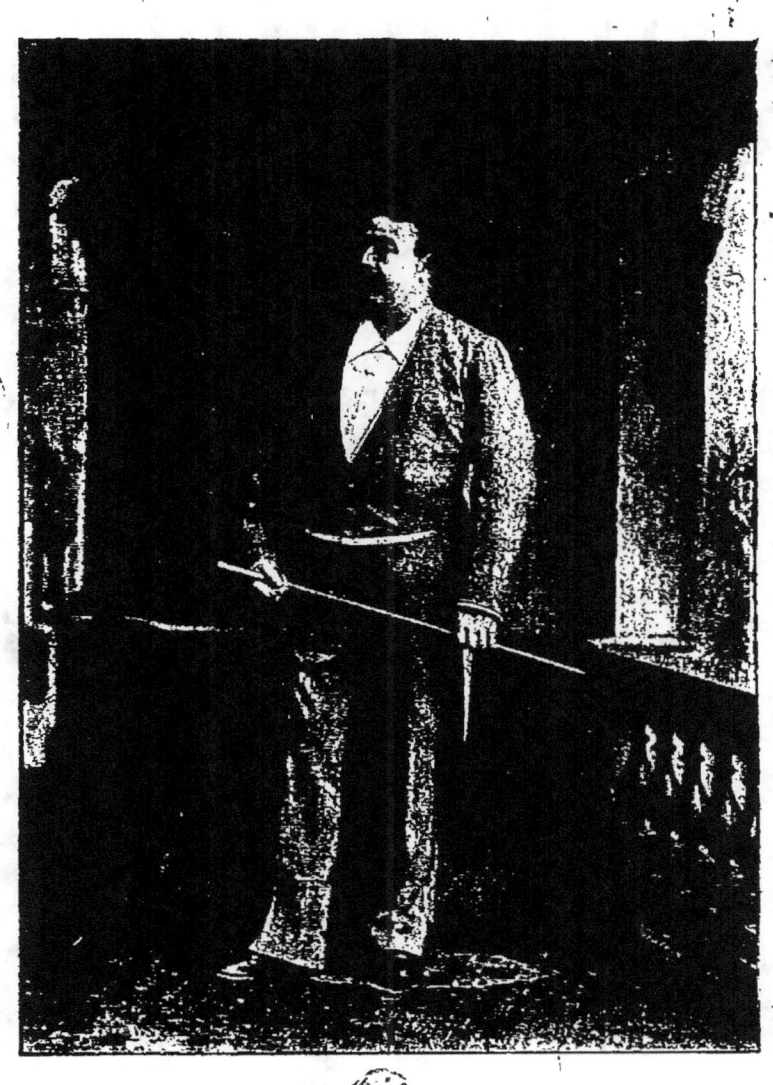

Claude LOYAL

on lui rend sa liberté. Il court à sa boîte — amère désillusion, la boîte est vide ! Le lendemain on recommence, mais cette fois le cheval trouve dans la boîte le mouchoir rempli de son qu'il empoigne et qu'on lui reprend presque aussitôt, et en échange duquel on lui donne une carotte. Chaque jour on diminue la portion de son contenu dans le mouchoir, et finalement on ne met plus rien dedans. L'animal n'en continue pas moins à aller chercher le mouchoir et à le rapporter contre la carotte. Puis on diminue également la grosseur de la carotte, et un beau jour, quand on le considère comme dressé, on ne lui donne plus rien.

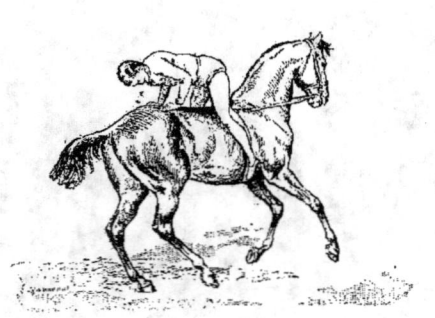

LES ÉCUYERS

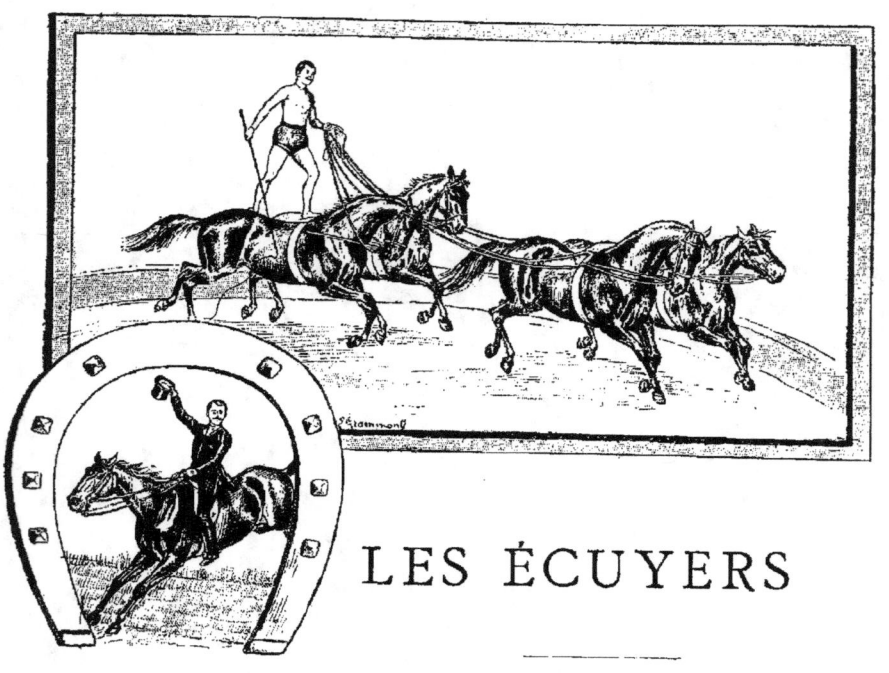

LES ÉCUYERS

BAUCHER

On a beaucoup discuté, beaucoup écrit sur l'équitation, à l'époque où Baucher, en dehors du cirque, fit son apparition dans le monde équestre, civil et militaire ; mais peu de gens connaissent le point de départ de cette passion et de ces discussions.

Tant que Baucher resta confiné dans son manège, tant qu'il se montra au cirque avec des uniformes de théâtre, il stupéfia les spectateurs par la précision avec laquelle il montait ses chevaux. On l'admira, on l'applaudit, et, la représentation terminée, il n'en était plus question.

Peut-être ne sera-t-on pas fâché de savoir comment

et dans quelles circonstances Baucher fit irruption dans l'armée. Voici les faits :

L'un de nos généraux les plus autorisés et qui montait à cheval de la façon la plus remarquable, le général Oudinot, qui, en 1825, réorganisa l'École de cavalerie, qu'il commanda jusqu'en 1830, voulut aller voir cet écuyer de cirque, ainsi que l'on désignait alors le savant écuyer, sorti par lui-même de l'obscurité et qui devait faire une révolution équestre; le général Oudinot, dis-je, se rendit plusieurs fois au Cirque, et, en juge impartial, dégageant tout son amour-propre d'homme de cheval éminent de la question d'appréciation, reconnut qu'il y avait dans Baucher quelque chose de vrai et de supérieur dans la pratique à tout ce qui avait paru jusqu'alors.

Ayant conservé une sorte de tutelle sur l'École de cavalerie, le général Oudinot, très en faveur à cette époque (1842), ne voulant pas s'en rapporter à son propre jugement, pensa au savant homme de cheval, le commandant Rousselet, qui personnifiait l'École française par sa douceur, son tact, sa position à la Nestier et son exécution toujours fine et dégagée d'effets de force et de contrainte.

Le général Oudinot fit venir le commandant Rousselet à Paris et le conduisit au Cirque, où, dans sa bonne foi de vieux soldat, éloignant tout sentiment de mesquine jalousie, et ne pensant qu'au parti que l'on pouvait tirer des moyens employés par Baucher, rendit justice au praticien; et sa conviction de la supériorité des moyens qu'il employait fut acquise après une entrevue avec le maître des maîtres, pendant laquelle il eut l'occasion de démontrer sa méthode avec cette lucidité et cette précision qui lui étaient propres et qui n'appartenaient qu'à lui seul.

Il y avait alors au manège un sous-maître nommé Guérin, qui était l'enfant gâté du commandant Rousselet. Il était son élève favori ; aussi, aimant le cheval, avait-il pour son professeur une admiration sans bornes. Il ne pouvait cependant entrer dans l'esprit du jeune élève que son maître, le commandant Rousselet, fût jamais appelé à aller dans un cirque pour y admirer un *saltimbanque*. Telle était alors l'opinion que l'on avait de Baucher à l'École de cavalerie. Le commandant Rousselet, comme je l'ai dit plus haut, sans s'arrêter à toutes ces histoires, s'en vint étudier Baucher.

Grande était la curiosité des jeunes sous-maîtres, qui attendaient avec anxiété le retour du commandant pour avoir son appréciation.

Dès le retour du commandant et à sa première apparition, le sous-maître Guérin lui dit :

— Eh bien ! mon commandant, on a voulu vous apprendre à brider le cheval par la tête ?

Quelle ne fut pas la stupéfaction du jeune élève, lorsque le commandant Rousselet lui répondit avec son bon et bienveillant sourire :

— Non, mon enfant, on n'a point voulu m'apprendre ce que je savais. Baucher n'*est point un saltimbanque* : il est l'auteur d'une méthode *toute nouvelle,* et il est d'autant plus surprenant qu'il est aussi précis dans ses explications qu'il l'est en selle, et c'est toute une heureuse révolution qui se prépare pour l'équitation.

Peu de temps donc après la rentrée du commandant Rousselet à l'École, le ministre de la guerre, sur les ins-

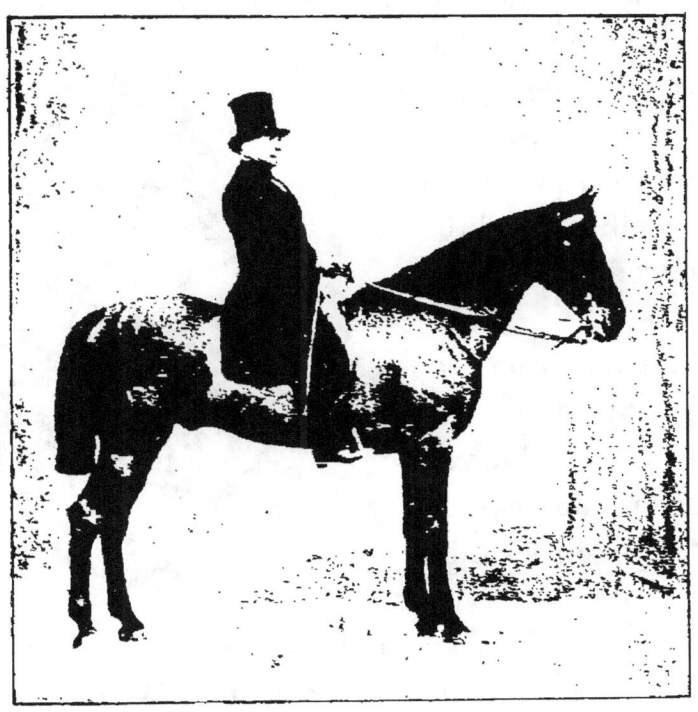

Fig. 147. — Portrait du Général Oudinot.

tances du général Oudinot, donna l'ordre à M. l'écuyer en chef de l'Herme de Novital de se rendre à Paris pour étudier en personne, et sous la direction du nouveau maître, la méthode Baucher.

M. de l'Herme de Novital était un homme de cheval très remarquable qui prêchait par l'exemple. Homme intègre, il quitta l'École pour se rendre à Paris, et, sentant bien toute la responsabilité qui pesait sur lui, écuyer en chef, par le jugement qu'il aurait à porter, il résolut, quoique partisan de l'ancienne école, d'étudier consciencieusement celle dite à la Baucher.

M. de Novital revint émerveillé, abjurant le passé, et dans son rapport il dit : « La méthode Baucher est une nouvelle fontaine de Jouvence où les vieilles traditions viendront se retremper ! »

C'est dire que, sans perdre du temps, M. de l'Herme de Novital s'empara de ses sous-maîtres pour les initier à ce qu'il avait vu et

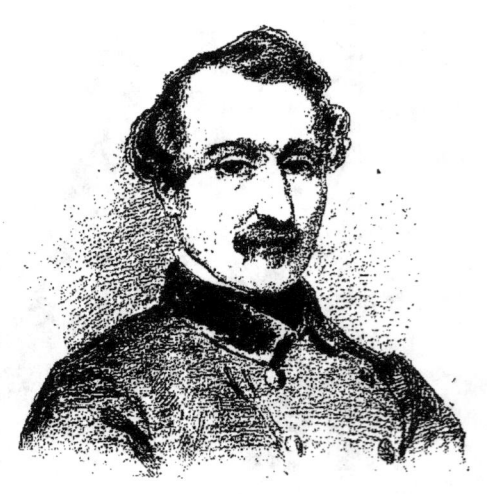

Fig. 148. — Portrait de BAUCHER.

appris. Ces nouveaux moyens, expliqués avec précision et suivis de résultats inconnus jusqu'à ce jour, électrisèrent les jeunes sous-maîtres ; et déjà dans leur modeste sphère, ils causaient et discutaient sans cesse entre eux, en dehors des leçons, de la nouvelle méthode.

Vers la fin de janvier 1843, arrivaient à Saumur *Partisan* et *Neptune,* envoyés par Baucher, qui était reçu à l'École pour initier à sa méthode et les capitaines instructeurs de Saumur et les écuyers-instructeurs des régiments qui y étaient convoqués.

Tous les rapports moins deux furent favorables à Baucher. Et quels deux ? Un certain Darnige, un ignorant prétentieux, qui s'attira de la part de Baucher de bien étranges vérités ; ses objections oiseuses faisaient, du reste, rire tout le monde.

Baucher, pour appuyer ses leçons et ses démonstrations, monta à plusieurs reprises *Partisan*, cheval de pur sang, dont il est inutile que je retrace ici la perfection du travail et qui, comme l'a dit le baron d'Etreillis, restera comme la plus remarquable expression de sa méthode ; et *Buridan*, gros, épais carrossier du Yorkshire, qui ne pouvait être regardé comme un cheval de selle. Il imitait *Partisan* comme une oie peut contrefaire un cygne ; mais enfin la contrefaçon était parfaite.

Baucher voulait montrer à fortiori la valeur de sa méthode, et il eut plein succès.

En dehors des leçons qu'il donnait aux capitaines-instructeurs, Baucher voulut aussi initier lui-même à sa méthode les sous-maîtres de manège ; il leur donna la leçon pendant un mois et laissa derrière lui cette pépinière d'écuyers dont on parla beaucoup à cette époque. Ce furent : MM. Martin, Ducat, d'Antas, Guérin, de Constant, et Dijon, qui, plus tard, fut écuyer commandant à l'École d'état-major.

Guérin, remarqué par Baucher, sembla être son élève privilégié. Il lui fit dresser un cheval nommé *Nelson*, d'une activité extrême et dangereux par ses défenses. *Nelson* fut dressé avant le départ de Saumur de l'habile écuyer, qui ne put s'empêcher de dire au sous-maître Guérin, en prenant congé de lui : « Vous avez la solidité du comte d'Aure, vous savez ce que vous faites et savez le dire : vous aurez un jour plus de réputation que lui. » Et ses camarades sous-maîtres ajoutaient : « Tu seras un jour écuyer en chef. » Ce qui se réalisa, et ceux qui, comme moi, ont eu le bonheur d'avoir pour maître le colonel Guérin, savent qu'il a justifié la bonne opinion qu'il avait fait naître dans l'esprit de Rousselet, de l'Herme de Novital, de Baucher et d'Aure lui-même qui, ayant un jour monté *Intrépide,* dit aux officiers qui l'accompagnaient : « Ce b... de Guérin a parfaitement compris ma méthode : je n'ai jamais monté un cheval plus agréable que celui-ci. »

La méthode Baucher, que M. de L'Herme de Novital continua d'enseigner, obtint des résultats surprenants. En présence de ce succès, qui allait chaque jour grandissant, les ennemis du Maître mirent tout en mouvement pour le vilipender. Tout ce qu'il y eut d'intrigues, de mauvaise foi et de haine, à cette époque si mémorable de l'équitation, est indescriptible. Le comte d'Aure, qui se voyait mis au second plan, ne négligea rien pour combattre son antagoniste. Frappant en haut lieu, et prenant, par l'amour-propre et la flatterie, les personnes les plus haut placées, il parvint à se faire nommer, en 1847, quoique civil, écuyer en chef à l'École de cavalerie, où il vint, envoyé, disait-il, par le duc de Nemours, pour déraciner le mal et détruire la gangrène. Pauvre homme !

N'eût-il pas mieux fait de rester au centre de l'auréole que lui avaient faite et sa belle prestance à cheval, et sa prodigieuse finesse, et sa solidité, que de venir chercher à détruire l'œuvre d'un homme de génie !

A son arrivée à Saumur, le comte d'Aure demanda à connaître les adeptes de Baucher. Guérin lui fut tout particulièrement signalé, dans son personnel enseignant, comme un baucheriste effréné. Cependant il faut rendre cette justice au comte d'Aure, c'est que, pouvant d'un seul mot obtenir le renvoi de Guérin, qui était alors sous-lieutenant-écuyer, dans un régiment, le comte d'Aure fut pour lui, malgré quelques petites piques, plutôt bienveillant.

Cette époque de 1847 à 1854, époque à laquelle le comte d'Aure dut quitter l'École de cavalerie, fut terne en tant que progrès et équitation savante. N'ayant jamais donné aucune impulsion normale à ses écuyers, sous-écuyers et sous-maîtres, il s'ensuivit que ceux qui avaient travaillé avec Baucher, disparaissant peu à peu par voie d'avancement, eurent comme successeurs des écuyers qui donnaient la leçon comme ils l'entendaient.

Mais cette période ne fut pas sans résultat pour le capitaine Guérin, qui, toujours à l'affût, étudiait le nouveau chef pour arriver à établir une comparaison entre Baucher et d'Aure. Inutile de dire qu'elle fut tout en faveur de Baucher. A chaque question, à chaque objection, Baucher répondait avec une netteté extraordinaire, et toujours son interlocuteur trouvait profit à l'écouter. Dans toutes ses réponses, il y avait quelque chose à retenir,

Le comte d'Aure, au contraire, ne répondait que par des plaisanteries, et souvent par des plaisanteries de mauvais goût. Jamais on ne put tirer de lui autre chose. Il vous laissait dans le vide !

Cependant il se crut obligé de faire un livre aussi diffus que possible. Le capitaine Guérin, sentant sombrer les principes si vrais et si bien posés par Bohan, principes qui forment la base de l'ordonnance de cavalerie, résolut, pour sauver ces grands principes, de reproduire, pour ainsi dire, l'ordonnance, en accompagnant le texte de réflexions et d'observations, résultant des progrès que Baucher avait fait faire à l'équitation depuis sa mise en vigueur. Le capitaine Guérin produisit donc son premier ouvrage l'*École du cavalier au manège*. Cet ouvrage, d'une netteté et d'une précision remarquables, valut à son auteur une série d'ennuis, et peu s'en est fallu que le livre fût interdit. Le comte d'Aure fut, dans cette circonstance, le défenseur du capitaine Guérin ; et c'est grâce à son intervention que l'*École du cavalier au manège* ne fut pas condamnée.

Il ne faut cependant pas conclure de ce que nous disons plus haut relativement au passage du comte d'Aure à Saumur que cet écuyer était sans mérite. Loin de nous cette pensée, et nous ne voulons pas être injuste à l'égard d'un homme à juste titre célèbre dans les annales de l'équitation, car, s'il ne fut pas ce que l'on appelle un maître dans toute l'acception du mot, ni un professeur à aucun titre, il fut un homme de cheval remarquable ; et, si le manège resta stationnaire pendant qu'il fut écuyer en chef, il n'en fut pas de même de l'équitation au dehors.

Ainsi, dès son arrivée à l'École, le comte d'Aure, s'apercevant qu'on ne faisait pas une assez large part, — ce qui était vrai, — à l'équitation hardie, qui est le propre de celle qu'on doit enseigner à des soldats, il donna une plus grande extension au travail de carrière qui, au lieu d'être simplement pratiqué sur le *chardonnet,* le fut à l'extérieur et sur les grandes routes.

Quand les courses furent instituées à Saumur, il fut un des premiers qui prit l'initiative d'y faire participer les élèves. Cette mesure produisit un excellent résultat en donnant un plus grand élan à l'équitation hardie, et le comte d'Aure, qui assistait à tous ces exercices, stimulait encore par sa présence le zèle de chacun. Si on le voyait souvent au travail de carrière, en revanche il paraissait peu au manège.

Qu'y aurait-il fait, du reste ? Ne sachant rien enseigner, il en laissait la direction à ses écuyers.

Aussi tous ceux qui ont connu le comte d'Aure doivent-ils sourire aux racontars qu'un livre, récemment paru, met à son actif, et le comte d'Aure lui-même, s'il était encore de ce monde, serait le premier à en rire. A quoi servent ces légendes dont on se plaît à entourer l'ancien écuyer en chef de l'École de Saumur ? Il me semble que c'est diminuer le modèle que lui prêter des faits dans le genre de ceux dont parle l'officier qui vient d'écrire l'histoire de l'École. Le comte d'Aure n'a jamais exécuté avec *Eylau* le travail dont il est question, car il lui aurait été impossible de monter en haute école et d'obtenir la finesse de travail dont on parle avec ce cheval, qui n'avait jamais été monté qu'en course et qui ignorait tout de la haute école. En voici la preuve :

En 1839 (cela remonte à loin), le général de Brac, l'une de nos illustrations militaires, commandait l'École. En homme intelligent, il ne tarda pas à s'apercevoir que le personnel équestre d'alors était quelque peu terne. Il voulut infuser un peu de sang nouveau, et pour cela il eut recours au comte d'Aure, l'homme de cheval le plus en renom à cette époque. Il invita donc le célèbre écuyer à venir passer quelques jours à Saumur, afin de le donner en modèle à ses écuyers. Jour et heure furent fixés. Tous les écuyers, sous-maîtres et officiers-élèves se rendirent au manège pour y voir monter à cheval l'homme prodige.

On amena au comte d'Aure *Sans-Pareil*, alezan brûlé de pur sang.

Sans-Pareil était d'une nature énergique et dressé par le commandant Rousselet. On peut dire qu'il était le reflet du savant écuyer, c'est-à-dire d'une douceur extrême et d'une *courtoisie* parfaite, ce qui n'excluait pas sa nervosité, on va en avoir la preuve.

Le comte d'Aure monta donc *Sans-Pareil*. Comprenant bien qu'il était l'objet de la curiosité de tous les assistants, il étudia le cheval au pas pendant au moins un quart d'heure, puis il exécuta au trot et au galop, avec la grâce qui lui était propre, le travail le plus complet, le plus irréprochable que l'on puisse produire, sous les bravos répétés de toute la foule frémissante.

Le lendemain, le comte d'Aure prouvait — ce qui était sa vraie réputation — qu'il était un homme hardi et ayant du perçant. Il monta le cheval du capitaine de Boulancy, en carrière, avec une vigueur extraordinaire et sauta à différentes reprises une barrière de 1^{m}30. L'admiration était à son comble.

Le surlendemain, le comte d'Aure, sûr d'avoir conquis toute l'École, confiant dans sa valeur et quelque peu grisé par l'enthousiasme qu'il avait su inspirer, remonta *Sans-Pareil*.

Le comte d'Aure, qui avait peut-être déjeuné un peu trop longuement, n'eut pas plutôt les rênes en main et l'étrier droit chaussé que de pied ferme il cingla de coups de cravache l'encolure de son cheval, qu'il embarquait au galop, l'éperon au flanc.

Que l'on juge de la stupéfaction des spectateurs, et surtout de *Sans-Pareil*, habitué à un traitement beaucoup plus doux et à interpréter toujours les aides de son cavalier, le commandant Rousselet, avec une entière soumission.

Sans-Pareil se porta en avant par une fugue et, dès lors, il y avait inimitié accusée de sa part. Cependant une partie du travail, malgré la surexcitation du cheval, fut sinon d'une régularité exempte de reproches, du moins satisfaisant. *Sans-Pareil* obéissait, mais sans grâce et sans souplesse.

Quand, voulant en finir, et sentant combien il était loin de l'avant-veille, d'Aure chercha à stupéfier l'assistance, il multiplia les mouvements, employa des effets de force qui ne firent qu'exaspérer davantage *Sans-Pareil*.

Enfin, dans un doublé dans la longueur du manège, le comte d'Aure voulut obtenir des changements de pied du tac au tac, qu'il obtint d'abord par des renversements exagérés, à tel point que *Sans-Pareil*, au paroxysme de la colère, protesta énergiquement en s'arrêtant d'abord et en se dérobant ensuite ; puis il se jeta sur le talus de gauche, où une lutte terrible s'engagea entre lui et le comte d'Aure. Le comte d'Aure, qui était doué d'une force peu commune, reprit le dessus et rapporta en quelque sorte *Sans-Pareil* sur la ligne du milieu. Là finit cette triste épreuve. *Sans-Pareil* était arrêté les membres écartés, la queue battant l'air, essoufflé, l'encolure tendue, la tête basse, l'œil hagard, les barres et les flancs rouges de sang, humilié enfin d'avoir eu affaire à un semblable bourreau.

Cette fois, un silence froid, glacial, accueillit l'illustre cavalier, mais nous devons dire à sa louange qu'après avoir mis pied à terre, il caressa le cheval sur le front en disant hautement : *Va, tu es un brave animal, je t'ai monté comme un c...* — C'est vrai ! ajouta quelqu'un. Ce quelqu'un était le lieutenant Michaux, sous-écuyer alors et mort récemment comme général de brigade.

Si donc le comte d'Aure éprouvait un pareil échec sur *Sans-Pareil,* le cheval le plus admirablement dressé, comment aurait-il fait exécuter un travail si fin, si fini et après déjeuner à *Eylau,* surtout si celui-ci n'avait été monté qu'à l'entraînement et n'avait jamais connu d'autre dressage. Cela ne supporte pas la discussion pour qui sait.

Qu'un cheval qui n'a pas été monté en selle, depuis plusieurs années, se livre à des défenses, alors que pour la première fois il est remonté, cela n'a rien de surprenant, non pas parce qu'il n'a pas été sanglé depuis longtemps, attendu qu'il l'est tous les jours par le surfaix qui fixe la couverture, mais bien parce que les panneaux de la selle, dont il a perdu l'habitude, le pincent plus ou moins. Mais qu'un cavalier puisse faire exécuter un travail de haute école d'un fini aussi merveilleux que celui dont je parle plus haut, oui, cela se peut, mais à une seule, unique et indispensable condition : c'est que ce cheval ait été dressé préalablement, à une époque plus ou moins reculée, car le dressage est un langage que le cheval n'oublie jamais. Et, comme preuve, je citerai l'histoire de *Sicambre*, un cheval de pur sang acheté par le général L'Hotte à un entraîneur de Chantilly. C'était un cheval *ramingue*, présentant une conformation tout opposée à celle recherchée pour le cheval de selle, ce qui ne l'empêcha pas de devenir, sous la direction du général, un cheval de haute école de premier ordre. L'ancien écuyer en chef de Saumur commandait alors un régiment de dragons ; il s'était séparé de son cheval au moment de la guerre de 1870, et la campagne était terminée depuis plusieurs mois déjà lorsqu'il fit revenir *Sicambre* près de lui. Le cheval ne faisait qu'arriver lorsqu'un ami du colonel, M. Gaussen, bien connu par ses travaux équestres, vint le voir et lui demanda de vouloir bien monter son cheval. C'était à Rambouillet, il n'y avait pas de manège alors ; on se rendit dans le parc et, sur un terrain assez inégal, monté une première fois après une si longue inaction, ce cheval exécuta son ancien travail, sans manquer un seul mouvement. Le squelette de ce cheval est à l'Ecole de Saumur.

Ce qui était possible au général L'Hotte avec *Sicambre* ne l'était pas au comte d'Aure avec *Eylau*, si *Eylau* n'avait pas été dressé en haute école, à une époque quelconque. Non, il n'est pas possible qu'un écuyer ou un homme de cheval le plus habile, eût-il dix fois les moyens puissants et *inconscients* du comte d'Aure, puisse obtenir d'un cheval quelconque, s'il n'a pas été dressé, fût-il de haute qualité, comme le dit l'écrivain qui vient de publier l'*Histoire de Saumur*, un travail de haute école d'un tel fini qu'il provoque les applaudissements de tous les connaisseurs. Ce qu'il y a de fâcheux, c'est que ces choses-là se répètent, s'écrivent, se colportent de bouche en bouche, et finissent par être regardées comme des articles de foi.

Comme similitude, laissez-moi vous raconter ce qui arriva au colonel Guérin, lorsqu'il était sous-lieutenant au 1er lanciers.

Le colonel Pastourneau, mort général de division, avait bien voulu accorder toute sa bienveillance au jeune officier. Un jour qu'il déjeunait avec son colonel chez M. Petignant, qui commandait le dépôt d'étalons de Saint-Maixent, on causa, pendant toute la durée du repas, de cheval et d'équitation. M. Petignant, un d'Auriste enragé, dit à Guérin : — J'ai beaucoup entendu parler de vous, je voudrais bien vous voir monter à cheval. Immédiatement le sous-lieutenant Guérin se mit à sa disposition. On alla aux écuries, on fit seller *Harpon*, un normand alezan brûlé de cinq ans. — Je ne voudrais pas vous faire une mauvaise farce, dit M. Petignant, mais je vous préviens que le cheval a très mauvais caractère. Le chef palefrenier crut devoir, à son tour, prévenir l'officier en lui disant à l'oreille : — *Prenez garde, c'est un mauvais gredin!*

Guérin enfourcha *Harpon*, et, à peine avait-il fait quelques pas, que l'animal se mit à bondir de toutes ses forces, pirouettant sur lui-même, se cabrant, ruant, etc. Alors, employant les moyens à la d'Aure, le jeune officier se servit des éperons à outrance et de la cravache, frappant à tort et à travers sur l'encolure et la tête. Quelques instants après le cheval se soumit, marcha le pas, le trot et le galop, et, après avoir fait plusieurs tours à ces différentes allures, Guérin mit pied à terre aux applaudissements de tous ceux qui avaient assisté à cette lutte. Seul, Guérin était mécontent de ce travail, sentant tout ce qu'il y avait d'exagéré dans sa manière de procéder. *Harpon* était de son avis, car il avait rencontré un cavalier plus brutal que lui.

Mais revenons au comte d'Aure et à *Eylau*. Certes, s'il était donné à un homme, quel qu'il soit, de pouvoir monter à première vue un cheval quelconque non dressé en haute école et d'en obtenir, après une lutte, un travail d'un tel fini qu'il se termine aux applaudissements de tous, certes, cet homme aurait dû être le comte d'Aure. Mais je maintiens qu'un tel phénomène est absolument impossible.

Oui, le comte d'Aure a été un splendide improvisateur, bien fait pour stupéfier les spectateurs; mais, pour de véritables connaisseurs, il n'obtenait ses résultats que par des effets de force, une brutalité sans égale qui terrifiaient le cheval qu'il montait, — je parle d'un cheval non dressé, — par des renversements, par des moyens, enfin, qui doivent être bannis de toute école : car il se produisait souvent des tares presque immédiates, et le cavalier lui-même n'était pas exempt des inconvénients qui résultent toujours de ces efforts; aussi le comte d'Aure était-il affecté de hernies inguinales.

Eh bien! non, je ne me rangerai jamais du côté des admirateurs de gens montant à cheval et arrivant à de pareils résultats.

Néanmoins, le comte d'Aure était un fort bel homme de cheval, quoique ayant vers la fin de sa carrière équestre les genoux un peu remontés, conséquence de ses hernies. Homme d'extérieur, il fut splendide et nul ne le conteste; c'était un véritable modèle, tant il était bien à cheval.

Mais où il laissait absolument à désirer, c'est en matière d'anatomie et en physiologie. Laissez-moi, pour vous montrer son ignorance, vous citer une anecdote.

Un jour, dans les premiers temps de son commandement à Saumur, il raconta une aventure qui lui était arrivée.

— Je montais une g... de jument, disait-il dans son langage *imagé*, qui me gagna à la main dans je ne sais plus quelle rue de Paris; au bout était un magasin de confiseries : je passai à travers la devanture, et la bête s'abattit contre le comptoir où elle se *brisa l'épaule*. Il y avait à cette époque un vétérinaire d'une haute capacité, c'était M. Barthélemy. Je le fais appeler après avoir fait reconduire cette jument à l'écurie ; après avoir examiné la bête, il lui fit une incision le long de l'épaule, la désarticula et l'enleva (l'omoplate). *Trois semaines après, la bête était guérie, et elle trottait aussi vite qu'avant !!!...* (sic).

A part cela, le comte d'Aure fut un homme de cheval extraordinaire, mais sans règle ni syntaxe ; il ne sut jamais comment il faisait et sut encore moins le dire. Il n'a jamais dressé un cheval et n'a jamais su en faire dresser un. Ce fut, si vous le voulez, un météore équestre qui, une fois disparu, n'a rien laissé derrière lui.

Si, au lieu d'appartenir à la haute classe de la société, il fût né obscur, eût-il fait ou aurait-on fait autant de bruit autour de son nom ? Il est permis d'en douter. Fût-il arrivé à la célébrité ? Jamais.

C'est tout justement la différence qu'il y a entre le comte d'Aure et Baucher ; c'est que le premier, avec des aptitudes équestres personnelles et exceptionnelles, aidées de sa situation dans le monde, s'est fait un nom sans avoir rien laissé derrière lui, tandis que Baucher, homme obscur, s'est révélé et imposé au monde équestre par un talent sans égal dans le passé comme dans le présent, et qu'il a disparu du monde en laissant après lui un corps de doctrines sérieuses, vraies, indiscutables, une méthode enfin, et, quoi qu'en disent ses détracteurs, une école, et ce, parce que sa méthode est aussi positive et irréfutable que les mathématiques. Baucher savait où il allait ; le comte d'Aure ne le savait pas, et il l'a prouvé le jour où il se rencontra pour la première et la dernière fois avec Baucher.

Cette entrevue, qui est ignorée de beaucoup, mérite d'être contée.

Lorsque la tourmente révolutionnaire eut fait disparaître le célèbre manège de Versailles, deux hommes : MM. le comte d'Aure et Baucher, se disputaient la préséance sur la scène équestre. L'un, le comte d'Aure, personnifiait l'équitation nouvelle, l'équitation du dehors. Sa doctrine pouvait se résumer en ceci : « En avant, toujours en avant, et encore en avant ! »

Cet enseignement vigoureux et pratique était regardé par le monde équestre de l'époque comme suffisant, car il apprenait à l'homme du monde à se servir largement d'un cheval par tous pays. Et, il faut bien le dire, le comte d'Aure, qui était un praticien hors ligne, avait imposé son système par son tact et sa puissance à cheval.

L'autre, M. Baucher, le maître des maîtres en équitatation savante, personnifiait le manège, c'est-à-dire la haute école. Sa méthode nette, précise, claire, peut se définir ainsi : Le cheval étant assoupli, placé, léger et supportant les attaques, concentrer toutes les forces de l'animal entre les jambes du cavalier, qui, dès lors, ayant toutes ses forces transmises à sa disposition, en règle le jeu à son gré.

La méthode Baucher est incontestablement celle qui

laissera le plus de traces dans la pratique équestre. Quant à l'habileté de l'homme, elle était sans égale, et c'est à ces merveilleux tours de force équestres, presque inimitables, que Baucher dut, lui, l'homme parti d'une position infime, de pouvoir faire mettre en question la supériorité du comte d'Aure. Réunir ces deux célébrités équestres était une tâche fort difficile, car, lorsque des rivalités de position, de talent, séparent les hommes, lorsque surtout, avec des idées divergentes, ils se regardent comme des maîtres, ont leur école et se disputent pour ainsi dire les faveurs du public, ils restent fatalement séparés et ennemis. C'est ce qui a fait dire que MM. le comte d'Aure et Baucher ne s'étaient même jamais vus. C'est là une erreur qu'il importe de rectifier, attendu que M. Maxime Gaussen a mis en présence ces deux grands écuyers.

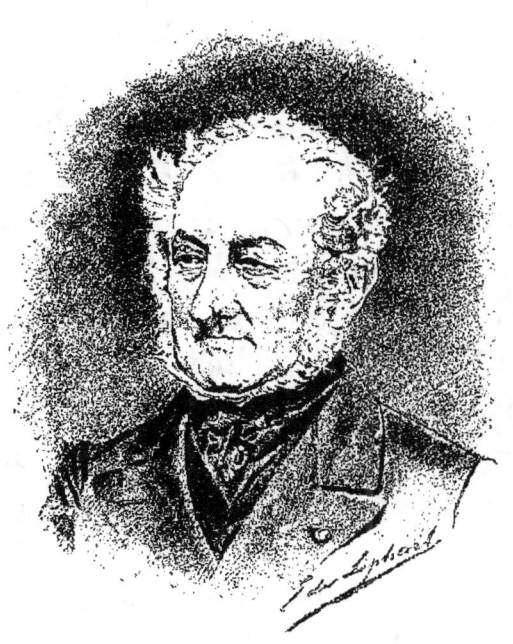

Fig. 149. — Portrait du Comte d'Aure.

L'entrevue, qui remonte à une quarantaine d'années environ, n'a pas été très longue; elle eut lieu au manège de la rue Duphot, dirigé alors par le comte d'Aure.

Les incidents qui se produisirent à ce sujet et qui séparèrent à tout jamais ces deux illustrations de l'art équestre, sont assez curieux pour être racontés; et si, aujourd'hui, je peux retracer cette scène qui révolutionna, à l'époque, tout le monde équestre, c'est grâce aux notes que M. Gaussen a bien voulu me communiquer.

Si l'ancien écuyer cavalcadour du roi Charles X était un homme de cheval incomparable, c'était en revanche un piètre homme d'affaires. Néanmoins, cela ne l'empêchait pas de s'occuper de la direction de son manège et de tout ce qui s'y rattachait; c'est grâce à cela du reste que M. Gaussen put le faire connaître à M. Baucher, qui, je dois le dire, s'il éprouvait le désir de connaître le dernier écuyer de Versailles, n'en avait jamais parlé à aucun de ses disciples. Il fallait donc, pour arriver à ce but, agir avec beaucoup de prudence et d'habileté. Le hasard, ce grand maître en toutes choses, servit M. Gaussen mieux que n'importe quoi.

Rencontrant un jour le comte d'Aure à Tortoni, il vint sur son invitation s'asseoir à côté de lui. Après quelques échanges de politesses, le comte d'Aure, qui connaissait sur le bout des doigts le monde équestre de Paris, et qui savait que M. Gaussen était un des meilleurs élèves de Baucher, ne tarda pas à lui parler de son maître. Tout en lui en parlant en termes assez élogieux, il laissait voir cependant qu'il le connaissait très mal.

M. Gaussen, saisissant la balle au bond, lui répondit immédiatement : « Mon cher et illustre maître, vous ne connaissez pas M. Baucher. Il n'obtient pas, comme vous semblez le croire, les résultats dont vous avez entendu parler en choisissant ses sujets, croyez-le bien, et n'a pas plus de patience, en réalité, que le commun des martyrs. Mais il possède une méthode très ingénieuse, de nouveaux moyens d'action très puissants, et c'est ce qui lui fait obtenir des choses si extraordinaires. Il est bien regrettable que vous n'ayez pas eu l'occasion de le voir, de causer avec lui : vous auriez une tout autre opinion de l'homme. » Et, dans l'intérêt de l'art équestre, il proposa au comte d'Aure de lui en fournir l'occasion. « Baucher, ajouta-t-il, cherche en ce moment un cheval un peu distingué et pas trop cher, pour en faire un cheval de cirque. Avez-vous quelque chose à lui proposer ? »

Le comte d'Aure, qui aimait assez ce genre d'opération, s'empressa de se mettre à la disposition de M. Baucher, d'autant plus qu'il avait justement une jument qui pourrait certainement faire l'affaire.

Comme il faut battre le fer pendant qu'il est chaud, M. Gaussen s'empressa de prendre rendez-vous pour le lendemain au manège de la rue Duphot. M. Baucher, on le sait, était d'une nature très fière, très susceptible et très ombrageuse ; il ne faisait pas volontiers des avances.

Éprouvant de grandes difficultés à se faire reconnaître comme un maître, à voir triompher ses merveilleuses idées, il se croyait méconnu. Du reste, ses affirmations un peu tranchantes, un peu hautaines, lui avaient attiré beaucoup de contradicteurs; et cependant l'opposition que faisait à ses doctrines la plus grande partie du monde équestre officiel surtout, était beaucoup plus instinctive que raisonnée, si je puis m'exprimer ainsi ; car, après tout, malgré les côtés vulnérables de son système, tel qu'il était formulé alors, personne n'eût été capable d'en bien faire saisir les points faibles. Et cela tant à cause de la prodigieuse habileté de l'homme que des étonnants résultats qu'il obtenait. Quoi qu'il en soit, la situation conquise par M. d'Aure, sa grande réputation, occupaient l'esprit de M. Baucher, qui sentait très bien qu'il fallait compter avec un tel adversaire.

De là devait tout naturellement naître chez lui le désir de voir de près, de pouvoir en quelque sorte *toiser* l'homme, et peut-être même l'espérance secrète de lui faire comprendre et adopter ses doctrines. Aussi M. Gaussen n'hésita pas à aller droit au but en lui disant que le comte d'Aure, qu'il avait vu la veille, ne serait pas fâché de faire sa connaissance. Il a, dit-il, un cheval qui pourrait vous convenir, et, si vous le voulez voir, il sera très heureux de saisir cette occasion pour causer avec vous. M. Baucher accepta le rendez-vous, et le lendemain, à l'heure dite, M. Baucher, accompagné de M. Gaussen, se présentait au manège de la rue Duphot.

Deux minutes après son entrée dans le manège, un palefrenier entr'ouvrait la lourde porte qui existe encore, et le comte d'Aure parut. M. Baucher fit quelques pas au-devant de lui, et les deux célèbres hommes de cheval échangèrent leurs politesses en se donnant une cordiale poignée de mains.

Leurs paroles furent à peu près les mêmes : ils avaient trop entendu parler l'un de l'autre pour ne pas désirer se rencontrer. Puis M. d'Aure dit gracieusement à M. Baucher : « J'ai su par M. Gaussen que vous cherchiez un cheval d'école, et j'ai ici une jolie jument, d'un prix abordable, qui pourrait vous convenir. » Et, sur le désir qu'exprima ce dernier de la voir, M. d'Aure donna l'ordre de brider la bête en question. Peu de moments après, une assez jolie jument baie-brune fut amenée dans le manège, et M. d'Aure en fit remarquer à son célèbre visiteur l'élégante construction. Puis, après l'avoir fait mettre au pas et au trot, il pria M. Baucher de la monter en lui disant :

« La bête ne sait rien, je n'ai pas eu le temps de m'en occuper, mais elle est très sage. » Et il insista même beaucoup pour que M. Baucher la montât. Ce dernier s'en défendit en disant qu'il n'était pas costumé pour cela ; que, du reste, il serait très désireux de voir M. d'Aure à cheval, si toutefois ce dernier voulait être assez aimable pour monter cette jument devant lui. A son tour, M. d'Aure objecta que depuis quelques jours il ne montait pas à cheval ; qu'il avait quelque chose *là*, et il désignait ses aines, qui le faisaient souffrir un peu, etc. Mais son interlocuteur insista tellement, que l'ancien écuyer calvacadour du roi Charles X envoya seller sa jument en demandant sa cravache.

Un instant après, la jument toute sellée et tenue en bride fut amenée dans le manège. A un certain mouvement de la queue, il n'était pas difficile à un œil exercé de reconnaître que la bête était un sujet difficile et irritable.

M. le comte d'Aure, toujours correct, engagea de nouveau M. Baucher à monter la jument ; sur son nouveau refus, il se décida à se mettre en selle avec l'aisance qui ne l'abandonnait jamais. Sans être aussi beau cavalier que M. de la Guérinière, l'ancien écuyer de Versailles était superbe à cheval, et les plus difficiles s'accordaient à dire que sa position était parfaite ; on sentait qu'il était toujours prêt à employer énergiquement ses aides.

Après avoir fait au pas plusieurs fois le tour du manège, il partit au trot, les rênes presque flottantes.

Néanmoins, pour un observateur attentif, il était facile de voir qu'une légère élévation de la main et une action adroitement dissimulée des jambes entretenaient une certaine énergie factice dans l'allure.

Enfin, après un nouveau changement de main de deux pistes, assez incorrect cette fois, car on sentait que l'animal n'était nullement préparé pour ce travail, M. d'Aure mit la jument au galop sur le pied droit par un temps de main et de jambes bien saisi ; puis, après avoir fait un tour de manège à cette allure, il entra dans le changement de main, et, au moment où la bête arrivait sur la piste opposée, il la surprit par une opposition vigoureuse de mains et de jambes, aidée probablement d'un appui de l'éperon droit, et lui arracha, on peut dire, un changement de pied en l'air un peu brusqué.

Mais déjà le *fouaillement* de queue de la bête indiquait qu'elle ne se soumettait qu'avec peine à de semblables épreuves.

Du reste, il faut le dire, le changement de pied en l'air ne s'était pas fait, à beaucoup près, droit d'épaules et de hanches ; aussi le cavalier en essaya-t-il un nouveau, qu'il obtint avec plus de difficulté encore. Il aurait fallu en rester là ; mais confiant dans son énergie et son à-propos et sentant qu'il était devant un juge sérieux, il voulait probablement finir sur un changement de pied passable ; or il en tenta un troisième en arrivant du côté de la porte du manège, qui n'était qu'imparfaitement fermée.

Là, la jument se laissa retomber sur ses quatre jambes comme pour reprendre des forces, et avec la rapidité de l'éclair pointa de nouveau ; puis, arrivée presque sur la porte, elle l'entr'ouvrit d'autorité et elle disparut avec son cavalier dans le vestibule qui conduisait à la cour.

Quant à Baucher, resté immobile, près des piliers du manège, il paraissait attendre avec calme le dénouement de cette scène. Quelques instants s'étaient à peine écoulés que la porte du manège s'ouvrait toute grande pour laisser passer la jument, qui rentrait par bonds.

Le comte d'Aure, dont la tenue à cheval était toujours irréprochable, était furieux et, de sa voix menaçante, on l'entendait disant : « A-t-on jamais vu ? Cette *piaule !* C'est la première fois que cela lui arrive ! »

Un léger sourire d'incrédulité, réprimé à l'instant même, vint illuminer la physionomie de Baucher, jusqu'alors impassible.

Enfin, deux ou trois secondes après sa rentrée dans le manège, le comte d'Aure, les reins soutenus, les jambes serrées comme s'il voulait étouffer sa monture, prenait au galop accéléré un changement de main dans le fond du manège, et le changement de pied en l'air s'exécuta cette fois-ci tant bien que mal à une allure très vive. La puissance à cheval du cavalier, son énergie, son à-propos triomphèrent des restrictions de la jument, qui commençait à se couvrir de sueur, et dont les mouvements de queue devenaient de plus en plus convulsifs.

Mais, en arrivant du côté de la porte, à la suite d'un nouveau changement de main, et là où ce mouvement en question allait être exigé, la jument commença à se ralentir, et, malgré un appui très énergique de l'éperon, elle s'arrêta court, recommença à pointer, et, marchant de nouveau sur ses pieds de derrière pendant quatre ou cinq mètres, elle alla retomber encore auprès de la porte, s'enleva droite comme un I, et appuyant cette fois-ci ses pieds de devant presque vers le haut de cette porte toujours insuffisamment fermée sans doute, elle la força derechef à s'ouvrir, assez largement, et emmena pour la seconde fois son puissant cavalier dans la cour.

Une lutte s'engagea alors entre M. d'Aure et le cheval, et pendant un instant le bruit violent des fers de la jument éraillant le pavé, le tout entremêlé d'intonations brusques de la voix de M. d'Aure. La lutte fut longue, fort longue même : la jument ne voulait ni avancer ni reculer ; elle se contentait de s'enlever sur place, et ses bonds étaient d'une violence extrême.

M. d'Aure, toujours maître de lui, ne bougeait pas ; il semblait ne faire qu'un avec sa monture. Enfin, il finit par la porter en avant et la faire rentrer de nouveau dans le manège, où elle arriva par bonds saccadés et violents, les oreilles couchées, les yeux hagards et comme injectés de sang, son corps mouillé et luisant comme si elle sortait d'une rivière. L'animal paraissait plein d'une colère impuissante, et son terrible cavalier, sans lui laisser le temps de reprendre haleine, le maintient au galop accéléré et vient prendre un changement de main, suivi d'un changement de pied, à la place même où s'étaient manifestées ces deux défenses. Cette fois-ci ce mouvement s'exécuta à peu près correctement, mais avec violence. Évidemment l'animal, complètement désorienté, ne savait plus comment se défendre. M. d'Aure, l'arrêtant peu après, lui fit exécuter avec brusquerie un quart de volte pour arriver devant M. Baucher, auquel il dit avec la plus entière bonne foi : « Je vous assure que c'est la première fois que cette *piaule* fait une chose semblable. »

A cela, M. Baucher répondit assez froidement : « Pour la première fois qu'elle se défend, elle ne s'y prend pas vraiment trop mal ; on serait tenté de croire qu'elle connaît son affaire. Elle est trop difficile, et, comme je ne veux plus entreprendre qu'un cheval d'un bon caractère, elle ne me va pas. »

M. d'Aure mit pied à terre avec la plus grande aisance, et, après avoir échangé quelques politesses et une poignée de mains plus cérémonieuse qu'au début, ces deux remarquables écuyers se séparèrent pour ne plus jamais se revoir. Et, lorsqu'on parlait à Baucher du directeur du manège de la rue Duphot, il ne pouvait pas s'empêcher de dire, d'un ton assez sec : « C'est un massacre, cet homme-là, et de plus un maquignon ; je le croyais tout autre. »

On a publié tant de versions différentes sur l'accident arrivé à M. Baucher que nous croyons bien faire de reproduire une lettre que M. Gatayes, un des élèves du maître, adressait le 14 mars 1855 à M. E. Chapus, rédacteur du *Sport* :

« Hier, j'ai fait l'ascension de la rue Pigale, et, après avoir vu mon ami, mon ancien professeur Baucher, je viens vous donner quelques détails sur l'état du blessé, sur les suites de l'événement, sur l'événement même, qui a failli coûter la vie à un homme dont, — sous quelque point de vue qu'on le considère, — le nom se rattache, par l'histoire équestre, au xixe siècle, au passé et à l'avenir de l'équitation.

« Malgré les souffrances d'un corps meurtri, brisé, moulu, — c'est le sourire sur les lèvres que le célèbre professeur m'a tendu la main ; et l'énergie morale qui soutient le physique m'a valu le récit palpitant dont je ne vous donne ici que l'incolore résumé.

« Jeudi dernier, à deux heures et demie, Baucher venait de faire amener dans le manège une jument de quatre ans qu'il dresse, et qui n'a pas encore paru en public. Après avoir donné au palefrenier l'ordre de se retirer, afin d'habituer la jument à se tenir tranquille au montoir, il venait de saisir une poignée de crins, il avait placé le pied à l'étrier, il s'enlevait, lorsqu'un affreux craquement se fit entendre. D'un bond violent, la jument échappe aux mains de l'écuyer, fait demi-tour et se sauve en s'ébrouant avec force. Baucher, qui ne savait à quoi attribuer ce bruit extraordinaire, lève machinalement les yeux, et voit l'immense lustre du cirque Napoléon (cet appareil effrayant qui pèse plus de 10,000 kilogrammes) se précipiter du cintre en fondant sur sa tête ! La chute fut si soudaine, qu'il n'eut pas le temps de faire un pas ; c'était la mort, la mort instantanée !... Et cependant, par un de ces phénomènes dont le mystère confond l'esprit et la raison, pendant cet imperceptible fraction de temps écoulée entre la chute du lustre et son choc terrible sur le sol, Baucher avait passé par toutes les réflexions d'un mourant qui, dans une lente et tranquille agonie, s'éteint dans la plénitude de ses facultés. Il a pensé aux amis qu'il laissait sur la terre, à leur souvenir, à leur oubli. Il s'est souvenu de ceux qui l'ont précédé dans la tombe ; toute une longue vie de méditations, de souvenirs, de doute peut-être, d'espérance, et, par-dessus tout, de stoïque résignation, s'est écoulée pour lui dans cet instant suprême.

« Qu'est-il arrivé ensuite ? C'est ce que nul ne saurait expliquer. Le lustre, entravé dans sa chute et ne tombant pas parfaitement droit, un côté a porté sur la terre, où il s'est enfoncé profondément, tandis que l'autre s'affaissait sur Baucher.

« Au milieu des girandoles, des conduits de gaz, des cercles de fer des candélabres ; au milieu des ornements croisés, superposés, un petit espace s'est trouvé à jour, où la tête a passé sans atteintes. La poitrine, les reins, cruellement labourés, ont été meurtris, mais sans lésion intérieure. Baucher, renversé, n'a pas perdu connaissance ; il avait conservé toute sa présence d'esprit, et disait, aux témoins terrifiés de cette catastrophe : — *Eh bien ! qu'est-ce que vous faites ? allez-vous me laisser là ?*

« Les efforts réunis de tous les hommes du Cirque parvinrent à soulever l'immense appareil.

« Baucher cherchait ses membres écartelés ; le pied gauche, entièrement retourné, était à côté de sa tête, au bout d'une jambe en zig-zag et sans forme humaine. Il la prend, la ramène devant lui, en disant : — *Pour celle-là, mon affaire est claire : elle est brisée au moins en quatre,* — et il en fait autant de la droite.

« Pendant ce temps, M. Géry fils, un des docteurs du Cirque, avait été appelé en toute hâte. Examen fait, cette jambe gauche, qui ressemblait à une loque, n'avait cependant rien de fracturé, mais la droite était brisée près du pied, et le corps horriblement contusionné. Baucher a voulu que la réduction fût faite sur place, puis on l'a transporté sur une civière à son domicile, où il a fallu plusieurs heures pour le réchauffer à l'aide de flanelles brûlantes. Il a refusé toute consultation, se réservant seulement de discuter avec M. Géry les soins que réclame son état.

« Les quatre premières nuits ont été sans sommeil ; il a reposé environ une heure et demie en tout pendant la dernière, mais son état est aussi satisfaisant que possible.

« Les marques de sympathique intérêt qu'a reçues en cette circonstance l'écuyer novateur ont été un grand adoucissement à ses souffrances.— Adhérents ou opposés à sa méthode, tous ses collègues sont venus le voir. Ceux qui sont éloignés lui ont écrit des lettres qui honorent autant leurs signataires que celui auquel elles sont adressées. Le *Courrier de Saumur*, avec son contingent de missives, a prodigué au blessé un topique dont la salutaire influence aura sa bonne part dans une cure que tout fait espérer devoir être prochaine. »

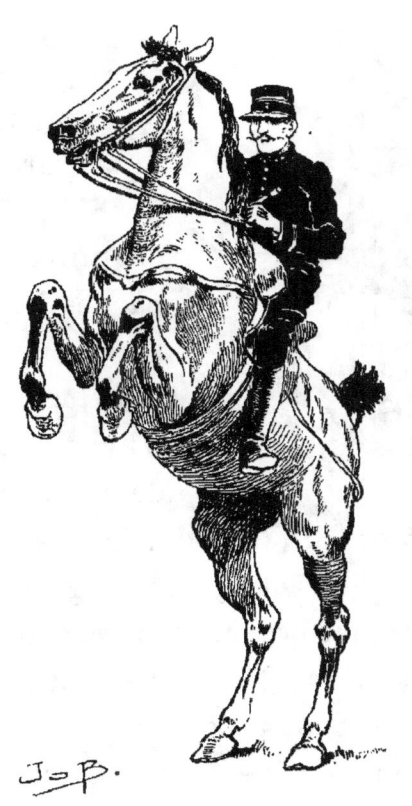

AUGUSTE DANFELD

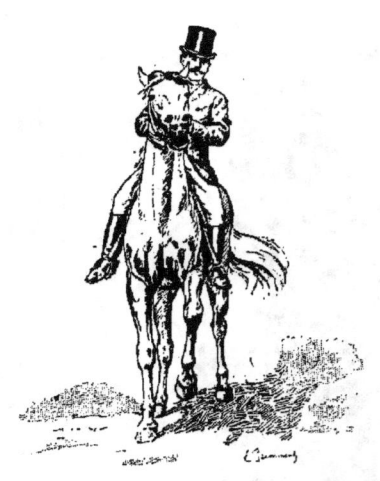

Auguste Danfeld était élève du cirque du Pecq, bâti pour l'inauguration du chemin de fer de Saint-Germain, le premier chemin de fer qui fut construit par les frères Péreire. Ce cirque appartenait aux frères Franconi, Baucher et Pellier. Danfeld, n'ayant pas réussi comme écuyer de panneau, s'adonna à l'équitation savante, qu'il étudia sous la direction de M. Franconi. Travailleur et fort intelligent, en quelques années il fit de rapides progrès. Après avoir parcouru la France et l'étranger dans différentes troupes équestres, il revint à Paris. Il fut pendant quelques années professeur d'équitation au manège de la rue Duphot; ensuite il entra à l'Hippodrome, dont le directeur, à cette époque, était Victor Franconi. L'Hippodrome, en 1850, ayant été vendu à M. Arnaud, Auguste Danfeld continua son service sous la direction de ce dernier.

Malheureusement pour lui, sa santé n'était pas à la hauteur de son énergie, qui lui imposait un travail au-dessus de ses forces. Voyant le moment où il serait obligé de renoncer à sa situation, sa santé continuant à décliner rapidement, il fut pris d'un accès de désespoir; et un jour on le trouva pendu dans le logement qu'il occupait à côté de l'Hippodrome.

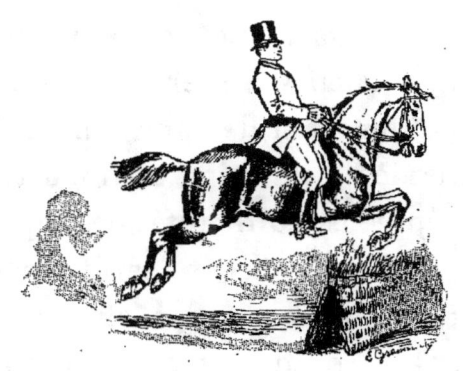

M. DE CORBIE

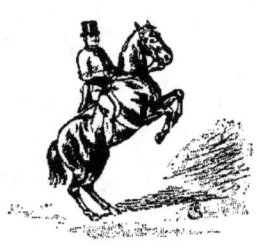

C'est en août 1882, à l'Hippodrome de l'avenue de l'Alma, que j'ai connu M. de Corbie. C'était un écuyer remarquable qui pratiquait l'équitation savante en grand artiste et qui en selle avait une position admirable. C'était un homme d'un talent de premier ordre, d'une volonté inébranlable, d'une énergie sans limites, personnifiant bien notre manière française, distinguée, abordant de front les plus épineuses difficultés de l'équitation, au lieu de les tourner en les remplaçant par des pasquinades.

Vous le rappelez-vous sur son cheval blanc, bête irascible et nerveuse ? Son dressage était d'une délicatesse et d'une perfection à défier la critique la plus malveillante. C'était de la bonne, de la vraie et de la saine équitation. M. de Corbie était un écuyer et non un dresseur, ce qui est bien différent. Ses chevaux étaient toujours travaillés sur « une mise en avant » même dans les mouvements les plus serrés. Ils étaient équilibrés, assouplis, légers, mais se « détachant de terre » et constamment prêts à s'élancer comme une balle à la moindre sollicitation de leur cavalier. Voilà l'École française dans toute son élégante pureté. M. de Corbie était déjà à l'Hippodrome avant 1865. Il a été l'élève de Danfeld, écuyer d'un rare

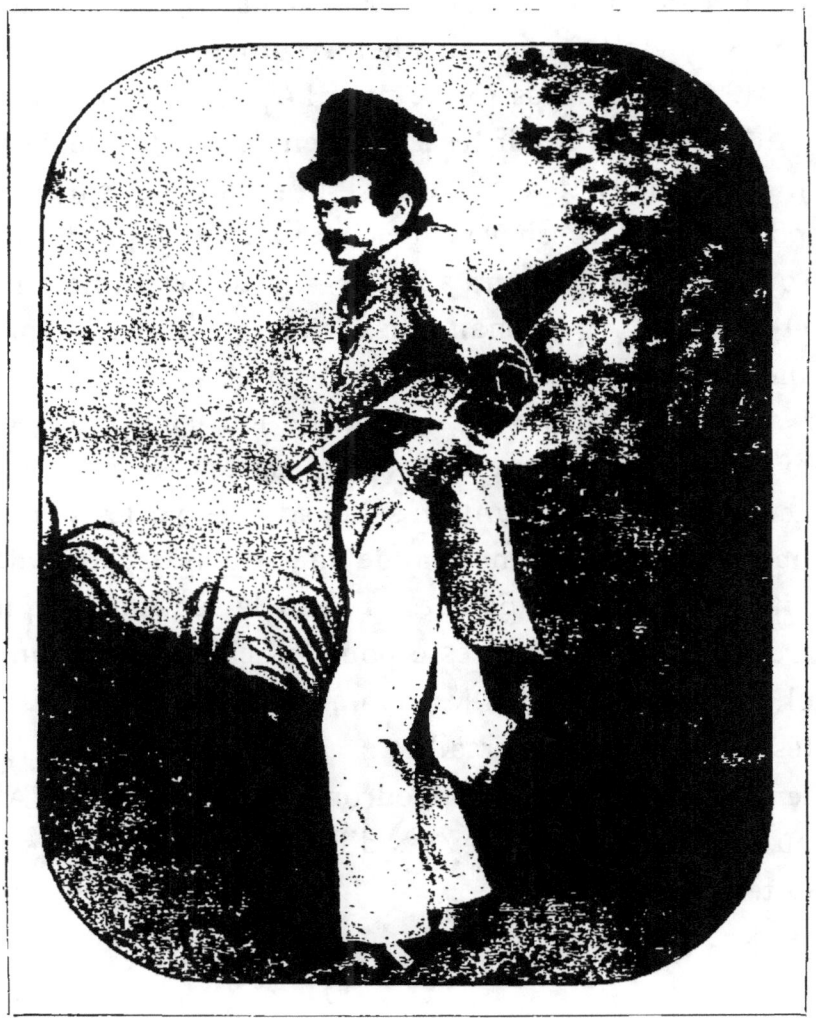

Fig. 154. — Portrait de M. DE CORBIE.

mérite qui s'était fait une juste célébrité dans cet établissement. M. de Corbie est un cavalier remarquablement bien placé à cheval, d'une grande vigueur et d'une tenue exceptionnelle. Encore jeune, il est passé des mains d'Auguste dans celles de M. Gaussen, dont la science équestre était universellement reconnue.

M. Gaussen, passionné pour l'équitation savante, passait toutes ses matinées à l'ancien Hippodrome de l'avenue d'Eylau. Il avait acquis une habileté surprenante pour tirer d'un cheval quelconque en très peu de leçons (quinze au vingt jours au plus) un trot espagnol brillant et soutenu. Il obtenait aussi très vite un beau piaffer, même d'un animal à peu près brut et sans dressage.

M. de Corbie, montant chaque jour sous sa direction, avait fait rapidement de grands progrès et était devenu un écuyer savant, élégant en selle, admiré par les vrais connaisseurs. Il avait une grande finesse d'aides, obtenait très vite les allures artificielles et avait le sentiment équestre très développé. Il a dressé pour l'ancien Hippodrome un cheval sans bride. Il y montait avec Mlle Adèle Drouin les « Sauteurs de Versailles ». Depuis il s'est fait longtemps applaudir à l'Hippodrome de l'avenue de l'Alma, où il a produit des chevaux d'École fort bien mis et parfaitement ajustés.

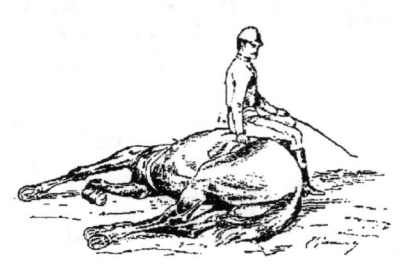

M. JAMES FILLIS

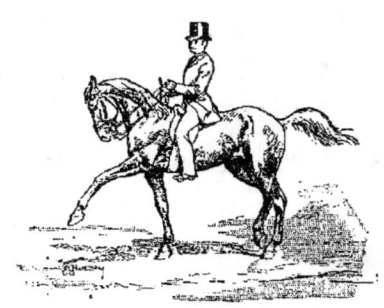

M. James Fillis, écuyer de cirque, ayant fait paraître une méthode d'équitation où il déclare solennellement que ses doctrines sont les seules vraies et qu'en dehors d'elles il n'y a pas de salut, je crois que parler de cette méthode est ce qu'il y a de mieux à faire, pour présenter cet homme de cheval.

Ce livre écrit, ma foi, dans une langue fort bonne, m'a appris bien des choses.

L'étude de la locomotion, par exemple, ne serait d'aucune utilité pour le dressage du cheval, et l'écuyer de l'Hippodrome plaisante agréablement ceux qui s'en sont occupés.

Je trouve qu'en cela il a eu tort ; car, de l'avis de quelques maîtres qui n'étaient pas tout à fait des sots, le jeu des aides ne peut être basé que sur la connaissance des lois qui régissent le mécanisme des membres. Qu'ils applaudissent aux doctrines de M. Fillis, ceux que rebutent de sérieuses études.

Mais là n'est pas le plus grand grief que je fais à M. Fillis ; ce que je lui reproche surtout, c'est de n'avoir rien dit ni rien fait de nouveau. Seulement, pour se distinguer des autres, il malmène Baucher, qui n'a jamais rien compris aux flexions qu'il enseignait et qui étaient la base de sa méthode. Les hommes de cheval les plus remarquables, comme le colonel Guérin, les généraux l'Hotte, Faverot, etc., etc., avaient toujours regardé Baucher comme un écuyer incomparable. Il paraît, si j'en crois M. Fillis, qu'ils se trompent et que Baucher n'existe pas en tant qu'écuyer.

Je ne souhaite qu'une chose à M. Fillis, c'est de nous présenter des chevaux comme ceux que nous a montrés Baucher, dont la méthode a toujours fait l'admiration du monde équestre et qui valut à son auteur des triomphes sans précédents. Il n'en sera jamais ainsi de M. Fillis, auquel je reproche une certaine irrégularité dans la position et un manque de correction dans ses attitudes, ce qui est la négation de la vieille école française dont il se réclame pourtant. Il obtient en dressage beaucoup de ses chevaux, mais il abuse des effets diagonaux, ce qui amène quelquefois des déplacements exagérés de la croupe, dans les changements de pied, par exemple. De plus, sa main droite, tenue constamment haute, maintient par le filet l'encolure et la tête dans une position trop élevée qui paralyse les mouvements de l'arrière-main. Enfin, il est l'apôtre du dressage par la force, ce qui est encore contraire aux saines traditions françaises.

Ce que M. Fillis obtient généralement de ses chevaux,

c'est ce qu'en langage de cirque on appelle des *numéros*, mais ce n'est pas là le bon travail d'école ; ce sont des tours de force, voilà tout. Bref, quelles que soient les affirmations de M. Fillis, je constate que Baucher a fait une révolution dans le monde équestre, tandis que son rival malheureux n'a encore rien révolutionné, excepté peut-être le comité de cavalerie, à l'époque où M. le ministre de la guerre, s'inspirant des conseils d'un écuyer parlementaire, donna l'ordre de mettre à la disposition de M. Fillis un des manèges de l'École militaire.

Ce n'est pas de parti pris que je critique certaines parties de l'ouvrage que j'examine ; c'est uniquement parce que j'ai le devoir de défendre la vérité ou ce que je crois être la vérité. Quand un homme se pose en novateur, il est juste qu'on juge son œuvre et qu'on le compare avec ses prédécesseurs ou ses rivaux.

Je continue donc ma lecture et je note au passage les parties qui frappent mon attention

Je lis, page 32, — position du cavalier : « Les jambes « seront bien tombantes, très descendues », et plus loin : « en somme, pour être bien placé à cheval, le cavalier « devra être assis sur sa selle comme sur une chaise. »

Si l'homme est assis sur sa selle comme sur une chaise, il me semble que ses cuisses se rapprocheront de l'horizontalité. Comment, dans ce cas, les jambes pourront-elles être très descendues ?

Page 71. — « L'élévation de l'encolure, chargeant éga- « lement l'avant-main et l'arrière-main, leur laisse toute « leur liberté et toute leur énergie. Elle place le cheval ;

« il ne restera plus tout à l'heure qu'à l'animer. L'enco-
« lure haute, c'est les jarrets s'engageant aisément sous
« le centre, c'est la hauteur des actions de l'avant-main.
« En un mot, c'est le bon équilibre, c'est la grâce par la
« légèreté. »

Oui, c'est la légèreté de l'avant-main, mais au détriment de l'arrière-main. Toutes les fois que l'encolure est haute, l'arrière-main se trouve surchargée, la hauteur des actions de l'avant-main ne s'obtient que parce que le cheval est plus ou moins sur les jarrets. Et quand le cheval est sur les jarrets, ceux-ci ne peuvent s'engager aisément sous le centre. S'ils se trouvent engagés malgré l'élévation de la tête, c'est qu'il y a eu acculement.

Pour que les jarrets s'engagent facilement, il est donc nécessaire que la tête soit moins élevée que ne l'indique M. Fillis. En voulez-vous un exemple ? Votre cheval marchant au pas, arrêtez-le avec la tête haute et examinez la position des membres postérieurs. Ceux-ci seront toujours éloignés du centre et la base de sustentation sera longue. Au contraire, arrêtez le même cheval avec la tête plus basse : la basse de sustentation sera plus courte et, par suite, les membres postérieurs seront engagés.

Du reste, M. Fillis, malgré tout son absolutisme, est bien forcé de convenir que le cheval ne peut manier avec facilité ses membres postérieurs qu'à la condition d'avoir la tête plus basse qu'il ne l'indique. Je me sers de ses arguments, page 131, à propos du reculer : « Générale-
« ment, dit M. Fillis, pour faire reculer un cheval dans
« le travail à pied, on lui porte la tête aussi haut que

« possible en poussant en arrière. C'est une grande faute.
« Il faut faire tout le contraire, car, en élevant la tête en
« même temps que vous poussez en arrière, vous sur-
« chargez l'arrière-main, qui a besoin d'être allégé pour
« accomplir ce mouvement. »

Il est vrai de dire que M. Fillis ne renonce qu'à regret aux théories que lui sont chères et qu'il s'empresse, deux pages plus loin, dès que le cheval recule bien, de lui élever de nouveau la tête. C'est pour qu'il recule moins bien, je suppose. Comme logique, c'est assez faible ; je ne dirai pas que c'est absurde, quoique M. Fillis se serve assez volontiers de cette expression pour qualifier les théories des autres.

Après la citation que je viens de faire au sujet du reculer, je me crois fondé à dire que l'équilibre préconisé par M. Fillis n'est pas le vrai.

Je retrouve à la page 103 les théories de vigueur et de force si chères à l'auteur. Il est de règle, les premières fois qu'on monte un jeune cheval, de n'agir qu'avec modération et prudence. L'animal ne comprenant qu'imparfaitement le jeu des aides, surtout quand il n'y a été qu'imparfaitement préparé à la cravache, on lui fait sentir légèrement les jambes, dont on augmente graduellement la puissance en armant les talons d'éperons recouverts, puis dépouillés de leur enveloppe. L'auteur comprenant parfaitement que cette progression est rationnelle, l'indique page 130, comme suit :

« Si vous attaquez avec l'éperon un cheval qui n'y est ni
« préparé ni accoutumé, il ne comprend pas, il ne cède

« pas. Vous recommencez, vous insistez : le cheval, ne sa-
« chant pas ce que vous lui demandez, n'a que la percep-
« tion de la douleur ; il cède à son instinct et se défend. »

« Plus l'attaque est vive, plus la résistance d'abord et
« la défense ensuite sont énergiques. Si le cheval est
« mou, il se couche sur la piqûre ; s'il est vigoureux, il
« entre immédiatement dans des défenses violentes. De
« toutes façons, le dressage est manqué.

« L'un devient rétif, l'autre s'affole à la seule approche
« de la jambe ; au lieu d'avoir appris quelque chose, vous
« avez rendu l'éducation impossible. »

Jusque là, M. Fillis a toute mon approbation ; mais ce système qu'il préconise, pourquoi l'abandonne-t-il dès qu'il entreprend l'éducation du cheval monté ? Il y a là une contradiction que je ne m'explique pas et qui dénote que cet écuyer a plus de prédilection pour les moyens violents que pour les moyens raisonnés.

Je lis, en effet, dans le chapitre VII, intitulé : *Cheval monté. — Premières défenses. — Moyens de les combattre :*

« Aussitôt que le cheval entre en défense, j'attaque
« vigoureusement, mais rationnellement... Ce qui im-
« porte par-dessus tout, c'est la vigueur, c'est l'énergie
« supérieure du cavalier. Quant à moi, une fois dans la
« lutte, il m'importe peu de faire de l'équitation latérale
« ou diagonale ; il m'importe peu d'augmenter le désordre ;
« mon grand point, c'est qu'il faut que je sois le maître
« et que le cheval sente bien que toute défense est super-
« flue. Pour arriver à ce résultat capital, quand un che-

« val se borne à indiquer, à esquisser une défense, je
« n'hésite pas à jeter le désordre, à provoquer la défense
« complète, pour en avoir raison. »

Comme nous sommes loin des moyens doux précédemment conseillés! En toute conscience, je ne puis recommander le dernier système de M. Fillis qu'à ceux qui désirent se rompre les os.

A propos du reculer, je lis page 135 : « Au reculer, « c'est l'arrière-main qui se met en mouvement le pre- « mier. » Si M. Fillis s'était un peu plus occupé de locomotion, il saurait que le reculer correct se fait en deux temps et non en quatre. Ce reculer est obtenu toutes les fois que le cheval est appuyé sur une base de sustentation régulière. Le reculer est entamé par un membre postérieur toutes les fois que le cheval a la tête trop basse ou les jarrets trop engagés ; il est commencé par un membre antérieur, lorsque la base de sustentation est trop grande ou que le cheval est campé.

Avec n'importe quel cheval, on peut contrôler l'exactitude de mes assertions.

J'apprends, page 155, que les pas de côté doivent se faire au pas d'école, c'est-à-dire à un petit trot cadencé et jamais au pas ordinaire.

Lisez plutôt :

« Au commencement du travail, je tâche de donner de
« la cadence au cheval, mais seulement au moment où
« je vais lui demander des pas de côté. Par ces mots :
« donner de la cadence au cheval, j'entends lui faire
« prendre le pas d'école. A cette allure, le cheval a une

« grande mobilité, et la marche de côté est rendue plus
« facile en ce sens que les jambes de devant et celles de
« derrière peuvent se mouvoir plus aisément sans se
« toucher, ce qui est impossible au pas ordinaire. »

Impossible est de trop. En effet, lorsque l'avant-main précède suffisamment l'arrière-main, le cheval, au pas ordinaire, ne se heurte ni les sabots ni les jambes.

Au lieu de donner ces indications, M. Fillis aurait mieux fait d'indiquer à quel moment précis de la marche il fait agir la jambe qui provoque le mouvement. Il aurait pu également nous dire qu'il est bon et même nécessaire de peser davantage sur l'étrier du côté vers lequel on se dirige. Si M. Fillis fait peu de cas des écuyers modernes, il aurait pu nous rappeler, sans qu'il en coutât à sa vanité, que les écuyers de l'ancienne école, la Guérinière entre autres, attachaient avec raison une grande importance à cette pesée sur l'étrier.

Page 162, à propos du trot à l'anglaise :

« On dit que le cavalier trotte sur le bipède diagonal
« gauche, quand il s'enlève en même temps que la
« jambe gauche de devant du cheval et retombe dans sa
« selle au moment où cette même jambe se pose à
« terre. »

Si M. Fillis s'était plus occupé de l'étude des allures, il se serait rendu compte que le cavalier doit s'enlever plus tard, seulement au moment où le diagonal droit tombe à l'appui, parce que c'est à ce moment que la réaction se ferait sentir. Or, quand le diagonal droit tombe à l'appui, le diagonal gauche est déjà en l'air, attendu qu'à la fin de la période d'appui du diagonal gauche succède une période en l'air qui précède l'appui du diagonal droit. Le cavalier devra donc, pour trotter correctement à l'anglaise à gauche, baser son enlever sur l'appui du diagonal droit et pas avant.

Ces principes ont été exposés dans des ouvrages dont M. Fillis a tort de faire fi.

Page 177. — « Quand le cheval galope à droite, la « jambe droite du cavalier est plus fortement secouée…

« C'est la détente du jarret droit, posé sous le centre, « qui donne l'impulsion maximum dans le galop à « droite ; c'est elle qui déplace le genou droit du cava- « lier. »

Je regrette de ne pas être du même avis que l'auteur. D'abord, l'impulsion n'est, en réalité, donnée que par le pied qui marque le premier temps, et le rôle du diagonal gauche est principalement de la transmettre. Quant au genou droit du cavalier, s'il a une tendance à se déplacer en avant, à droite, c'est parce que l'espèce d'arrêt produit par l'appui du diagonal gauche renvoie l'assiette vers la droite.

Je me résume : L'ouvrage de M. Fillis contient de fort bonnes choses, mais il est loin d'être parfait, et je connais bien des publications qui valent la sienne, si elles ne lui sont supérieures. Je conseille donc à l'auteur de parler avec moins de mépris des œuvres de ses prédécesseurs ; je l'engage même à les consulter. En dehors des utiles renseignements qu'ils pourront lui donner, ils lui apprendront à être plus modeste, ce qui sied à tout le monde.

J'ignore si M. Fillis, en publiant son livre, a eu l'arrière-pensée de forcer les portes de notre école de cavalerie ; mais, s'il a fait un pareil rêve, je crois qu'il fera bien d'y renoncer.

Grâce à Dieu, nous avons encore, dans la cavalerie française, des écuyers qui valent bien l'ancien pensionnaire de M. Franconi, et nous avons dans nos bibliothèques des ouvrages excellents, que l'on pourra consulter avec avantage, si l'on veut faire des innovations.

Que M. Fillis soit un artiste de valeur, cela ne fait de doute pour personne ; mais sa spécialité est plutôt l'équitation de cirque que l'équitation courante. Ce qu'il obtient est toujours dû à des effets de force et de vigueur, et il excelle dans les tours de force. Mais cela n'est pas suffisant pour faire la loi au monde équestre, d'autant plus que les qualités de M. Fillis peuvent difficilement se transmettre.

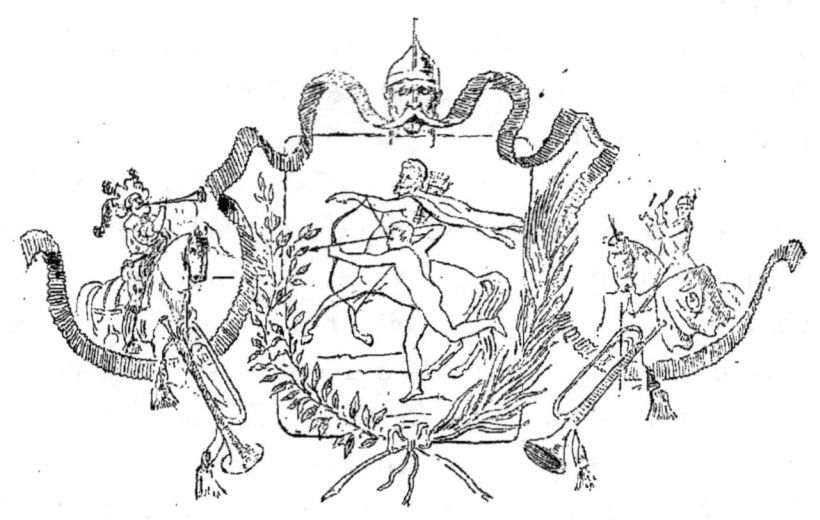

MM. WULFF ET GABEREL

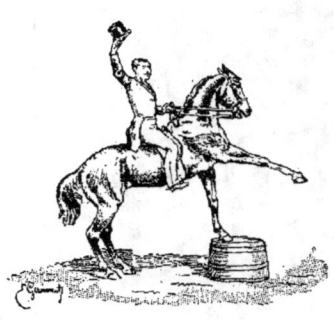

C'est à l'Hippodrome que j'ai vu M. Wulff. J'avais entendu parler beaucoup de cet écuyer, qu'on me donnait comme le plus habile de tous. C'est certainement un écuyer d'une certaine valeur, mais qui est loin d'être un écuyer de premier ordre. Sa position à cheval, quoique bonne, n'est pas tout à fait ce qu'elle devrait être; autrefois on attachait avec raison une excessive importance à la position du cavalier. C'était la base première de l'enseignement à l'école de Versailles, et cela se comprend aisément. Tout cheval bien mis est une balance dont les épaules et les hanches sont les plateaux et le cavalier l'aiguille. Ceci posé, il est facile d'en déduire que la moindre oscillation de l'aiguille se fait instantanément sentir sur l'un ou l'autre des deux plateaux et détermine un mouvement juste ou faux, suivant l'impulsion communiquée. En selle, il faut être comme assis dans un fauteuil, chez soi, mais y être complètement, afin de conserver la libre disposition de

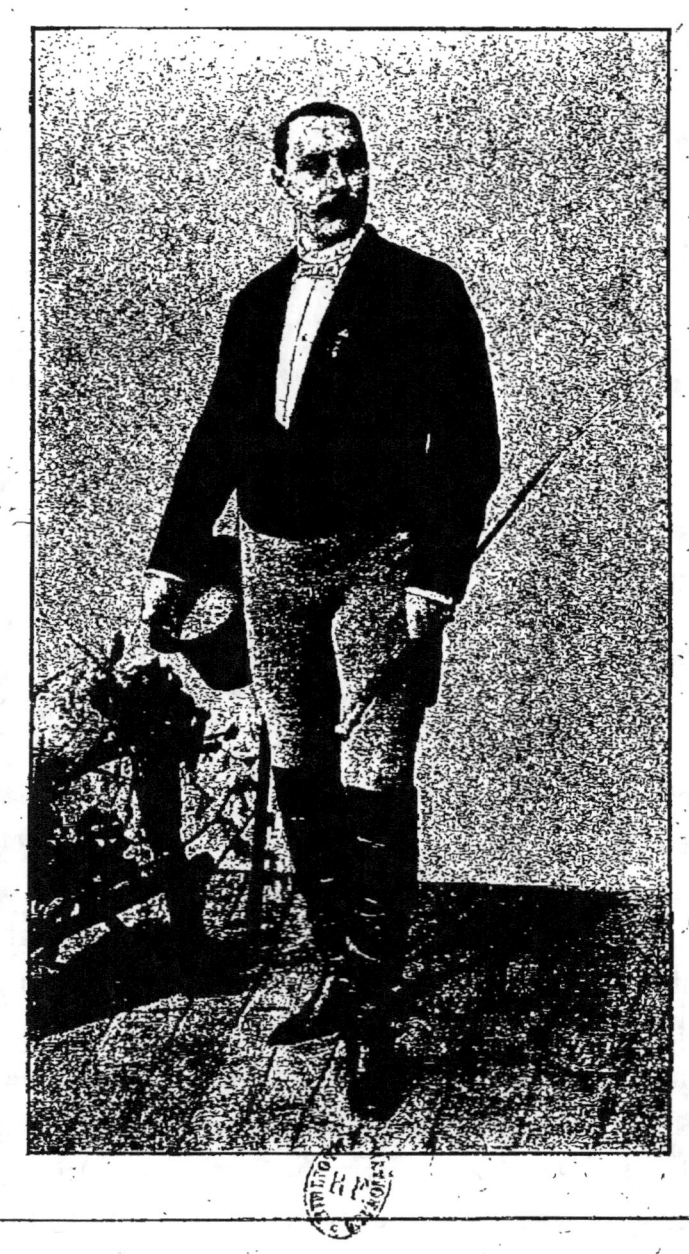

Édouard WULFF

son jugement et surtout de ses effets de mains ou de jambes. On doit faire agir les uns et les autres simultanément ou isolément, sans même avoir besoin d'y penser; cela doit se faire tout seul, par suite d'une habitude en quelque sorte instinctive et mécanique.

M. Wulff ne m'a pas fait l'effet d'avoir cette aisance, cette facilité de mouvement et cette sûreté de soi-même qui fait que l'on se sent bien maître de tous ses moyens.

L'équitation académique consiste à régler et à régulariser les mouvements naturels du cheval, à leur donner toute l'harmonie et toute la souplesse désirables, à pouvoir à son gré les allonger ou les raccourcir, les changer de direction, sans efforts, et surtout sans contorsions ni de l'homme ni de l'animal.

Cette équitation rationnelle, logique, fine, élégante, artistique, pour tout dire, n'est pas celle de M. Wulff, qui m'a paru avoir une certaine prédilection pour l'équitation allemande, pour cette équitation dont le principe fondamental peut se résumer en un seul mot : l'*assujettissement*. Le cheval de haute école, comme nous le comprenons, doit être souple, léger et toujours prêt à répondre ; en un mot, il doit être vibrant. Cela ne me paraît être le cas des chevaux de M. Wulff, chez lesquel il manque de la spontanéité et de l'initiative. Le cheval, au lieu de s'enlever comme une balle, semble être fixé à terre, et il manque tellement d'élégance et d'harmonie qu'il ôte au cavalier toute sa valeur. M. Wulff est, comme je le disais plus haut, un écuyer de valeur ; il possède une assez grande connaissance de l'équitation pour comprendre qu'un cheval obéissant brusquement et mécaniquement est moins beau, moins agréable à voir que le cheval qui s'enlève léger et assoupli.

Dans le premier cas, et c'est un peu celui de M. Wulff, l'exécution des mouvements est dépourvue de tout sentiment artistique; le cheval, au lieu d'être allégé, est écrasé, et il lui faut donc se contracter avec effort pour mettre sa masse en mouvement. Or, comme ce travail se produit nécessairement sur l'immobilité, il ne peut pas être autrement que lourd, pénible et disgracieux ; cela se comprend, du reste, puisqu'il est en quelque sorte la résultante de la position et que l'animal, pour se mettre en mouvement, est obligé de projeter sa masse tout entière en avant, ce qui amène forcément des renversements aussi brusques que faux.

M. Wulff, si je ne me trompe, procède donc de l'équitation allemande. Cette équitation a du bon au point de vue militaire, où le cheval doit être, pour ainsi dire, un être passif entre les mains de son cavalier, obéissant et exécutant tout ce qu'on lui demande, mais elle ne saurait convenir à la haute école, dont le principe fondamental est la mise en avant, parce que c'est la première condition de tout mouvement fin, harmonieux, juste et naturel. Maintenant je suis obligé de reconnaître que M. Wulff est un homme de talent, d'une énergie sans limite, d'une volonté inébranlable, et qu'il est très correct et d'une bonne élégance. Pour être tel que je souhaite, je voudrais le voir travailler ses chevaux d'une manière différente, afin qu'on dise de lui : C'est un écuyer et non un dresseur.

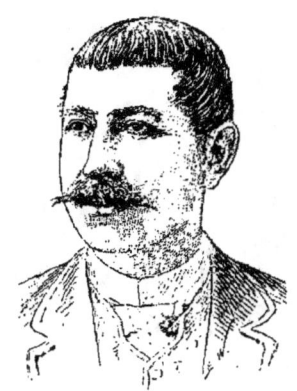

Fig. 159.
Portrait de Gaberel.

M. Gaberel est un cavalier de premier ordre, qui a une position et un correct d'exécution irréprochables. La qualité du cheval qu'il montait le jour où je l'ai vu travailler à l'Hippodrome répondait du reste suffisamment à celle de l'écuyer; il avait beaucoup de brillant dans l'avant-main, et son travail ne laissait rien à désirer.

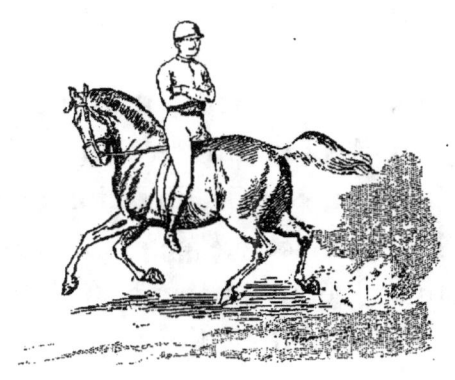

GAËTANO CINISELLI

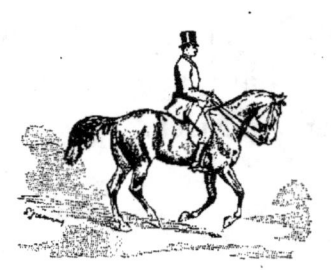

Élève favori de Baucher, Gaëtano Ciniselli fut un des plus brillants écuyers de son époque. Après avoir appartenu au cirque Franconi, il devint pensionnaire de Guerra, et c'est là qu'il connut Mlle Wilhelmine Hinné, qu'il épousa quelque temps après.

Aussitôt après son mariage, il vint s'installer à Saint-Pétersbourg, où il créa un cirque, qui fut et qui est encore actuellement, sous la direction de son fils, le rendez-vous de la haute société pétersbourgeoise.

Gaëtano Ciniselli était un écuyer fin, délicat, ayant bien le sentiment du cheval et d'une grande supériorité. Le dressage et l'équitation du cirque absorbaient sa pensée tout entière. Digne élève du grand maître Baucher, Ciniselli s'est élevé à des hauteurs que personne ne dépassera. Finesse, science, distinction, telles étaient les principales qualités de cet écuyer, qui obtint à Paris, au cirque Franconi, les plus grands succès. Il était fixe en selle, aussi son cheval était toujours parfaitement équilibré. Sans cette fixité, en effet, nul ne saurait jamais être certain du jeu de sa main, qui est si intimement lié à la sûreté de l'assiette qu'il ne saurait en être séparé. Autrement on se pend plus ou moins à la bride, et l'on force le cheval à prendre un faux équilibre dont il ne

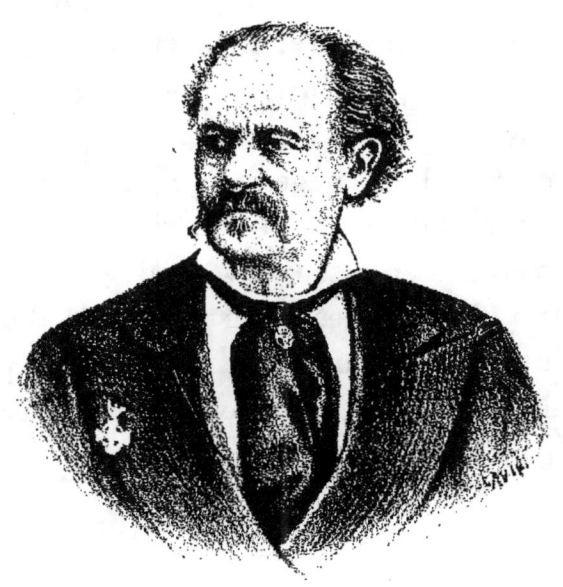

Fig. 162. — Portrait de Ciniselli.

peut sortir qu'en arrachant la main ou en se défendant.

Gaëtano Ciniselli ne se fixa définitivement en Russie qu'après avoir visité les principales villes de l'Allemagne, de la Hollande, de la Suisse et de l'Italie.

Il resta quelques temps à Milan, sa ville natale, où il présenta successivement les chevaux merveilleux qu'il avait dressés en haute école : *Monte-Christo*, *Mazeppa*, *Lucifer*, *Caprice* et *Domino* ; six chevaux d'origine, de construction, de caractère, de qualité absolument disparates. Tous exécutaient leur travail avec une régularité, un fini d'exécution également irréprochables! Un pareil résultat n'est-il pas le plus grand éloge qu'on puisse faire de la valeur individuelle de l'homme?

Après être passé par Florence, Naples, Catane, Messine, Rome, Gênes, il retourna en Russie, où il fit bâtir deux grands cirques, un à Moscou et l'autre à Saint-Pétersbourg.

L'Empereur le protégeait beaucoup et suivait avec la plus grande sollicitude ses travaux; Sa Majesté venait même souvent s'entretenir avec lui.

Gaëtano Ciniselli est mort au mois d'octobre 1890, en laissant deux fils qui sont ses élèves et qui arriveront certainement à être, comme écuyers, aussi habiles et aussi célèbres que leur père.

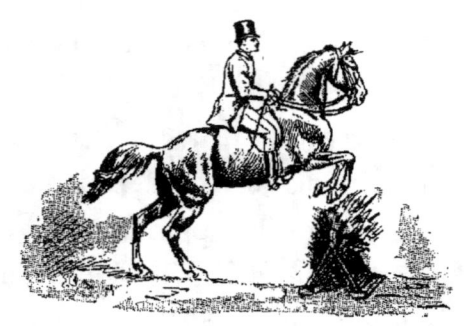

LES CIRQUES

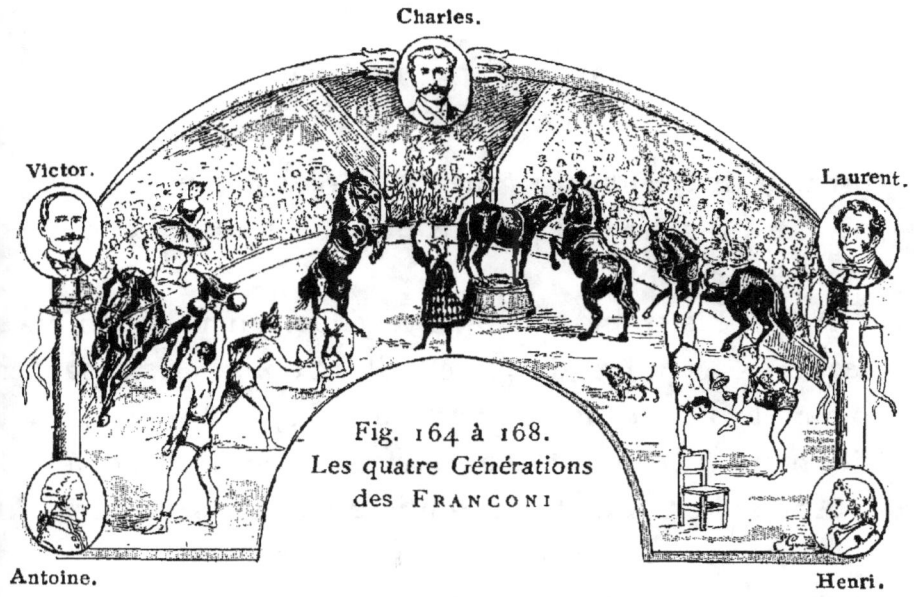

Fig. 164 à 168. — Les quatre Générations des FRANCONI

LES CIRQUES

LES FRANCONI

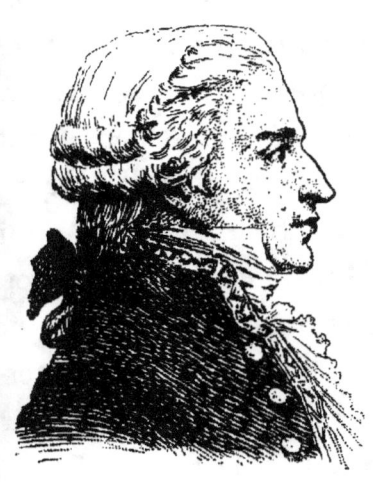

Fig. 169. — ANTOINE FRANCONI (1738-1836).

Au lieu de parler du cirque Franconi, que tout le monde connaît, aussi bien celui d'été que d'hiver, il me semble bien plus intéressant de parler de la dynastie des Franconi. Elle existe depuis que le cirque existe, et elle vivra tant que ce spectacle amusera la foule ; et, comme rien n'annonce qu'elle en soit lasse, il y en a encore pour longtemps, fort heureusement.

C'est en 1738, à Venise, qu'est né Antoine Franconi, le

premier directeur du cirque. Les circonstances qui l'amenèrent à diriger une scène équestre sont assez curieuses pour être contées.

Ayant blessé mortellement en duel un patricien avec lequel il s'était pris de querelle, il fut obligé de s'expatrier pour n'avoir pas maille à partir avec la justice de son pays, qui punissait de mort les duellistes. Il avait vingt ans alors.

Après avoir franchi la frontière des États vénitiens, il se dirigea sur la France et, pour ménager sa bourse, qui n'était pas trop garnie, il s'en vint à pied jusqu'à Lyon.

Mourant presque de faim, ne sachant que devenir, il errait à travers la ville, lorsqu'il vit, installée sur la place, une grande ménagerie. Comme ses ressources étaient épuisées, il n'hésita pas un instant; il se présenta au directeur de l'établissement et s'offrit pour entrer dans la cage des fauves. Ses services furent acceptés et, le soir même, il eut quelques démêlés avec un lion; un de ses bras en garda les traces pendant toute sa vie. Malgré ce léger accroc, il finit par triompher et à se faire obéir par le fauve. C'était une grande nouveauté pour l'époque, aussi tout le monde se portait-il à cette ménagerie pour voir cette chose extraordinaire. Son succès fut complet. Mais son tempérament d'aventurier ardent, fougueux, ne tarda pas à lui créer des ennemis, et, à la suite de contestations avec le personnel de la ménagerie, le directeur fut obligé de se priver de ses services. Il partit pour Paris; mais, en route, il rencontra une troupe équestre, dans laquelle il s'engagea, jusqu'au jour où il put, à force d'économies, monter un cirque pour son propre compte.

Il vint à Lyon, où il donna ses représentations dans un établissement bâti en planches, selon l'usage de l'époque.

Actif, intelligent et travailleur, il fut remarqué par un personnage qui, s'intéressant à lui, lui avança les fonds nécessaires à la construction d'un cirque en pierre, où il fit de très bonnes affaires.

Malheureusement l'armée républicaine, en venant, en 1793, assiéger Lyon, le ruina en partie. Son établissement ayant été brûlé comme toute la ville, il s'en vint cette fois à Paris. Il loua, au faubourg du Temple, le cirque d'Astley, qui avait été obligé de retourner en Angleterre, en guerre avec la République française.

Une affiche du 9 thermidor nous donne le programme des représentations qui avaient lieu à cette époque.

Amphithéâtre d'Astley, faubourg du Temple.

Aujourd'hui, le citoyen Franconi donnera la *fête civique*; cette fête sera célébrée avec toute la pompe dont elle est susceptible, et terminée par l'entrée d'un char en forme de tente nationale, illuminé et traîné par quatre coursiers richement harnachés ; précédé de plusieurs exercices d'équitation, d'émulation, danse sur les chevaux et entr'actes très amusants. Il donne ses leçons d'équitation et de voltige tous les matins pour l'un et l'autre sexe.

Puisque je parle de Thermidor, voici une anecdote qui prouvera que la reconnaissance n'est pas un vain mot chez certains caractères trempés comme le fut celui d'Antoine Franconi, dont la nature énergique et déterminée

faillit le perdre, lui et tous les siens. Vous vous rappele
le grand personnage qui, à Lyon, lui avait avancé le

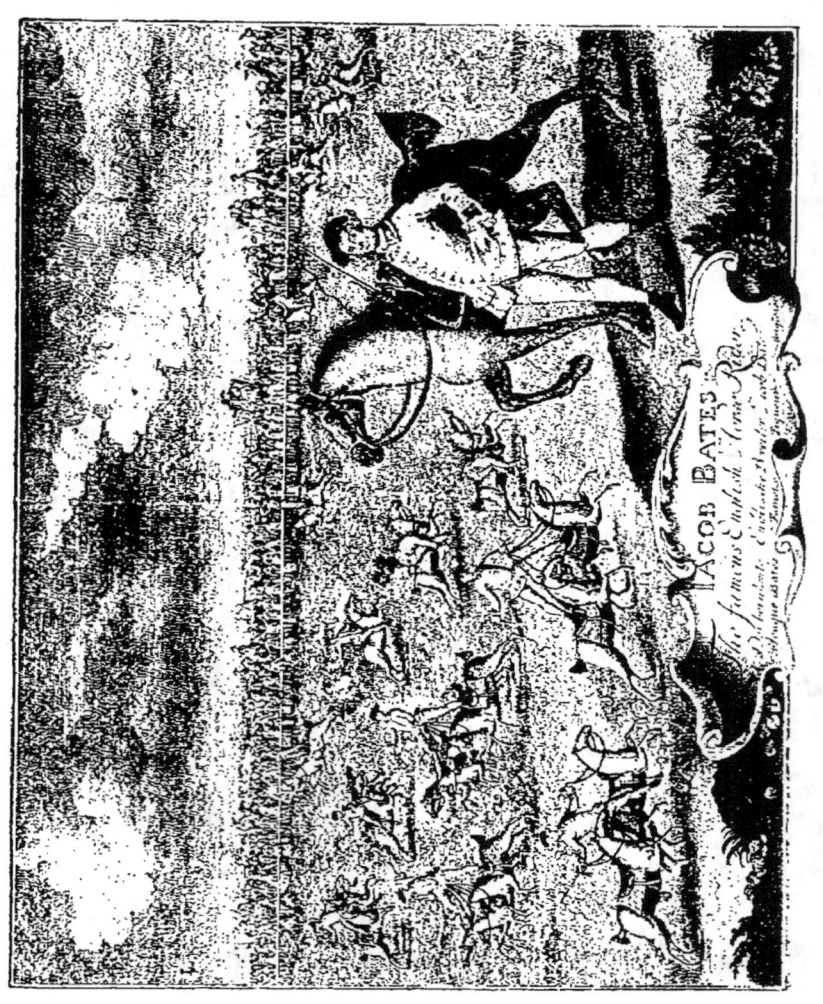

fonds nécessaires pour la construction de son cirque. C
ci-devant, réfugié à Paris pendant la tourmente révolution
naire de 1793, traqué de tous côtés, changeait de domi
cile chaque nuit. Un soir, ne sachant où aller, il vin

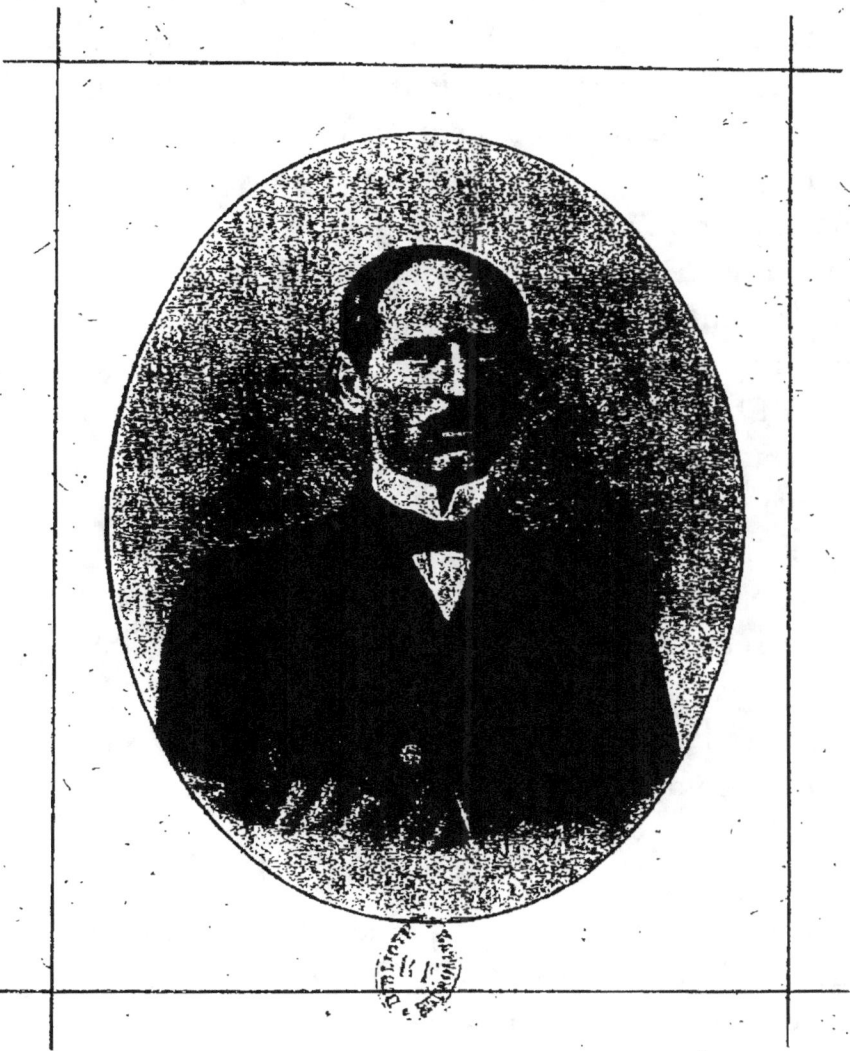

Victor FRANCONI

frapper à la porte du cirque situé faubourg du Temple et demanda à parler au directeur. Antoine Franconi le reconnut aussitôt, le fit entrer et se mit à sa disposition. Le noble fugitif resta caché pendant plus d'un mois dans un local situé au-dessus du contrôle que l'on ne visitait jamais.

Il fut cependant dénoncé ; une visite domiciliaire eut lieu et le livra à Fouquier-Tinville. Franconi, qui était absent au moment de l'arrestation de cet infortuné, trouva en rentrant sa femme alitée et malade d'émotion. Ayant appris ce qui venait de se passer, il comprit qu'il ne tarderait pas à être arrêté, également-

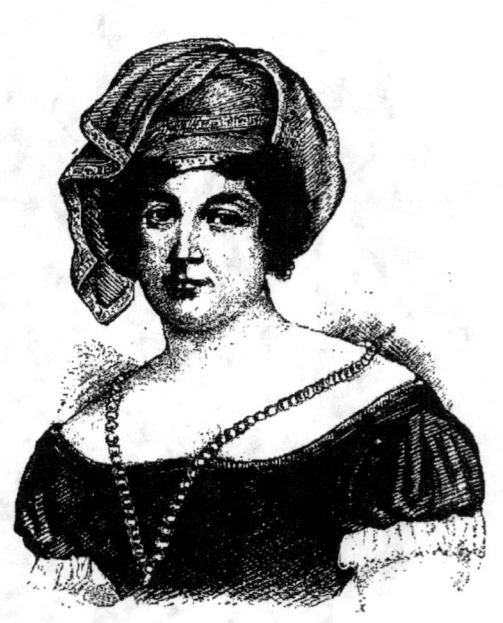

Fig. 171. — Minette Franconi.

ment. Résolu à ne pas se laisser prendre vivant, il s'installa dans le foyer du cirque qui donnait sur la rue du faubourg du Temple. Son audace était connue dans tout le voisinage ; et, comme il avait toujours la main ouverte pour les malheureux, il était fort aimé par tous ses concitoyens.

Effectivement, un soir, on vint pour l'arrêter. Heureusement pour lui, les délégués du terrible comité de Salut public étaient tous habitants du quartier, qui le considéraient comme un brave homme, *mais un peu fou*. Après une discussion assez vive, dans laquelle il déclara nettement qu'il était déterminé à faire usage de ses armes — discussion épique qui eut lieu, lui à la croisée du foyer, les délégués toujours dans la rue, — ces derniers se retirèrent après avoir déclaré qu'ils reviendraient en force. Ils ne revinrent jamais !

La Terreur passée, il reprit le cours de ses représentations, secondé par ses deux fils, Henri et Laurent, qu'il avait envoyés à Lyon quelque temps avant l'aventure que je viens de raconter, pour recueillir les épaves de son cirque incendié.

Caractère toujours irritable et emporté, il se brouilla avec ses fils, qui allèrent s'établir rue Mont-Thabor. Au bout de quelques années, les deux frères, réconciliés avec leur père, reprirent possession du cirque du Faubourg du Temple cédé par le vieil Antoine Franconi, qui se retira des affaires et vécut jusqu'à près de cent ans, toujours entouré de sa famille.

A sa mort, en 1836, Laurent et Henri Franconi, devenus propriétaires du cirque de la rue du Temple, en prirent la direction. Henri, qui avait appris à travailler debout, avait été si malmené par son père, qui, dur pour lui, était dur pour les autres, prit ce métier en horreur; il y renonça et ne s'occupa plus que de la mise en scène.

Laurent Franconi, toujours à cheval, s'était passionné pour cet exercice. Il finit par acquérir une solidité remarquable, solidité qui est la base de toute équitation. Il servit une année dans un régiment de cavalerie, les *Hussards Chamboran*. Au bout de ce temps, il revint chez son père et ne s'occupa plus que des chevaux montés. Ayant présenté plusieurs de ces derniers en public, il se fit connaître alors comme écuyer.

Sous l'Empire, en dehors de ses occupations équestres, il s'adonna au dressage des chevaux de guerre, et nombre d'officiers généraux eurent recours à sa science. Le prince Eugène de Beauharnais (celui qui fut vice-roi d'Italie) fut un de ses meilleurs élèves. Laurent Franconi fut le premier qui présenta des chevaux d'école dans un cirque. A cette époque, en fait d'équitation savante, on ne connaissait que les manœuvres à huit ou dix cavaliers.

Outre ses chevaux d'école, Laurent Franconi dressa un grand nombre de chevaux en liberté, des cerfs, dont l'un, le cerf *Coco*, fut bien connu du public parisien d'alors.

Mais c'est surtout comme écuyer qu'il avait une grande réputation. Il était un des derniers représentants de l'école française, et, à ce sujet, je crois bon de raconter la réception qui lui fut faite à l'École de Cavalerie de Saumur par l'écuyer en chef.

En 1843, quelques mois après que Baucher eut quitté l'École, Laurent Franconi était venu à Saumur avec sa troupe. Le général commandant l'École avait mis à sa disposition le petit manège pour y établir son cirque. Laurent Franconi, représentant la vieille école, fit une visite à domicile au commandant de Novital, écuyer en chef, un bauchériste non moins fervent que convaincu.

Le commandant de Novital, sachant l'heure à laquelle le grand écuyer, son aîné de beaucoup, montait à cheval le matin, jugea opportun de lui rendre à cheval, sur *Omphaly*, la visite qu'il en avait reçue.

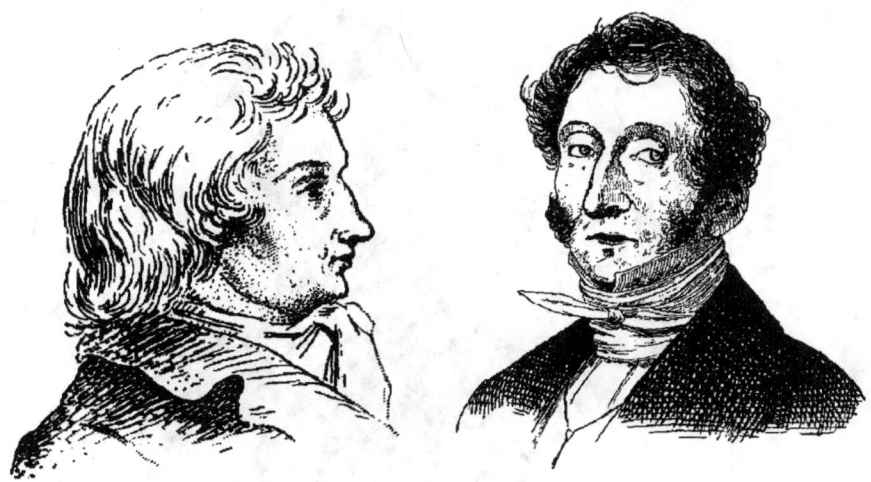

Fig. 172. — Henri Franconi.
1777-1849.

Fig. 173. — Laurent Franconi.
1774-1849.

Là, et après les compliments d'usage échangés, Laurent Franconi pria le commandant de Novital, qu'il savait rallié à la nouvelle méthode, de monter sa jument *Norma*.

— C'est à vous, Maître, de monter *Omphaly*; je suis chez moi, je vous demande cet honneur, répondit l'écuyer en chef de Novital.

Laurent Franconi, saisissant avec empressement la gracieuseté de celui dont il était l'hôte, descendit de *Norma* et monta immédiatement *Omphaly*.

Décrire le *parti étourdissant* qu'il tira de ce cheval, qui avait été baucherisé *in extenso*, est impossible, disons

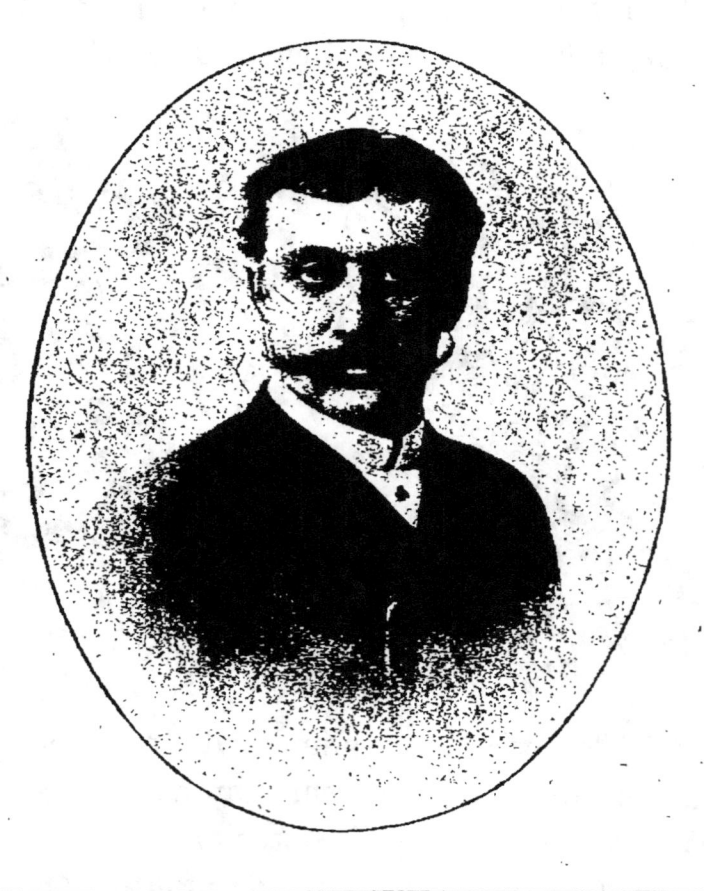

Charles Franconi

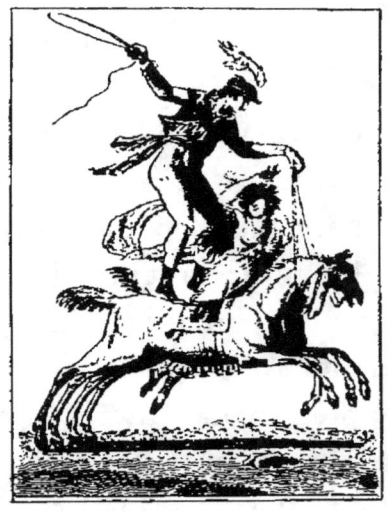 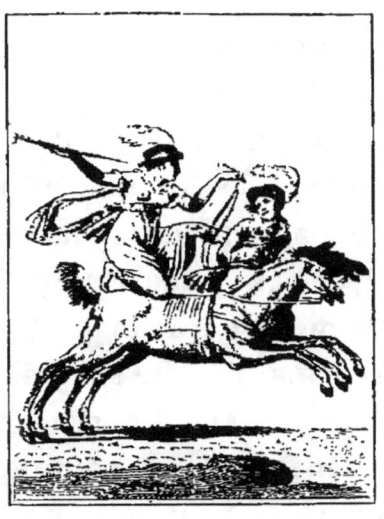

Fig. 174. — Pas de Deux.   Fig. 175. — Pas de Deux.

Reproductions d'après LE CIRQUE OLYMPIQUE ou les Exercices des Chevaux, dressés par MM. FRANCONI.

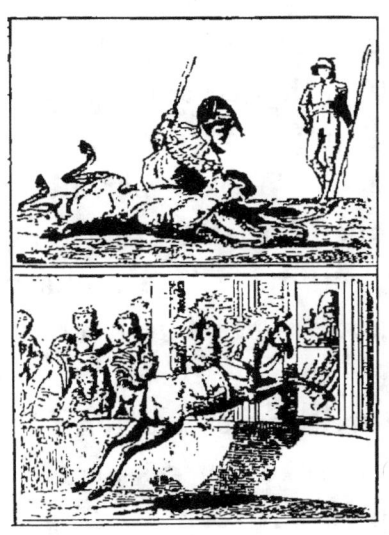 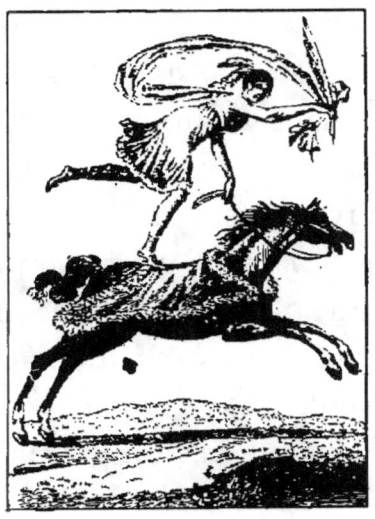

Fig. 176 et 177.— En Liberté.   Fig. 178. — Le Pas du Châle.

seulement que Laurent Franconi le monta mieux encore que l'écuyer éminent qui l'avait dressé.

A son tour, Laurent Franconi offrit *Norma* au commandant de Novital, qui la monta, non sans quelque émotion, tant était grande son admiration pour le savant écuyer qu'il venait de voir à l'œuvre ; tant aussi, dans cette modestie, apanage du vrai talent, qui lui était propre, le commandant de Novital redoutait d'être inférieur à lui-même. Il n'en fut rien, et, après avoir étudié *Norma* pendant quelques minutes, il lui fit exécuter tout son travail avec une telle perfection, que Laurent Franconi s'écria : « Vous êtes bien un maître ! »

Les chevaux dressés par Laurent Franconi étaient arrivés à un tel degré de finesse, que pendant les airs de manège qu'il leur demandait, sa position restait intacte et le travail des aides imperceptible. C'est cette finesse dans l'emploi des aides, dont parle de la Guérinière, en rappelant le pincer délicat de l'éperon.

Ce toucher délicat complétait l'accord parfait entre l'écuyer et son élève ; ce dernier obéissant au moindre effet de la main et des jambes, comme je l'ai dit plus haut. Le travail d'école dans ces conditions permettait à l'écuyer de conserver sa position académique.

En dehors de la partie équestre, Laurent et Henri Franconi montèrent un grand nombre de pièces au Cirque-Théâtre du faubourg du Temple : *Kléber*, l'*Attaque du convoi*, *le Chien du régiment*, etc., drames militaires qui eurent un grand succès. En 1828, les frères Franconi, ayant cédé leur privilège à Adolphe Franconi, fils d'Henri,

Laurent ne s'occupa plus que d'équitation. Il fut pendant longtemps le professeur de la famille d'Orléans.

Pendant plusieurs mois chaque année il allait en représentation dans les cirques étrangers ; il parcourut ainsi successivement l'Angleterre, la Belgique et l'Allemagne. Ses excursions équestres se terminaient généralement à l'Hippodrome, dirigé alors par son fils Victor Franconi.

Chose bizarre, les frères Franconi, qui ne s'étaient jamais quittés durant leur existence ne furent même pas séparés par la mort, car tous deux moururent du choléra en 1849 à un mois de distance.

Nous arrivons maintenant à Victor Franconi, le directeur actuel des Deux Cirques.

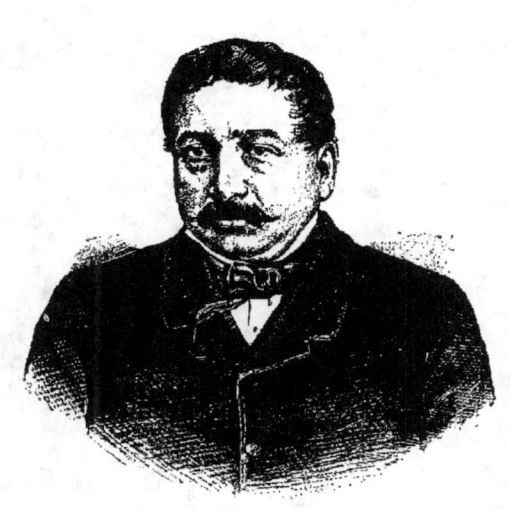

Fig. 179. — Adolphe Franconi.

M. Victor Franconi est un écuyer remarquable, montant aussi bien le cheval neuf que le cheval mis, et sachant on ne peut mieux en tirer parti. Nous l'avons vu monter des chevaux qu'il ne connaissait pas, et, au bout d'un instant, en tirer un parti étonnant. Il lui est arrivé plusieurs fois d'acheter des chevaux difficiles, presque tous très difficiles, et de les mettre à tous les airs de manège, dans un temps relativement très court.

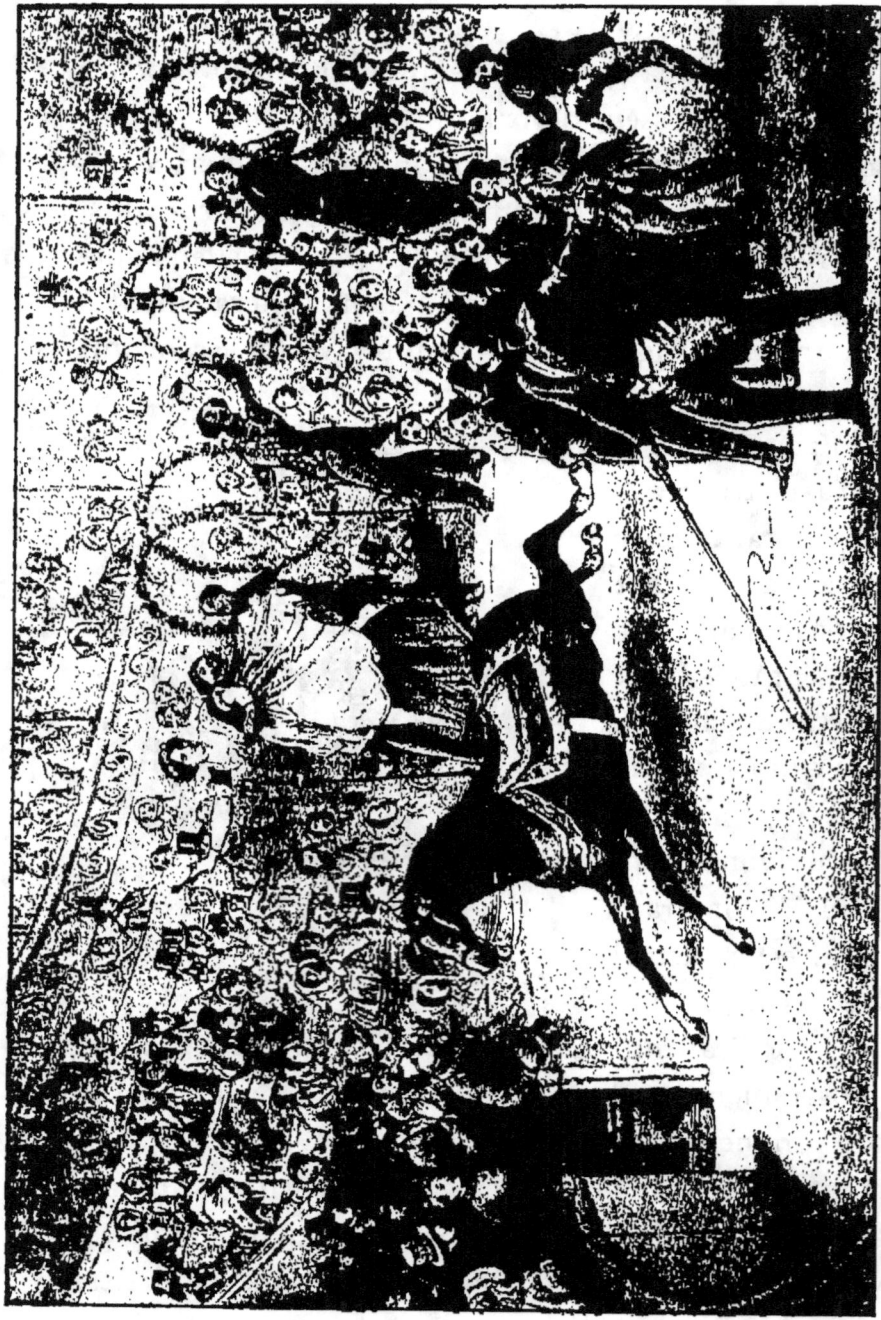

Fig. 180. — Mme Cuzent (Mme Lejars) au Cirque national des Champs-Élysées (1840).

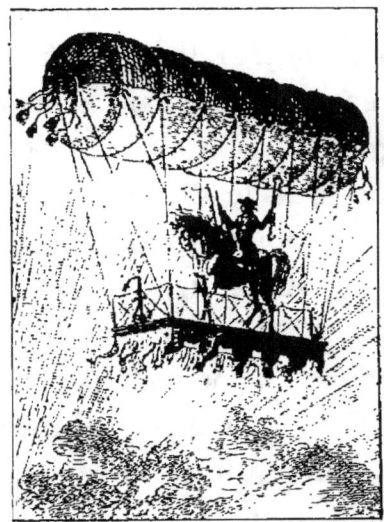

Fig. 181. — Le Cheval aéronaute.

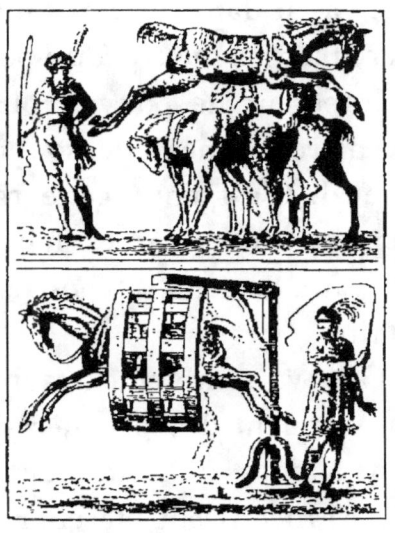

Fig. 182 et 183. — Sauteurs.

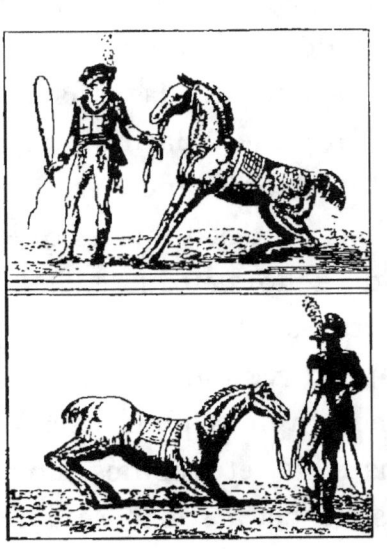

Fig. 184 et 185.
Dressage en Liberté.

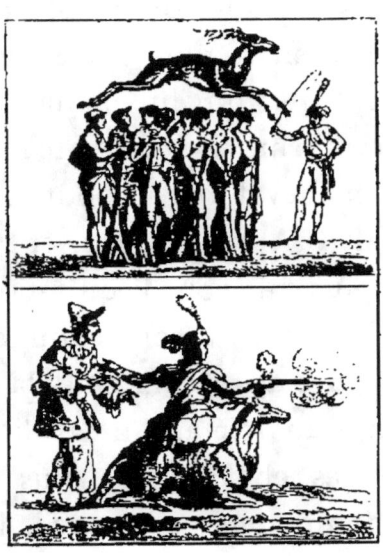

Fig. 186 et 187.
Saut du Cerf Coco.

On l'a vu dans le temps monter des chevaux pour l'Empereur et les mettre à un point parfait. Malheureusement, l'Empereur ne pouvait plus en profiter, car, dans les dernières années de son règne, il montait très peu à cheval. C'est pour cette raison que le Général Fleury dépensa des sommes fabuleuses pour lui acheter des chevaux de selle, et jamais il ne put en trouver un à sa main.

Cela va sembler extraordinaire aux personnes qui se souviennent des premières années du règne de l'Empereur, alors qu'il montait sa belle jument alezane. Si M. Franconi eût été chargé de lui mettre un cheval de selle dans ce moment-là, je suis persuadé qu'il eût réussi ; mais, dans les derniers temps, il souffrait horriblement, il ne tenait plus à rien et ne donnait même plus aux personnes qui lui mettaient ses chevaux la satisfaction du murmure approbateur qu'arrache à la foule la vue d'un cheval mis au bouton. M. Victor Franconi est, avec MM. D'Aure, Baucher et Pellier, un des hommes qui ont le plus fait pour l'équitation du dehors et du dedans.

Victor Franconi commença dès son très jeune âge à prendre des leçons sous la haute direction de son père. A vingt ans, c'était un cavalier accompli, se plaisant à monter les chevaux les plus mauvais et réputés comme indomptables. Plus tard, il s'associa à son père dans la direction du cirque, puis il devint seul directeur, et c'est en cette qualité qu'il parcourut à peu près toute l'Europe. Après quelques années de tapage, il s'en fatigua et céda chevaux et cirque.

Victor Franconi, en pleine jeunesse, n'était pas une nature à ne pas utiliser ses moyens et son talent d'écuyer; il revint à Paris et fonda en 1846 le premier Hippodrome. Cet établissement était situé alors à la barrière de l'Étoile sur l'emplacement duquel s'élève l'avenue du Bois-de-Boulogne et l'avenue d'Eylau. Son ouverture eut un im-

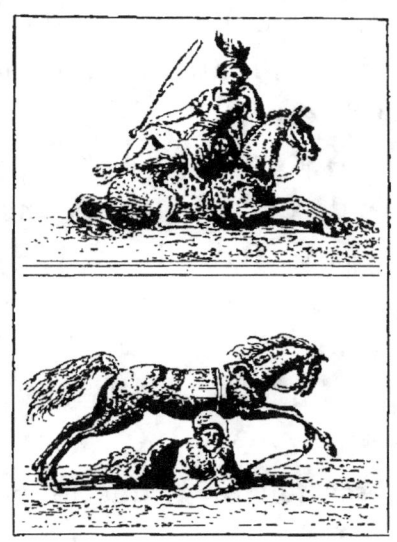

Fig. 188 et 189.
Dressage en Liberté.

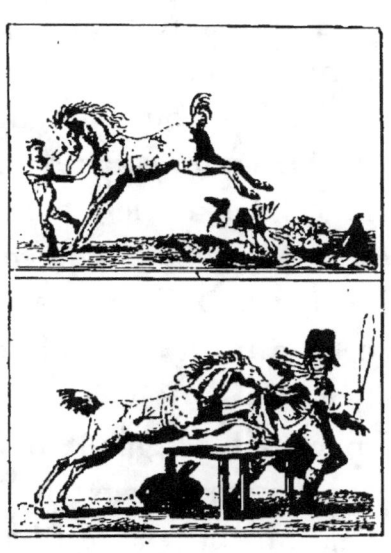

Fig. 190 et 191
Sauteurs.

mense succès. Paris alors n'était pas comme aujourd'hui habitué à ces grandes exploitations. Du reste, le spectacle était à la hauteur de la nouveauté. Beaucoup de nos contemporains se rappellent avec quel éclat et quelle somptuosité était monté le *Camp du drap d'or*. Cet Hippodrome était à ciel ouvert, et les représentations ne se donnaient que dans la journée. Voulez-vous une idée de ce qu'était le public le jour de la première du *Camp du drap d'or*. Au moment où François Ier et Henri VIII devaient se rencontrer, une pluie diluvienne se mit à tomber; l'immense piste de l'Hippodrome, qui devenait un lac, était couverte de cavaliers, de seigneurs revêtus de riches armures, les dames sur des palefrois, richement caparaçonnés; l'effet était des plus saisissants. En 1846, c'était nouveau !

D'un mouvement unanime, le public, dix mille personnes se levèrent et crièrent de tout rentrer... Allez donc voir cela aujourd'hui. Sous sa direction, l'Hippodrome fit de brillantes affaires, mais 1848 arriva : les émeutes, l'incendie et le choléra décidèrent Victor Franconi à céder son établissement. C'est Arnaud qui en prit la suite; il l'exploita jusqu'au jour où il fit construire celui qui fut brûlé place d'Eylau.

Après la Révolution, Franconi s'en vint trouver le maréchal Regnault de Saint-Jean-d'Angély, auquel il exposa ses projets; il l'intéressa tellement que le maréchal lui concéda le Champ de Mars pour y donner pendant l'été des représentations. Là, eurent lieu les Fantasias arabes, la Maison Brûlée, les courses, de vraies courses, ma foi, enfin ces merveilleuses ascensions de ballon, que dirigeaient M. et Mme Poidevin. En présence d'une foule s'élevant à plus de 40,000 personnes, on voyait cette dernière s'élever dans les airs, assise dans une élégante victoria attelée de deux superbes chevaux, avec groom derrière la voiture. Ce groom, il m'en souvient, était un Anglais riche, très riche, qui aimait ce genre d'émotions; il ne manqua jamais de venir s'asseoir sur son siège.

1870 arriva! Victor Franconi resta à Paris pendant toute la durée du siège. En 1872, il fut nommé directeur des Deux-Cirques, où nous le retrouvons encore aujourd'hui âgé de près de quatre-vingts ans ; nous le retrouvons plus vert et plus jeune que jamais. Les Deux-Cirques sous son impulsion tiennent toujours la tête des établissements équestres de Paris. Là est l'équitation savante, approfondie, étudiée; là, point d'acrobatie équestre : du dressage et de l'art; c'est peut-être moins criard, mais à coup sûr c'est plus correct. Victor Franconi est le digne émule des Laguerinière, des d'Abzac, des d'Aure, des Baucher, des Pellier, ses prédécesseurs, dont les noms sont les plus beaux fleurons de l'*Équitation française*.

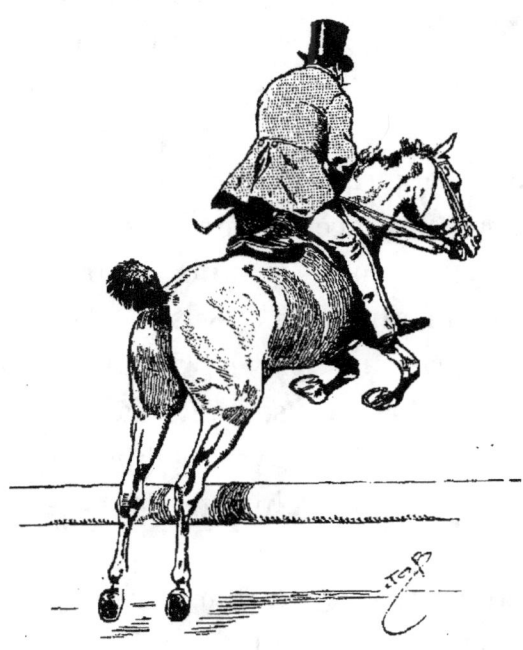

L'HIPPODROME

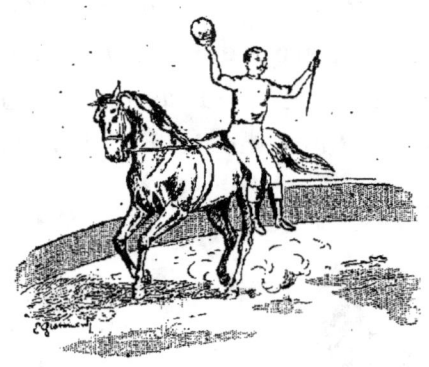

Après avoir été d'abord à Passy et ensuite en pleins Champs-Élysées, l'Hippodrome est aujourd'hui avenue de l'Alma. C'est à M. Zidler, le directeur actuel du joyeux Moulin-Rouge, qu'on doit la résurrection de cet établissement, aussi remarquable par ses vastes proportions que par son élégance et son originalité. On travailla, pour ainsi dire, jour et nuit pour mettre sur pied cette œuvre gigantesque. Aussi, dès qu'elle fut terminée, les Parisiens, privés depuis quelques années déjà d'un de leurs amusements favoris, se portèrent-ils en foule vers le nouvel établissement, œuvre de M. Alfred Leroux, l'architecte de la section française à Vienne.

Zidler, en homme fort habile, avait bien vite compris que pour réussir il fallait faire largement les choses, aussi prodigua-t-il l'argent pour que rien ne fût épargné comme luxe et comme confort. Le magnifique promenoir qui en fait le tour complet était pour cette époque une innovation des plus heureuses; et, comme j'ai parcouru l'établissement jusque dans ses écuries les plus

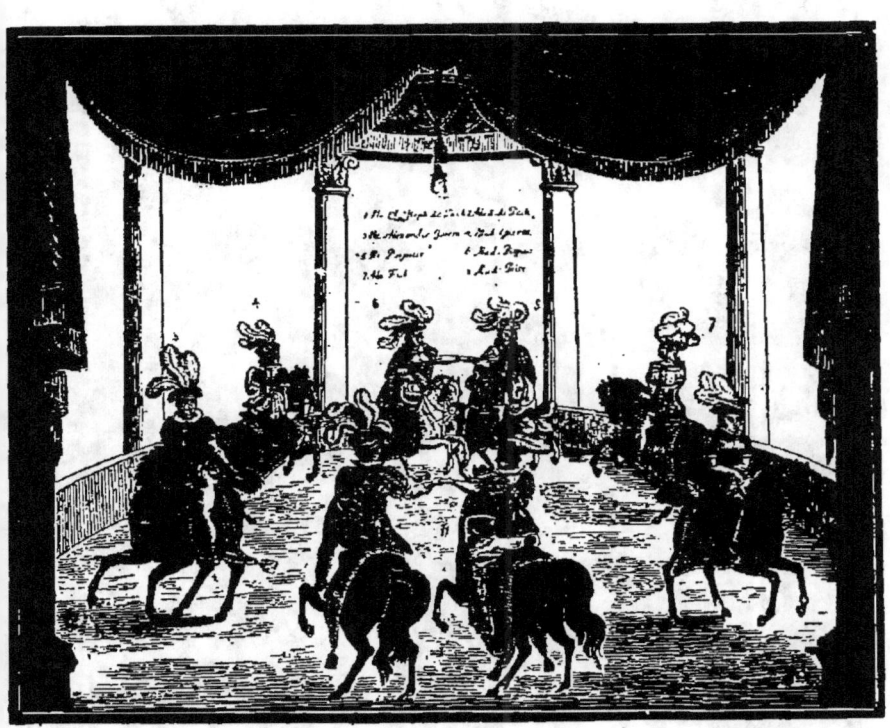

Fig. 194. — Quadrille Moyen Age (*d'après une ancienne Gravure*).

reculées, je peux dire que je n'ai jamais rien vu de plus intéressant, de plus complet, de mieux aménagé; on a tiré parti de tout avec une ingéniosité extrême. Ainsi, sans compter les écuries, qui renferment plus de deux cents chevaux, l'Hippodrome possède de vastes espaces pour les ménageries et, autour des arènes de l'avenue de

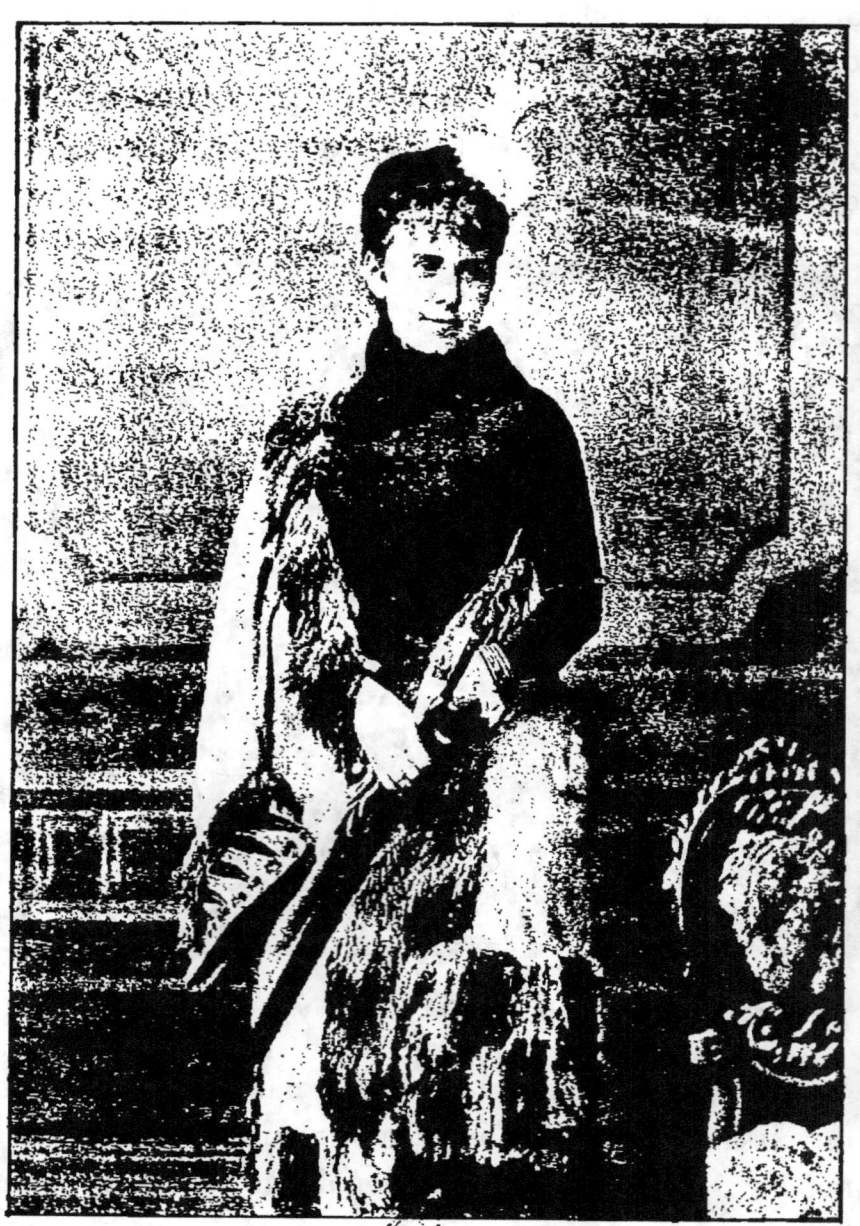

Fig. 195. — Mlle Elisa Pezold.

l'Alma, des bâtiments, avec des magasins de costumes plus grands que ceux de l'Opéra ; des loges bien installées pour les écuyers et les écuyères ; la sellerie, la salle des armures, des remises pour les voitures et les chars, les magasins d'accessoires, un petit Cirque où se donnent

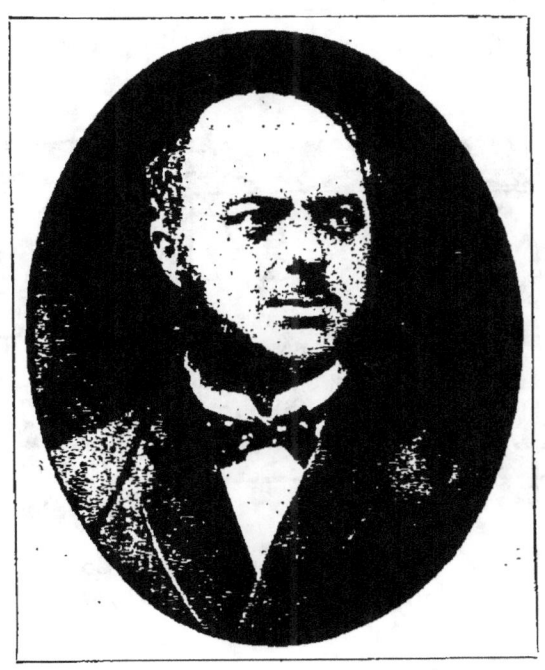

Fig. 196. — Portrait de M. Zidler.

les répétitions de haute école et où on fait travailler des chevaux dressés en liberté, enfin la chambre des machines, dans laquelle deux machines à vapeur de la force de cent chevaux sont spécialement affectées au service de l'éclairage électrique.

Parmi les curiosités de la maison, il faut mentionner aussi le carrosse de gala, qui n'est pas un carrosse de gala ordinaire, puisque c'est celui de feu le duc de Brunswick. Le Prince ne s'en est servi que pour les grandes cérémonies de son règne. La caisse du carrosse est jaune, couverte d'armes très finement peintes ; les roues sont rouges, sculptées et dorées.

C'est encore Zidler qui a trouvé cette voiture, chez un carrossier de Paris, où elle était depuis des années. Après

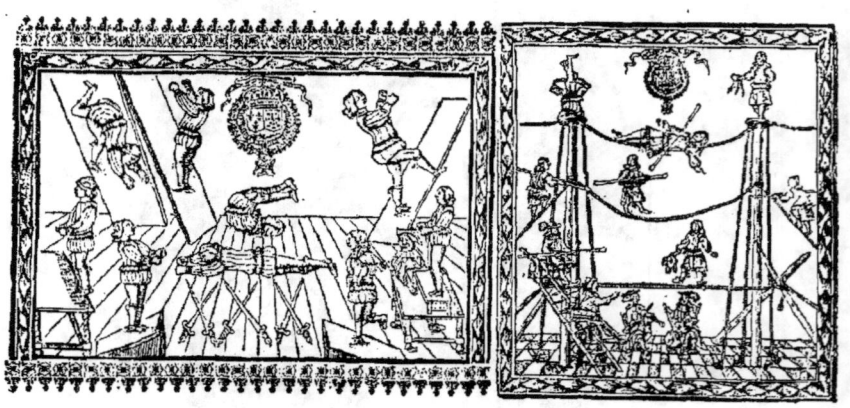

Fig. 197 et 198. — Dislocation et Corde volante.
(*D'après une ancienne Gravure.*)

l'avoir fait transformer en calèche, elle fut chargée de remplacer le char antique sur lequel les artistes opéraient leurs entrées et leurs sorties, et depuis cette époque elle est affectée à ce service. O décadence des carrosses de gala ! Avoir porté un souverain régnant et véhiculer maintenant des gymnasiarques en maillot et des écuyères de panneau qui envoient des baisers au public !

L'inauguration de l'Hippodrome eut lieu en 1877, et

grâce à l'énergie et à l'intelligence de Zidler, qui en avait la direction, le succès fut complet.

Bradbury, l'écuyer favori du Cirque d'hiver et Mlle Adèle Drouin, l'écuyère de haute école, figurèrent tous deux à cette première représentation, qui fut des plus brillantes; plus tard vint Mlle Élisa Pezold, Diane Dupont, etc.

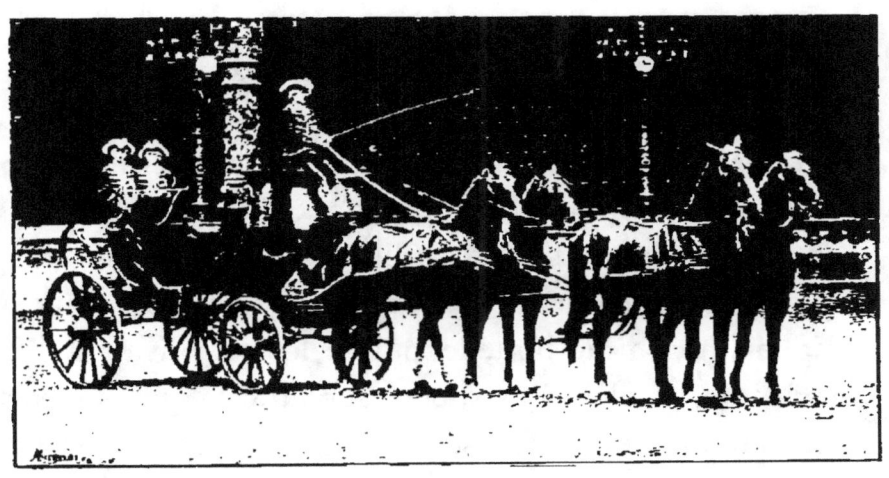

Fig. 199. — Carrosse de Gala de feu le Duc de Brunswick.

Le programme ne laissait du reste rien à désirer, vous le comprendrez sans peine par un rapide aperçu des exercices qui eurent lieu ce jour-là. Le grand art équestre n'étant pas fait pour un cadre aussi grand que celui de l'Hippodrome, on commença par des courses plates, puis par des courses de haies et par le saut des rivières.

Après, vinrent des courses de chars avec Mmes Bradbury, Adèle et Nelson; puis une course olympique sur des chevaux nus par MM. Benhamon, Soulié, Congo et

Nelson. Après l'exercice des trois postillons à quatre chevaux, exécuté par Bradbury, Soulié et Benhamon Mlle Adèle Drouin, l'écuyère de haute école qui connaissait son affaire comme pas une, vint se faire applaudir.

La partie acrobatique était confiée aux frères Rizarelli des gymnastes hors ligne, à Mlle Liria, fort intéressante à voir sur la double corde indienne, aux frères Hickin à Léonati, dont les ascensions sur le vélocipède spiral firent courir tout Paris. Puis on termina la séance avec une pantomime absolument féerique.

Jamais spectacle ne répondait d'une manière plus complète aux goûts de la population. On sait combien les choses du sport sont familières aux Parisiens et avec quel entraînement ils suivent les courses. Ces jeux hippiques qu'il aime tant, le public les retrouvait à l'Hippodrome, en plein Paris, et c'est pour cela qu'il s'y portait en foule. Avec ces courses, ce sont des exercices toujours amusants, des exhibitions intéressantes et des pantomimes ou des féeries montées avec un luxe éblouissant et une entente remarquable de la mise en scène.

Une intelligence si parfaite des attractions qui agissent sur les foules ne pouvait manquer de donner de beaux résultats : ces résultats ont dépassé tout ce qu'il était permis d'attendre, puisque l'exploitation théâtrale à la tête de laquelle se trouve aujourd'hui M. Houcke est en pleine prospérité et que les recettes vont chaque année en augmentant.

L'Hippodrome, qui a ses jours chics, les mardis et le

vendredis, outre les exercices équestres et tout ce que les gymnastes et acrobates de toutes sortes peuvent faire

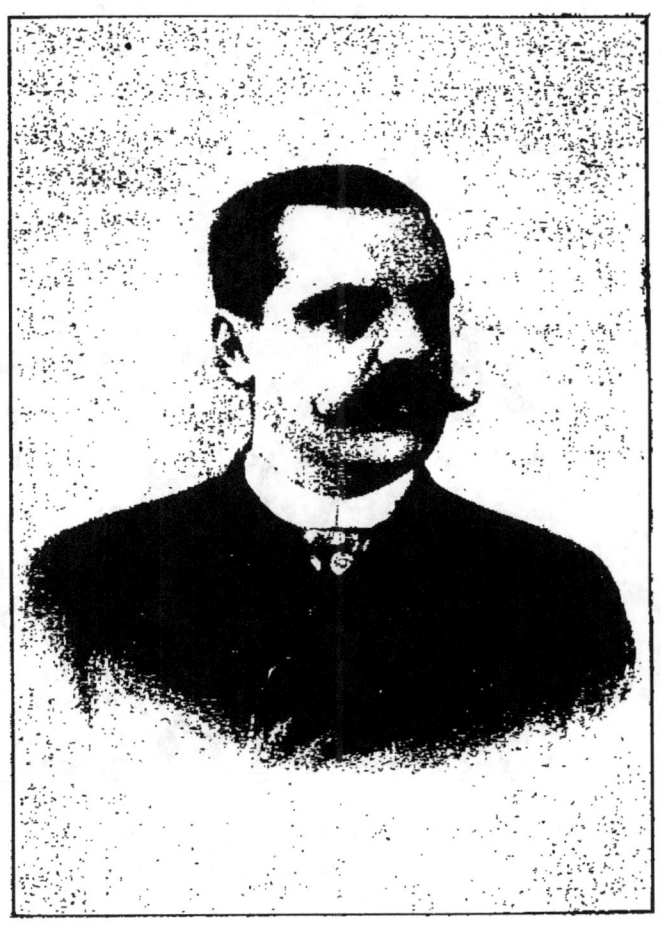

Fig. 200. — Portrait de M. Houcke.

de plus extraordinaire et de plus périlleux, donne des courses en chars, des grandes manœuvres, et des cavalcades historiques où la mise en scène joue un grand rôle, car les personnages sont toujours représentés avec les costumes et les armes des différentes époques avec la plus rigoureuse exactitude.

M. Houcke était le seul homme capable de prendre la succession de M. Zidler, parce qu'il est homme de tête. Il a fait preuve d'énergie et d'intelligence en s'entourant d'hommes spéciaux et rompus au métier.

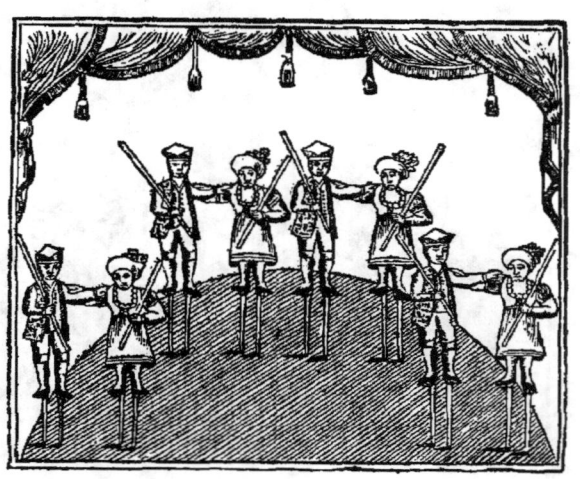

Fig. 201. — Les Échasses.
(*D'après une ancienne Gravure.*)

LE CIRQUE FERNANDO

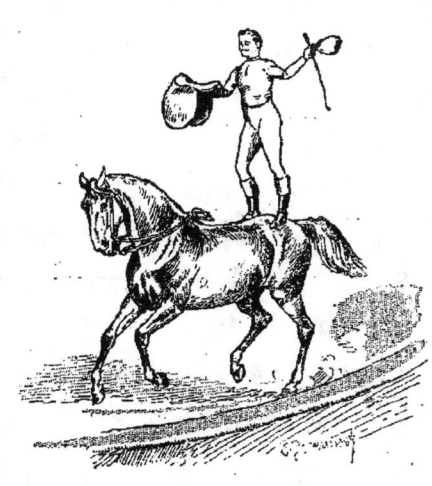

Là-bas bien loin, derrière la butte Montmartre, se trouve le cirque Fernando qui, pour n'être pas à jours réguliers le rendez-vous du monde élégant, n'en est pas moins un établissement hippique qui mérite qu'on s'y arrête. Fernando est du reste un des derniers élèves de Baucher, le maître des maîtres, et son habileté comme homme de cheval ne laisse rien à désirer. La haute école, dans ce cirque qui est au bout de la rue des Martyrs, n'aurait certainement pas grand succès; et, s'il est populaire de Batignolles à Belleville, c'est, d'abord, parce qu'il recrute son personnel dans ce quartier et ensuite parce qu'il a toujours des numéros fort amusants. Rappelez-vous le succès de l'éléphant *Jumbo* que présentait Mme Louis Fernando.

L'intelligence de l'éléphant est proverbiale, et son éducation serait des plus faciles si cet animal n'était desservi,

à ce point de vue, par une lourdeur qui met le dresseu[r]
dans la nécessité d'employer des moyens cruels.

Pour lui faire lever la patte, par exemple, il est bie[n]
évident que l'homme ne peut soulever l'énorme jambe d[e]
son élève, et lui indiquer ainsi l'exercice qu'il réclame d[e]
sa bonne volonté. Il est donc obligé de prendre la patte d[e]
l'éléphant dans une sorte de demi-cercle en fer, armé d[e]
pointes aiguës et de tirer violemment. La bête, se sentan[t]
piquée, cède, lève le pied et le maintient en l'air jusqu'a[u]
moment où l'action des pointes cesse de la faire souffri[r].

Lorsque cet exercice a été renouvelé plusieurs fois, [il]
lève la patte de lui-même, rien qu'en apercevant le te[r]rible crochet; mais il n'en a pas moins été cruellemen[t]
martyrisé; et son martyre se renouvelle à chaque nou[veau travail que l'on veut obtenir de lui.

Il est vrai de dire que, grâce à son intelligence, [il]
arrive très vite à comprendre, et on nous a cité le ca[s]
de plusieurs éléphants qui, en quinze jours, avaien[t]
appris à battre de la grosse caisse, à faire mouvoir u[n]
vélocipède et à *faire le beau*.

Le singe est un intransigeant que l'on ne dresse jamais[.]
On lui apprend certaines choses qu'il exécute une fois[,]
dix fois dans la perfection, mais à la onzième il se regimb[e]
et il est impossible de le faire obéir. La cravache es[t]
donc le seul argument à employer avec lui.

Cependant ceux qui travaillèrent au cirque Fernand[o]
et que tout Paris est allé voir, étaient arrivés à exécute[r]
tous les mouvements qu'on leur commandait, avec l[a]
régularité d'un peloton de chasseurs à pied.

Un de ces jours, Fernando, qui est un chercheur, nous présentera des chiens savants dans le genre de ceux que nous avons vus au Nouveau-Cirque. Mais, en attendant ce

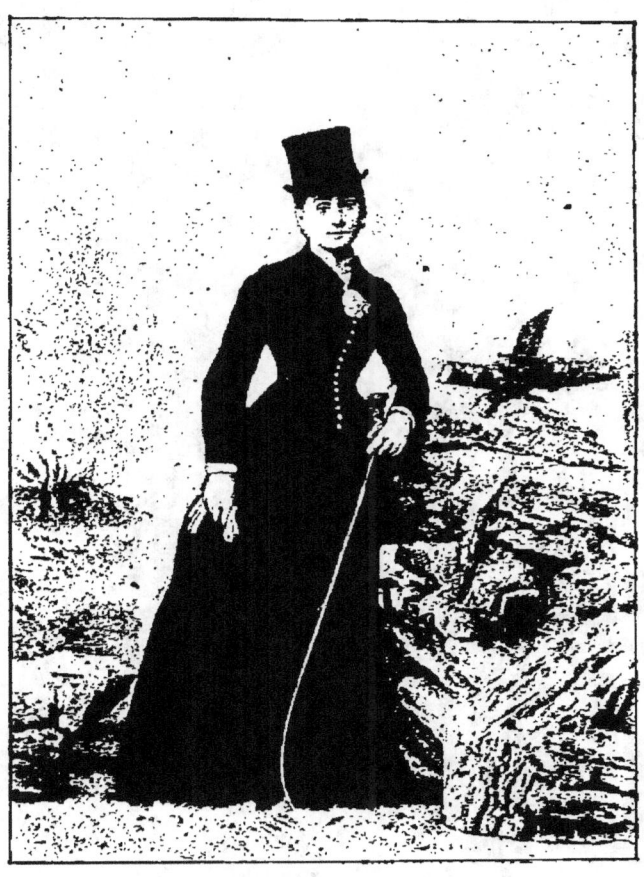

Fig. 203. — Portrait de Mme FERNANDO.

numéro sensationnel, laissez-moi vous présenter Mme Fernando, l'écuyère de haute école de cet établissement.

Mme Fernando est la fille de M. Houssaye, Écossais d'origine et fondateur de la première maison de thé, établie à Paris. C'est pendant l'exposition de 1857 à l'allée des Veuves, aux Champs-Élysées, que f

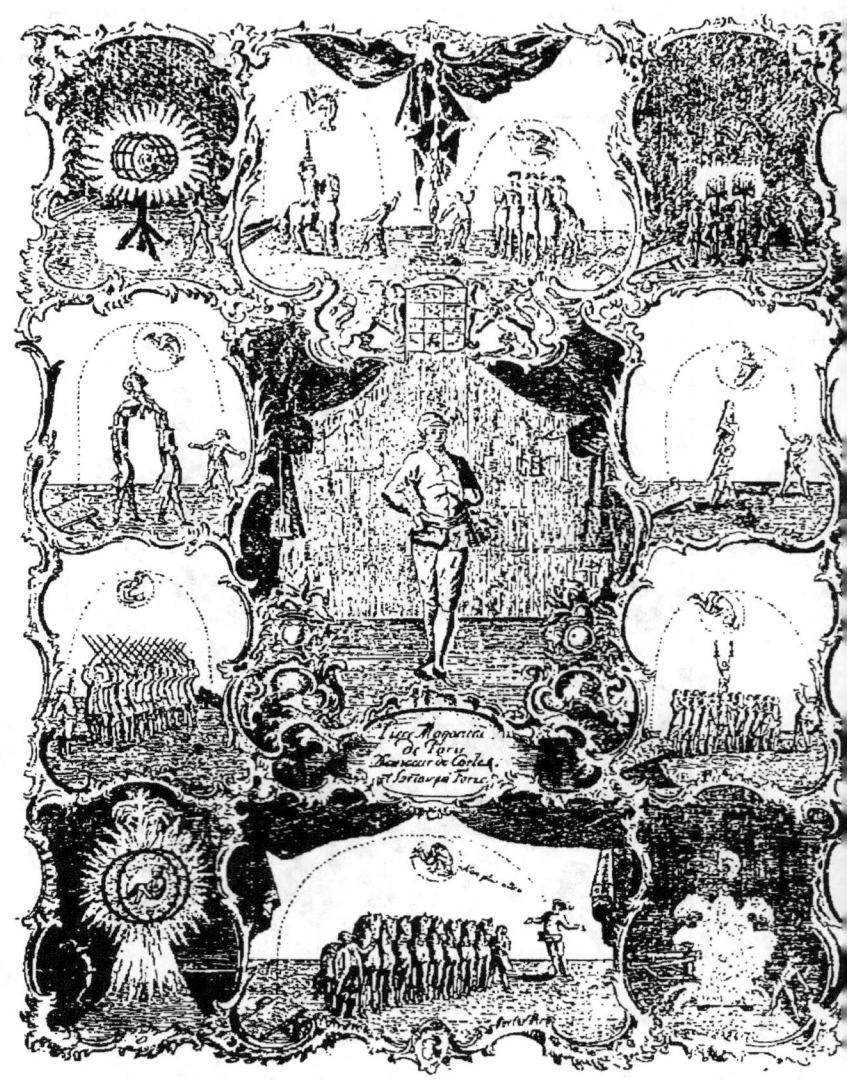

Fig. 204 à 214. — Exercices de Sauteurs (d'après une ancienne Gravur

créée cette maison, dont la vogue fut sans pareill
Quoique s'occupant beaucoup de chevaux, — ce q
ne l'empêchait pas de gérer son établissement, —

M. Houssaye n'avait jamais fait prendre la moindre leçon d'équitation à sa fille, qui ne demandait cependant qu'à devenir une bonne écuyère. On en avait fait une pianiste hors ligne, et Le Coupey, son professeur, lui avait prédit les plus hautes destinées musicales.

Devenue la femme de Fernando, elle espérait pouvoir enfin monter à cheval, mais son mari n'était pas très partisan de la chose ; il aurait préféré la voir continuer son piano. Ce que femme veut, dit-on, Dieu le veut, et Fernando finit par se laisser attendrir, et ce fut lui qui apprit à sa femme à monter à cheval, selon la méthode de Baucher, dont il avait été le dernier élève, et ce d'une façon singulière. Le maître ne voulait plus donner de leçons à personne, mais un jour il se prit de pitié pour Fernando, qui s'était cassé une jambe et se remettait très difficilement ; il paraît que l'équitation devait rendre au membre dévié sa bonne posture, et Baucher lui donna ses leçons dans un but presque uniquement orthopédique. Il lui apprit le dressage à fond, se prenant malgré lui à s'intéresser à la tâche qu'il avait entreprise.

Donc Fernando donna des leçons à sa femme, pour lui apprendre seulement à monter pour s'amuser, et sans nulle intention de la jamais faire paraître en public.

Un jour, cependant, Fernando eut une fluxion de poitrine ; sa femme, le voyant désolé de ne pouvoir monter ses chevaux et de les savoir dans des mains inexpérimentées, lui offrit de les monter, insista et finit par se tirer merveilleusement d'affaire, grâce à ses deux qualités prééminentes : le tact et la légèreté de main.

De ce jour, Mme Fernando avait conquis son rang d'écuyère ; elle parut enfin en public avec un gros succès et continua avec son mari une belle carrière, malheureusement limitée à son cirque, où elle ne peut paraître trop souvent, à cause du goût assez relatif de ce quartier pour l'équitation savante.

Elle a monté successivement les chevaux d'Élisa, même les plus durs, puis ceux de Mlle Diane Dupont.

A Orléans, après un pari, elle a sauté une barre fixe de 2 mètres, sur *Turbulent*, un cheval rogneux, que M. Albert Ménier voulait faire abattre.

Mme Fernando ne pratique pas beaucoup le dehors, mais, comme sans la pratique on ne pourrait être une femme de cheval complète, elle a fait comme tout le monde, et c'est précisément ainsi qu'elle a été amenée à sauter cette barre fixe, et pour prouver aussi qu'elle était aussi *brillante steeple-chaser* qu'habile écuyère.

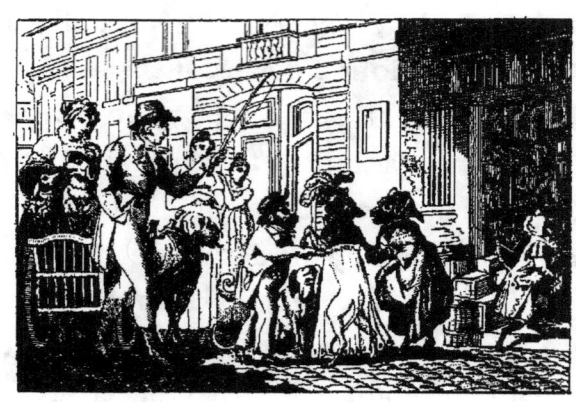

Fig. 21 — Singes savants.

LE NOUVEAU-CIRQUE

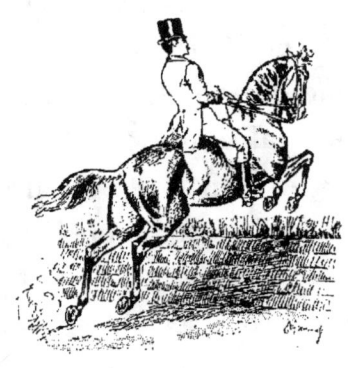

Le 12 février 1886, une foule des plus empressées et ultra-élégante assistait, rue Saint-Honoré, à l'ouverture d'un établissement dont on disait merveille à l'avance : le Nouveau-Cirque. Coïncidence au moins bizarre, la nouvelle salle occupait un emplacement où successivement on avait vu un panorama, la célèbre salle Valentino, et le cirque Olympique, exploité de 1807 à 1816 par Laurent et Henri Franconi.

L'emplacement était vraiment prédestiné; son ingénieux rénovateur, M. Joseph Oller, avait lancé un projet de spectacles nautiques ou naumachies, pour lequel l'ingénieur Edoux avait exécuté une machinerie des plus curieuses.

Le Nouveau-Cirque obtint, en ses premiers jours, un très grand succès, et la vogue ne l'a pas abandonné, bien que les spectacles nautiques commencent à être imités dans les établissements similaires.

Lors de la création du Nouveau-Cirque, M. Joseph

Oller eut la bonne fortune de pouvoir s'assurer le concours de Léopold Loyal, un dresseur émérite, ancien régisseur chez Franconi et rompu au métier. Prenant en mains, avec autorité, la chambrière, L. Loyal sut également guider son directeur dans le choix des artistes appelés à faire partie de la troupe équestre. C'est ainsi qu'on vit successivement défiler sur la piste du Nouveau-Cirque : Mmes Adelina Price, Camille van Walberg, Elvira Guerra, Louisa Lankast, Diane Dupont, Emma Ciniselli, Marie Gentis, la baronne de Rhaden, et Chinon, une jeune écuyère qui monte à califourchon.

Puis c'est là que M. Changeux a présenté une troupe de chiens, composée jusqu'à présent de bêtes rebelles à jouer le rôle de chiens savants.

M. Changeux ne s'occupe jamais de ses chiens en dehors de leur travail, c'est un domestique qui les soigne et leur donne à manger. Le sucre n'entre pour rien dans leur éducation, et la cravache ne sert que pour leur désigner certains accessoires, et jamais comme moyen de correction. Du reste, ses chiens travaillent seuls dans la piste.

Le dresseur n'a qu'un truc, la patience et la douceur. Il prend son chien, cause pour ainsi dire avec lui et cherche à se faire comprendre. Il est vrai qu'il lui faut deux ans pour dresser une bête.

Voici, par exemple, comment il procède pour faire les équilibristes.

L'animal est d'abord placé sur une planche fixe assez large, qu'il parcourt plusieurs fois. Le lendemain cette planche est animée d'un certain mouvement, et la bête doit rester dessus.

Petit à petit on rétrécit la planche et on la balance de plus en plus. Quand elle est à la grosseur d'un manche à balai, on l'arrondit.

Le chien est arrivé graduellement à se tenir dessus et à suivre les mouvements de va-et-vient; on transforme alors cette sorte de canne en une corde de la même grosseur; puis on diminue également petit à petit le volume de cette corde jusqu'au fil de fer.

C'est simple comme bonjour, mais d'une difficulté inouïe. Ce qui nous a surpris encore davantage, c'est que le chien auquel nous avons vu faire cet exercice du fil volant est aveugle.

L'explication que nous avait donnée M. Changeux n'étant donc pas complète, il a bien voulu nous livrer la clé de son procédé dans son entier. Il exploite, ou plutôt se sert de l'odorat de ses chiens.

Il a soin de promener ses mains sur la corde, et l'animal, guidé par son nez, suit les traces de son maître. Il en est de même pour ses autres animaux.

Partout où il veut les faire passer, il passe et s'arrête à tous les endroits où ils doivent s'arrêter.

C'est de cette façon, du reste, que l'on apprend aux chiens moutons à jouer aux dominos. On touche le domino que le chien doit jouer, et l'animal, sans le regarder, va le chercher par son flair et le pose.

On s'explique ainsi qu'il y en a quelques-uns qui trichent.

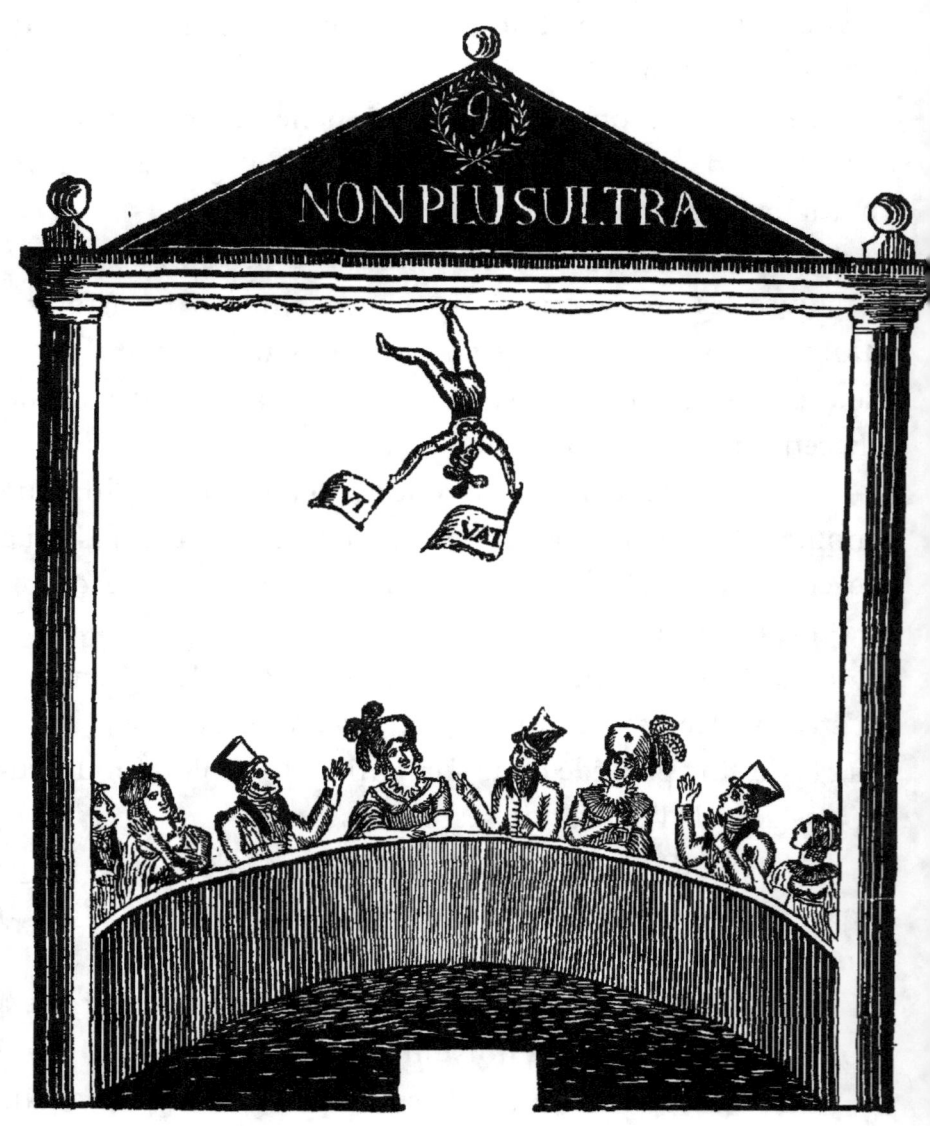

Fig. 217. — L'Équilibriste (d'après une ancienne Gravure).

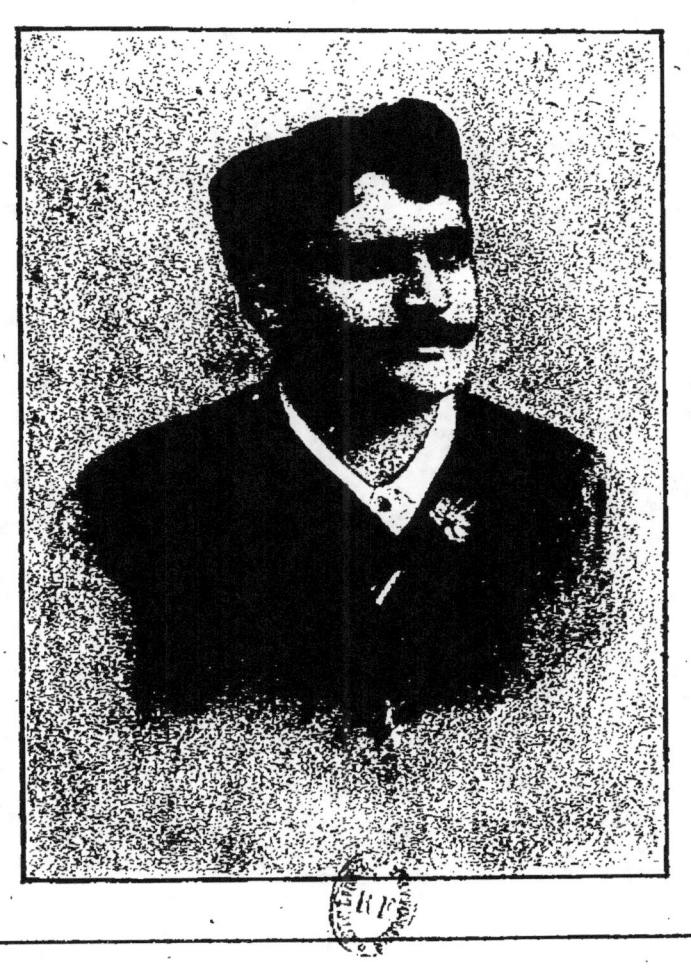

Raoul DONVAL

LE NOUVEAU-CIRQUE

Les chiens savants et la *grenouillère* ont été un grand succès. Les pantomimes naumachiques ont toujours été le triomphe du Nouveau-Cirque. Elles suffisent à assurer sa vogue en lui créant une situation particulière à côté des établissements similaires.

Les pantomimes garnissent tous les soirs la salle jusqu'aux combles; c'est regrettable, parce que le travail équestre s'en ressent. Cependant, depuis que le poste de directeur est échu à M. Donval, un impresario vraiment habile, le côté équestre s'est beaucoup amélioré. C'est ainsi qu'il a présenté successivement au public, à côté de M. Fillis, les écuyères de haute école que je cite plus haut.

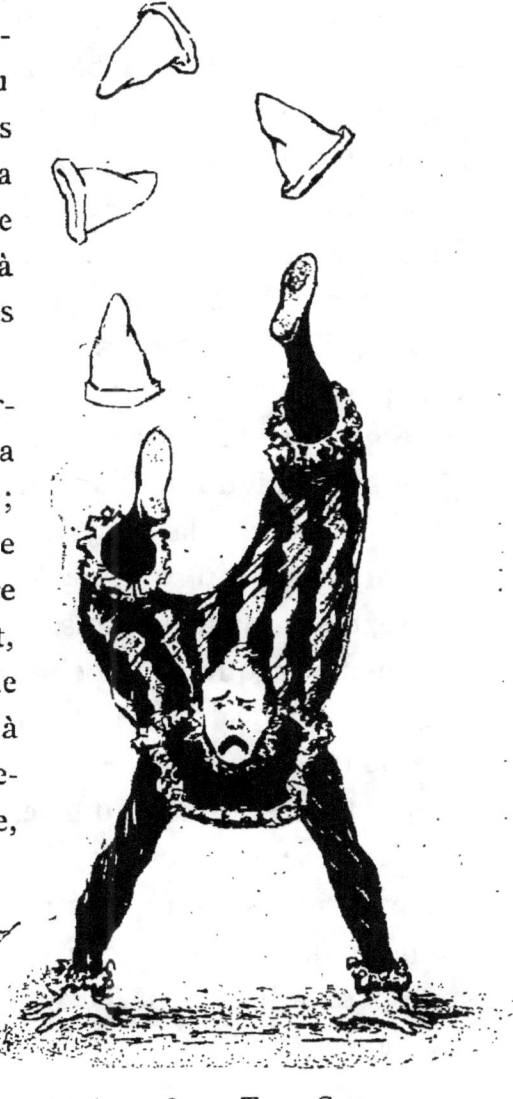

Fig. 218. — Tony GRICE.

Disons aussi un mot de Tony Grice, ce clown désopilant qui nous a présenté au Nouveau-Cirque un cochon dressé d'une manière parfaite.

— Quand on veut dresser un cochon, nous a dit Tony Grice dans son inimitable baragoin anglo-français, il faut choisir un animal se rapprochant le plus de la race primitive, c'est-à-dire du sanglier. Ces animaux sont les seuls ayant de la vigueur et échappant à la maladie d'yeux qui atteint les porcs domestiques et les rend généralement aveugles vers l'âge de trois ans.

Lorsqu'il s'est procuré un cochon convenable, le dresseur, partant de ce principe qu'il n'en obtiendra quelque chose que par la gourmandise, se réservera absolument le soin de lui donner à manger, et, pendant quelques jours, il variera la nourriture pour découvrir quel est l'aliment dont son sujet est le plus friand.

Il répétera plusieurs fois ses expériences, et, quand il sera bien sûr que son cochon a une préférence sensible et bien marquée pour certain mets, il l'en privera complètement, ce mets devant constituer l'élément de dressage. — C'est la *gourmandise*, dit Tony Grice.

Voici la seule façon possible d'éduquer le cochon. Le dresseur, après s'être muni de plusieurs morceaux de *gourmandise* et les lui avoir fait sentir, doit commencer par exécuter lui-même l'exercice qu'il veut faire faire à son élève.

S'il veut le faire sauter une barrière, il la sautera le premier et le cochon le suivra.

Cet acte de docilité ou plutôt d'imitation n'implique nullement un sentiment de soumission de la part de la bête, qui se laisse tout bonnement attirer par l'appât que son maître lui a montré.

On recommence plusieurs fois de suite cette manœuvre, et finalement on abandonne à l'élève la *gourmandise* convoitée. Le lendemain on recommence en diminuant la ration, et on fait ainsi chaque jour jusqu'au moment où on ne lui donne plus rien du tout.

Mais le cochon, frustré, se révolte généralement et refuse d'obéir. Il manifeste une volonté très réelle qui prouve qu'il a bien compris ce qu'on exigeait de lui. Alors on le force à marcher à l'aide d'un collier de force et de la cravache. Quand il obéit, on le récompense, quand il regimbe, on cogne.

Lorsque le cochon est complètement dressé, son maître peut abandonner à un aide le soin de lui donner à manger, mais il doit se réserver toujours la distribution de l'aliment que préfère la bête. C'est même, l'éducation étant complète, son seul moyen d'action.

Tony Grice est arrivé à des résultats surprenants.

Une seule chose le désespère, c'est de ne pouvoir faire dresser ses élèves sur les pattes de devant; la conformation du cochon s'y oppose, et jusqu'à présent il n'a pas pu en trouver un pouvant exécuter le chêne droit.

Trois mille personnes peuvent trouver place dans la jolie salle de la rue Saint-Honoré.

L'amphithéâtre de gradins et de loges constitue un ensemble de construction métallique démontable dont le pourtour intérieur est supporté par vingt piliers en fer reliés par une ceinture en treillis et limitant l'enceinte réservée à la piste centrale.

En résumé, le Nouveau-Cirque de la rue Saint-Honoré mérite d'être visité, non seulement à cause de ses représentations qui ne laissent jamais rien à désirer, mais encore pour ses dessous à trucs et son installation mécanique et hydraulique.

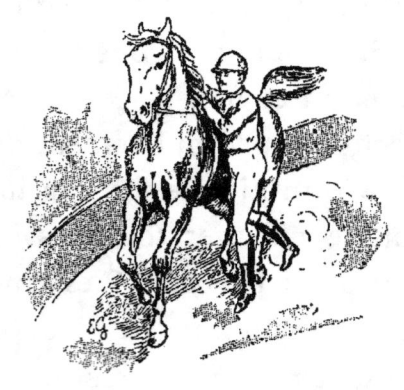

LE CIRQUE MOLIER

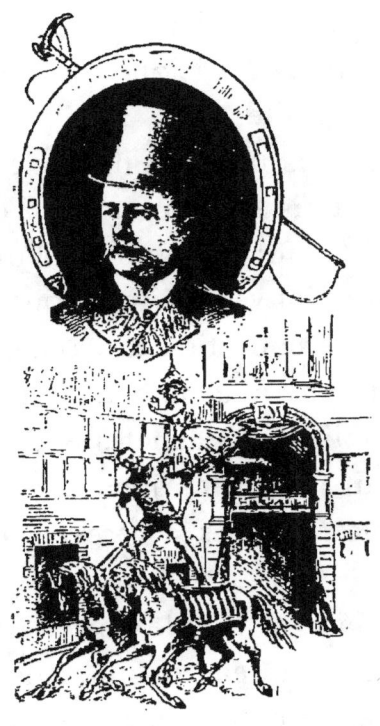

Fig. 220.
Portrait de MOLIER.

Déterrer encore une idée neuve sous ce terrain si labouré qu'on appelle le pavé de Paris, semble difficile; aussi Molier qui en a trouvé une très personnelle est-il une figure ?

Il serait curieux, mais inutile, de rechercher par quel concours de circonstances, assez singulières, le cirque de M. Molier est arrivé, en quelques années, à prendre dans le monde parisien la place qu'il y occupe. Fondé dans le but unique de servir de passe-temps à son propriétaire et à un cercle très restreint d'amis intimes partageant les mêmes goûts, il appartient en quelque sorte au domaine public aujourd'hui.

Ses représentations annuelles sont attendues comme

l'ouverture du Cirque d'Été, le concours hippique ou les courses de printemps, enfin toutes ces diverses étapes successives par lesquelles doit forcément passer chaque année la vie élégante, sous prétexte de déchéance. Elles inspirent même peut-être un intérêt plus excitant, en raison de l'étrangeté de la nouveauté du spectacle. M. Molier, ne se sentant plus maître du mouvement, a pris le meilleur parti, celui de le suivre : c'était plus simple que de chercher à remonter le courant, il fallait renoncer à ses goûts, à ses habitudes ou subir l'invasion étrangère, tout au moins dans une certaine limite.

Le cirque Molier est disposé dans un petit hôtel de la rue Benouville, à deux pas du Bois de Boulogne. C'est une salle charmante d'originalité, formée autour d'une piste correcte, comme celle du Nouveau-Cirque ou du cirque Franconi, et égayée par une collection des anciens « duars » espagnols qui figurèrent à la fête de Paris-Murcie, à l'Hippodrome. M. Molier les a achetés et dressés en cercle, après y avoir fait ménager, dans tous les endroits possibles des praticables destinés à recevoir les spectateurs.

C'est sur le balcon d'une maison, sur le toit d'une autre, sur le portail de celle-ci, aux fenêtres de celle-là que la foule s'entasse, comme elle s'entasserait dans une rue de Valence ou de Séville pour voir défiler une procession.

Les saltimbanques ou les clowns qui viennent là donner une ou deux représentations annuelles devant le *high life* parisien ne ressemblent en rien à ceux de l'Hippodrome. Ce sont des jeunes gens du meilleur monde qui ont voulu « lancer » un nouveau genre de sport, et qui y ont réussi : ils ont travaillé consciencieusement et, après de multiples exercices, ils sont arrivés à pouvoir lutter avec les vrais écuyers et avec les clowns de profession. Parmi eux, je peux citer : MM. le comte Hubert de la Rochefoucauld, le comte de Beauregard, Martel, de Sainte-Aldégonde, de Sainte-Marie, Montherol, Charry, etc.

Aussi se rend-on compte de la curiosité qui fut éveillée dans le monde parisien quand on connut les exploits de ces athlètes du *high life*. Au début, ce furent, à très peu de chose près, les amis du courtois amphitryon, M. Molier, qui en étaient les hôtes, et l'assistance féminine était naturellement recrutée parmi les amies des amis. Mais depuis sept à huit ans la vogue est devenue telle que les femmes du monde demandèrent énergiquement à pouvoir, elles aussi, faire la connaissance de ce fameux cirque.

Cette réclamation parut légitime au jeune directeur, mais, comme on ne pouvait pas priver son premier public de sa représentation annuelle, il résolut de doubler le nombre de ses représentations, une pour les femmes du monde et une pour les femmes... de l'autre.

On sait que M. Molier est un homme de cheval remarquable que j'ai toujours connu comme un cavalier de premier ordre, dehors et dedans. Depuis qu'il s'adonne à l'équitation de cirque, toutes ses qualités natives se sont concentrées en vue de cet objectif. Il a pris une position et un correct d'exécution irréprochables; les temps sont décomposés avec un tact et une précision remarquables.

Nous avons entendu adresser à M. Molier le reproche de se laisser aller parfois à une position incorrecte. Cela est plus apparent que vrai. Habitué à tirer d'animaux médiocres tout ce qu'ils ont dans le ventre, même quelquefois ce qu'ils n'ont pas, il lui faut bien — comme l'on dit — se garder à carreau. Dans ces conditions, on se crispe un peu. Voyez M. Molier sur un cheval tout à fait conformé, non seulement il est très correct, mais d'une bonne élégance. Du reste c'est un homme d'un talent de premier ordre, d'une volonté inébranlable, d'une énergie sans limite, faisant tout par lui-même, abordant de front les plus épineuses difficultés de l'équitation au lieu de les tourner en achetant des chevaux tout dressés. Un cheval dressé par un autre n'a aucune valeur pour lui, et il ne voudrait pas, cela se comprend, se parer des plumes du paon. Il met tout son amour-propre à présenter le résultat de son propre travail.

Si M. Molier est arrivé à un pareil résultat, c'est grâce à un long et pénible apprentissage, auquel peu de cavaliers veulent se soumettre; c'est grâce aussi à une volonté de fer et à des aptitudes merveilleuses. On ne lui passait rien; dès que sa position s'écartait de la plus rigide régularité, il y était sévèrement rappelé; c'est le seul moyen de faire non seulement un écuyer, mais encore un cavalier. Ce travail un peu dur ne convient pas, comme je le dis plus haut, à la jeunesse moderne, elle l'a jugé purement et simplement comme une habitude « routinière et inutile »; nos apprentis cavaliers s'en dispensent. C'est en effet plus commode à dire que de s'y astreindre.

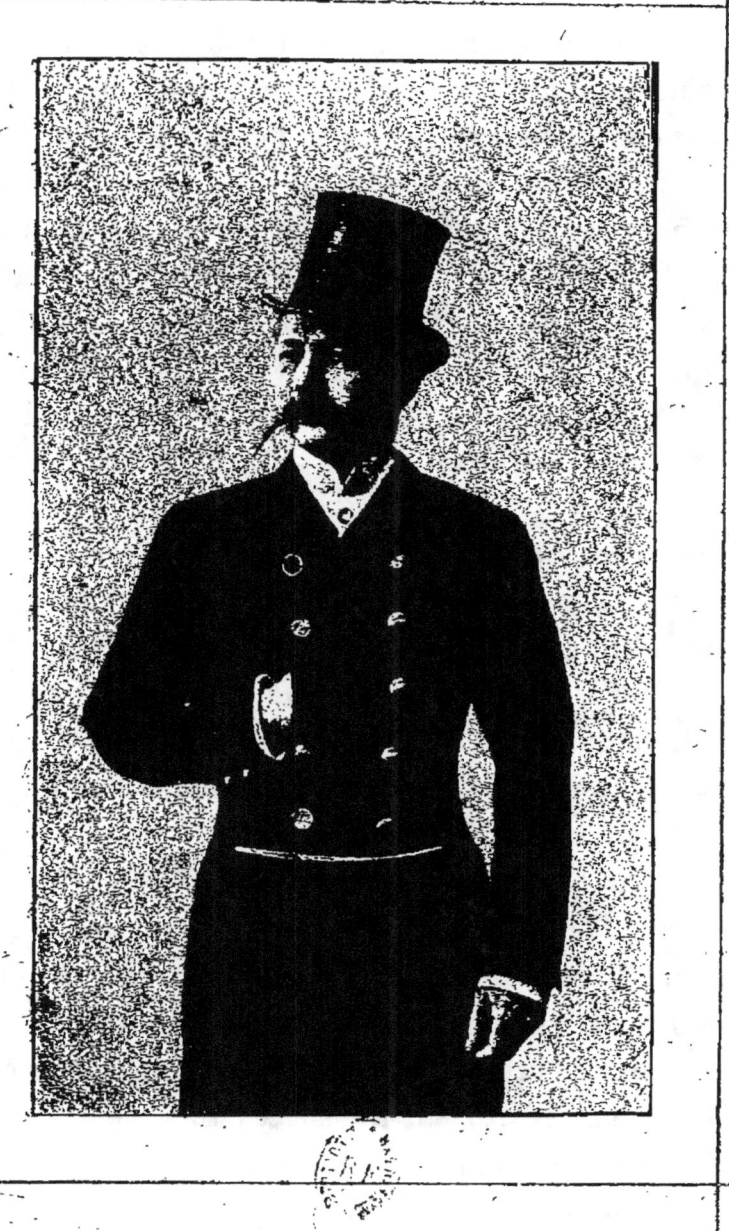

E. MOLIER

Molier ne s'est pas localisé seulement dans l'équitation de haute école, il a tenu à pratiquer dans son manège, depuis douze ans qu'il existe, toutes les équitations de cirque. Beaucoup de voltigeuses et d'écuyères de panneau ont été faites par lui ; car Molier est un grand admirateur des Fesch et des Melville, célèbres voltigeurs qui n'ont pas réussi à Paris, tout en ayant eu un immense succès à l'étranger, particulièrement en Autriche, en Russie, en Allemagne, en Angleterre et en Amérique. Ce peu de goût des Français pour la voltige n'a pas découragé ce sportsman, qui continue avec acharnement à faire des élèves.

Bon nombre de jeunes femmes qu'il a formées ont fait leurs débuts en haute école, au cirque de la rue Benouville. Parmi les plus connues, citons :

1. — Mlle Fanny Lehmann, qui fut une des premières à faire de la haute école en homme ; elle eut un grand succès en Russie, en Angleterre et en Italie, et finit par devenir la directrice d'un de nos grands cirques de province.

2. — Ensuite vint Mlle Louisa Lankast, qui, après avoir débuté rue Benouville, travailla au Nouveau-Cirque en costume Louis XIII, Louis XIV et de Saumur.

3. — Une des premières aussi qui parut en haute école chez M. Molier, et qui eut un succès de jolie femme et d'écuyère, fut Mme Zane de Brémont.

4. — Lorsqu'on monta *Niniche* aux Variétés, Mme Judic emprunta un cheval de haute école à Molier et devint son élève ; et elle a prouvé, le jour de la première, qu'elle avait

profité des leçons de ce maître, car sa tenue à cheval était des plus correctes.

5. — Puis vint la gentille Miss Pâquerette, qui fut une des étoiles de ce cirque d'amateurs : voltigeuse intrépide,

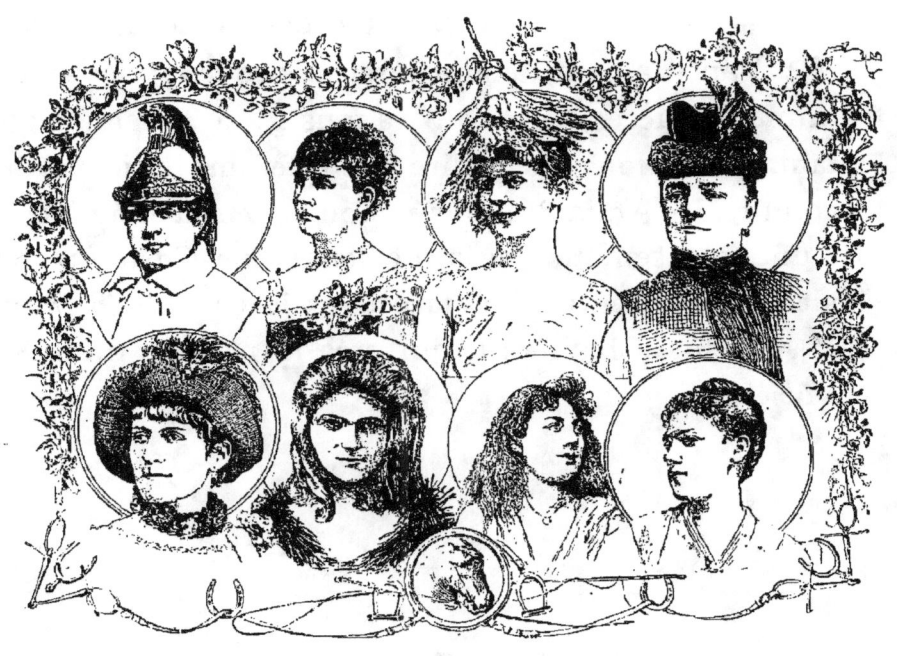

Fig. 221 à 228.

| Judic. | Rivolta. | Paquerette. | Chaumont. |
| Lankast. | Davenel. | Allarti. | Viollat. |

elle monta aussi en haute école le tendem, et même le triple tendem, qu'elle exécuta avec beaucoup de succès à la représentation organisée pour les pauvres par Molier, sous le patronage de la duchesse d'Uzès.

6. — Une de nos meilleures danseuses de l'Opéra, Mlle Irma Viollat, qui fit avec Molier un pas de deux dont on a beaucoup parlé, nous laisse aussi le souvenir d'un

joli numéro de haute école : en amazone, suivie de Mlle Louisa Lankast habillée en jeune groom, elles exécutèrent avec une grande précision tous les airs de manège les plus difficiles.

7. — Une des plus célèbres écuyères de haute école, Mme Van Walberg, débuta aussi au cirque Molier avec un immense succès, succès qui va tous les jours en augmentant. N'oublions pas de dire que la femme du jockey bien connu, Mme Anna Bradbury, monta pour la première fois, à une représentation de la rue Benouville, *Casimir*, un bel alezan, qui servit plus tard dans le *Grand Casimir*, à Mme Céline Chaumont, qui créa le rôle au théâtre des Variétés.

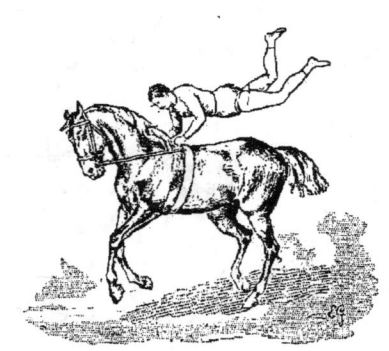

A TRAVERS LES CIRQUES

DE L'ÉTRANGER

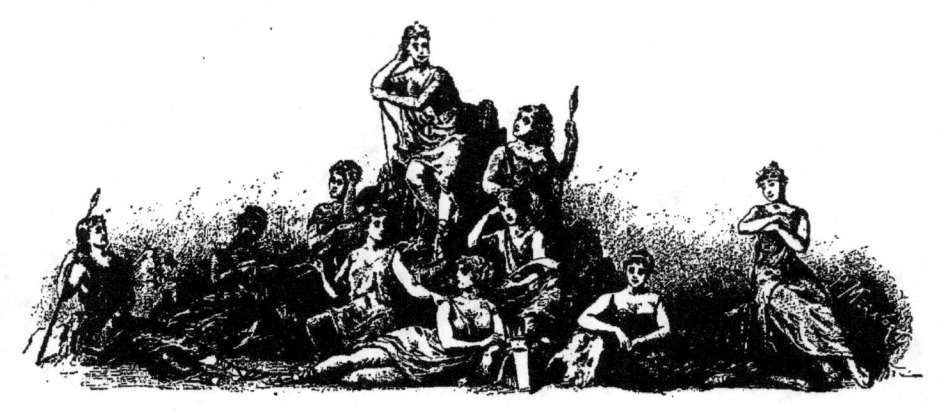

A TRAVERS LES CIRQUES

DE L'ÉTRANGER

ÉCUYERS ET ÉCUYÈRES

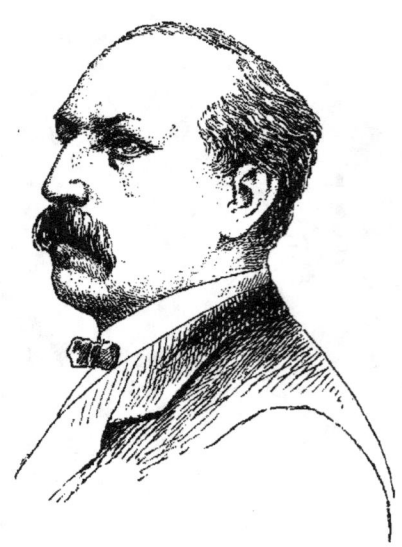

Fig. 231. — Ernest Renz mort le 3 avril 1892.

A côté des écuyers et écuyères dont j'ai parlé, il existe bon nombre de célébrités équestres qui méritent un mot de souvenir. Parmi celles-là, figurent d'abord Jacques Tourniaire, le grand-père du célèbre géologue, qui fonda, au commencement de ce siècle, une troupe excellente, avec laquelle il alla travailler en Allemagne. C'était un élève de Franconi, et, je dois le dire, un de ses meilleurs. Il montait à cheval dans un grand style, et son cirque obtint de très grands succès. Sa femme, qui était Philippine Rœdiger, était fort jolie et ensorcelait tout le monde. Elle montait en amazone et obtenait de son cheval, disent les chroniques du temps, « des gracieusetés à nulle autre pareille ».

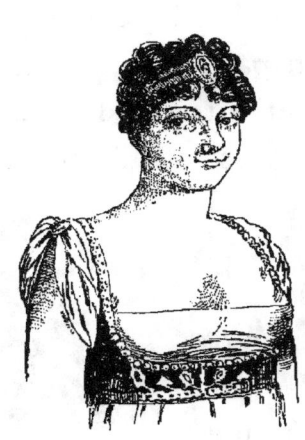

Fig. 232.

PHILIPPINE TOURNIAIRE, née à Nancy en 1780, morte à Kœnigsberg le 3 avril 1852.

A la mort de Jacques Tourniaire, qui eut lieu le 14 janvier 1829, ainsi que l'indique le monument qui se trouve dans le cimetière catholique de Kœnigsberg, Mme Tourniaire laissa la direction de son cirque à ses fils, Benoit et François, qui allèrent l'installer en Amérique. La veuve de Jacques Tourniaire, qui avait été, comme je l'ai dit déjà, l'écuyère la plus flattée de son époque, renonça au cheval pour se remarier. Elle épousa M. Maÿnc, un employé de chancellerie de Kœnigsberg. Elle est morte le 3 avril 1852.

Après Tourniaire, vint Paul Cuzent qui traversa, c'est le cas de le dire, toute l'Europe. Il mourut en Russie d'un refroidissement, attrapé en allant un peu trop vivement à cheval, de Pawlowsk à Saint-Pétersbourg, où il venait assister à un concert. C'est chez Paul Cuzent que Pauline Cuzent, l'amie du poète allemand Carl de Holtei, fit ses premiers débuts comme écuyère Elle fut acclamée partout.

Baptiste Loisset, qui avait été pendant quelque temps

l'associé de Cuzent-Lejars, prit en Allemagne la succession de Tourniaire. Il était né à Strasbourg; c'était le fils d'un officier tué au combat de Marengo. Il avait monté une troupe de premier ordre, qu'il avait recrutée chez Tourniaire, Franconi et de Bach. Aussi son établissement ne tarda-t-il pas à devenir très célèbre. Lorsqu'il mourut, en 1863, il fut très regretté par tous les amateurs de cirque. C'est son fils François qui lui succéda, mais la troupe se disloqua, et la famille Loisset se dispersa un peu partout. Louise Loisset, sœur de François Loisset, épousa Rossi, fils d'Henriette de Sontag, et l'autre sœur se maria avec Roux le confiseur de Bruxelles, qui vint s'établir rue Royale, à Paris. C'est celui-là qui eut pour filles Émilie et Clotilde Loisset.

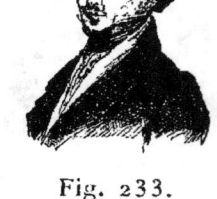

Fig. 233. Portrait de Baptiste Loisset.

Jacques Foureaux fut aussi un écuyer remarquable. Il fonda en 1805 un cirque qui fut très prospère, et son fils Louis lui succéda, après avoir épousé la fille de Jacques Tourniaire, qui lui apporta cent cinquante mille francs en dot. Il s'en alla en Italie avec une troupe d'élite et soixante-quinze chevaux. Il avait à soutenir une concurrence terrible : celle d'Alessandro Guerra, qui avait également une troupe importante parmi laquelle se trouvaient des artistes de premier ordre qu'on nommait: Ciniselli, Chiarini et Fillippuzzi. Néanmoins, il fit de très bonnes affaires et, lorsqu'il se retira, son cirque était en pleine prospérité. Il fut nommé écuyer honoraire du roi

Charles-Jean de Suède. Son fils Adolphe lui succéda.

Celui-ci est mort à Bruxelles en 1837, laissant trois enfants : deux filles et un garçon. Les deux filles sont mariées : l'une au clown Aragon et l'autre à l'écuyer Althof. Le fils fait de la gymnastique aérienne.

Maintenant vient la famille Didier Gautier, qu'on vit un peu partout de 1820 à 1860 avec une troupe excellente. Un de ses fils, Jean-Baptiste, propriétaire d'un cirque, était un écuyer de haute école ayant grande réputation. Il céda son cirque à Mme Léonard Houcke et se retira à Copenhague, où il est mort le 12 février 1887. Il avait épousé en 1853, à Liège, une danoise, Mme Albertini, née Nissen, qui vit aujourd'hui avec sa fille Antoinette à Odense (Danemark).

Nous avons encore le Russe-Allemand Christoph de Bach, fils d'un fonctionnaire de Courlande, qui arriva à une véritable gloire.

Sa troupe, connue dans toutes les capitales de l'Europe, se composait de tous les premiers sujets du monde : Laura de Bach, Alessandro Guerra, Viol, etc.

Il mourut à Vienne en 1834, à l'âge de soixante-six ans ; sa veuve épousa en secondes noces, quelques années après, en 1842, Louis Soullier, écuyer de haute école et chef écuyer honoraire du sultan Abd-ul-Medjid.

Soullier, mort à Toulouse en 1886, voyagea avec sa troupe en Russie, en Sibérie, en Chine, et il ramena en 1876, du Japon, une troupe d'acrobates qui fit la joie des Parisiens. Sa seconde femme, qui était la sœur de sa première, Eugénie Soullier, voyage actuellement avec un cirque de tente.

Les enfants du premier mariage de Soullier sont morts ou disparus. Sa fille Olga, qu'il eut de sa seconde femme, avait épousé Henri Gautier, mort en 1884 à Shang-Haï. Elle est restée au Japon avec ses enfants.

Il ne me reste plus qu'à citer le vieux Carl-Édouard Wollschlæger, un écuyer remarquable et un dresseur fort habile. Il travailla pendant longtemps en Allemagne dans le vieux cirque délabré de la porte de Brandebourg et en Belgique, où il trouva, dans le cirque Loisset-Lejars-Cuzent, des concurrents fort difficiles à battre.

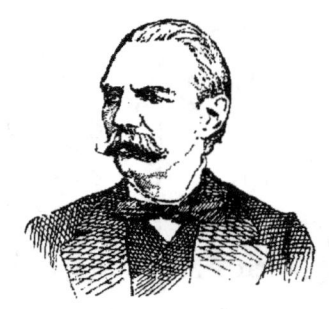

Fig. 234. — ALFREDO.
(C. Spielmann.)

Néanmoins il fit bonne figure, et ses chevaux *Gladiator*, *Jules César* et *Bandit* furent remarqués.

Avec lui se faisait remarquer Alfredo (C. Spielmann), né en 1828 dans le Mecklembourg. Après avoir fait sa médecine, il fut écuyer et dresseur, et, en dernier lieu, un des plus fertiles romanciers de l'Allemagne.

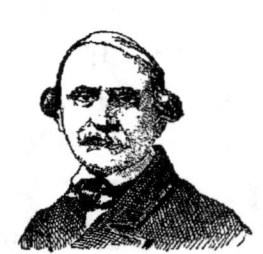

Fig. 235.
WOLLSCHLAEGER.

Carl-Édouard Wollschlæger était né à Strasbourg en 1811. C'était un enfant naturel de saltimbanques; il fit son apprentissage chez Brilloff. Il épousa Johanna-Sophie Voigt, une Altembourgeoise, avec laquelle il se retira en

1870, après fortune faite, à Aix-la-Chapelle d'abord, et ensuite à Arnheim, où il mourut, six semaines après sa femme, le 8 février 1875.

Après E. Wollschlæger vient encore Ernest Renz, qui débuta comme danseur de corde dans la troupe Maxwell.

Ernest Renz, né le 18 mai 1814 à Bruchsal (Bade), fut pendant longtemps à la tête des cirques allemands. Après avoir quitté la troupe Maxwell, il vint étudier la haute école chez Brilloff et Brandt, et ensuite chez Guerra. Il devint de première force et, lorsqu'il fut initié à tous les secrets du dressage, il forma une troupe avec laquelle il parcourut toute l'Allemagne ; puis il fit construire des cirques à Berlin, à Hambourg, à Breslau et à Copenhague.

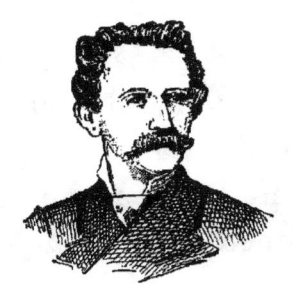

Fig. 236.
Portrait de J.-W. Hager

François, le fils aîné de Renz, qui montait aussi très remarquablement à cheval, est mort le 27 septembre 1890 à Hambourg. Il avait épousé Anne-Auguste-Hélène Diedrich, née le 1er octobre 1850 à Berlin. Il a laissé quatre enfants : Oscar, François, Élisabeth et Wally.

Le gendre de Renz, J.-W. Hager, mort le 7 juin 1889, était, on peut le dire, le premier écuyer de l'Allemagne. On le comparait volontiers à Baucher. Tout en n'ayant pas la science du maître, c'était un des rares écuyers allemands qui s'en rapprochait le plus. Sa position à cheval ne laissait rien à désirer, et son travail était d'une finesse remarquable. C'était un homme maigre, à moustaches blondes et épaisses, les yeux creux et tristes, en un mot, fort laid. A cheval, il se transfigurait. Ses yeux devenaient brillants, sa figure s'éclairait, son corps émacié se redressait, et son allure alors était celle d'un élégant gentleman. Il montait généralement un pur sang. Ceux qui l'ont vu travailler avec son vieux cheval blanc, une bête pas commode du tout, étaient réellement émerveillés. C'était un grand artiste!

Dans les dernières de sa vie, miné par la maladie, il vint encore se faire applaudir, et il était si faible alors que dès qu'il descendait de cheval il se trouvait mal. Doué d'une énergie peu commune, il taisait les souffrances qu'il endurait pour ne pas faire manquer la représentation.

Hager était né à Brünn, en Moravie, en 1850. Il avait servi dans un régiment de cavalerie autrichien. C'est étant propriétaire d'une école d'équitation, qu'il avait fondée à Brünn, qu'il connut Mlle Amanda Renz. Après son mariage, il vint mourir au cirque de Hambourg, où il est enterré au cimetière de Saint Jacobie-Friedhof.

Après avoir été pendant longtemps à la tête de tous les cirques allemands, Ernest Renz a dû, en 1888, céder sa place à Paul Busch, ancien officier prussien appartenant au régiment des Gardes du Corps au moment de la guerre 1870-1871.

C'est un écuyer de grande valeur qui, après avoir parcouru l'Europe, l'Asie et l'Amérique, s'installa définitivement à Altona. Son cirque est aujourd'hui le premier cirque d'Allemagne. Il s'est marié en 1886 à Barbara

Sidonie Busch, veuve Neiss, divorcée de Wincott, connue comme écuyère de haute école, sous le nom de Miss Constance. Il a deux enfants : Paula, née le 6 décembre 1886 à Odense, et Virginie, née le 11 mars à Christiana.

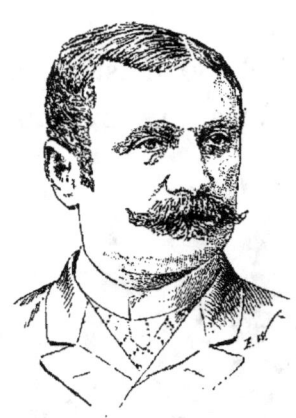

Fig. 237.
Portrait de PAUL BUSCH.

N'oublions pas Gustave Schumann, fils d'un ancien officier de l'armée prussienne, élève de Renz, Herzog et Wollschlæger, etc. A cette école, il ne tarda pas à devenir de première force et à s'associer avec Herzog, avec lequel il parcourut une partie de l'Europe jusqu'en 1873. Il le quitta en 1878 pour prendre la direction unique de son cirque, où il fit de son fils Albert un des plus habiles dresseurs de chevaux en liberté.

Je citerai encore un autre directeur de cirque, qui fut aussi écuyer de haute école : Auguste Blennow, né en 1808 à Landsberg. Blennow, après avoir fait d'excellentes études et tenu une maison de commerce importante, entra chez Paul Cuzent, puis chez Wollschlæger ; et en 1845,

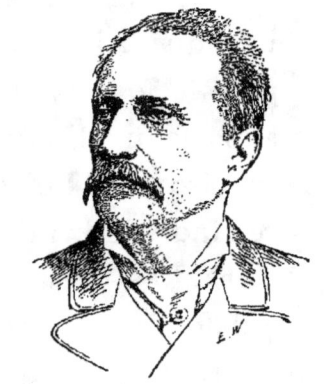

Fig. 238. — SCHUMANN.

après la fermeture de la saison au cirque de la Grosse-Tête, il ouvrit un cirque à Berlin sur la place Hallisches Ufer.

Il débuta avec sept chevaux, et, dix ans après, on en

comptait soixante-dix dans ses écuries; il est vrai de dire qu'il· fit faillite à Budapest, lorsque son gendre Troot en eut pris la direction. Tout le matériel fut vendu pour 12,000 florins.

Auguste Blennow s'était retiré à Kiel, où il est mort le 28 novembre 1875. Sa veuve, qui est âgée aujourd'hui de quatre-vingt-trois ans, vit encore à Berlin. Il eut comme enfants Hugo, écuyer de haute école, Pauline, Mathilde, Virginie, une des plus grandes écuyères de son temps, Hermann, Wilhelmine, Auguste, le célèbre dresseur de chiens, Edouard et Alexandre, tous deux dresseurs.

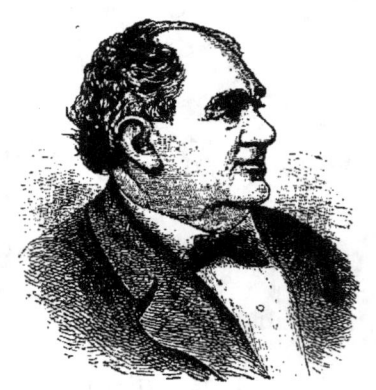

Fig. 239. — BARNUM.

Puis viennent ensuite : Dominique Althoff, gendre de Pierre Corty, mort à Stuttgard le 30 janvier 1887. Charles Antony qui, après avoir appartenu à l'écurie royale de Stuttgart, dirigea longtemps un cirque en Suisse, puis à Paris, d'où il partit pour aller rejoindre Barnum en Amérique. Il s'est retiré à New-York. Loe Weste, fils d'un lieutenant-général hanovrien, qui fonda un manège à New-York, où il s'était fait connaître en présentant des éléphants chez Barnum. Il appartint pendant quelque temps comme écuyer de haute école au cirque Hagenbeck. Il habite Hanovre, où il vit de ses rentes; sa femme, née Bertha Nissen, est morte à Aix-la-Chapelle le 2 décembre 1889.

Comme écuyer italien figure Théodore Sidoli, qui mourut à Galatz, en Roumanie, le 7 mars 1891. C'était un des représentants les plus aimables et les plus distingués du monde équestre.

Théodore Sidoli était né à Novare en 1830, et il avait étudié l'équitation avec les Gillet.

En Hollande, je ne vois guère à citer qu'Oscar Carré et le baron René de Marees van Swinderen, qui est mort en France en 1889.

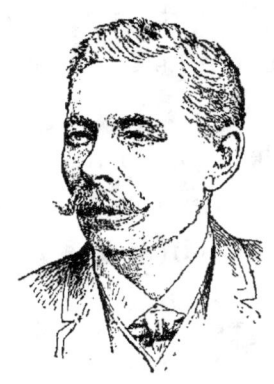

Fig. 240. — Sidoli.

Ce dernier, était docteur en droit, fils d'un avocat célèbre de Grœningue. Il avait travaillé chez Bourbonnel, Mariani et Pierantoni. A sa mort, sa famille fit tuer les trois chevaux qu'il possédait. C'était trois étalons arabes de toute beauté.

L'Angleterre nous donne comme écuyer Charles Hengler, né en 1820 à Cambridge, qui dirigea pendant longtemps les cirques d'Edimbourg, de Glascow, de Liverpool, de Dublin et de Londres. Son cirque d'Oxfort, connu autrefois sous le nom de Palais-Royal, était très à la mode. Après lui viennent Thomas Cooke, qui alla fonder en 1830 un cirque en Amérique, que les Américains

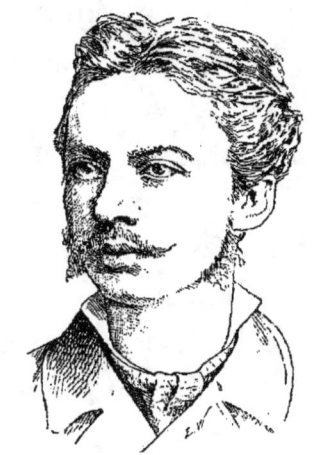

Fig. 241.
Marees Van Swinderen.

brûlèrent deux fois, ce qui ne l'empêcha pas de faire fortune; William Cooke, celui qui fit représenter en pantomime la bataille de Waterloo, et Hubert Cooke, un jockey qui a été pendant quelque temps à l'Hippodrome de Paris.

En parlant de Herzog, j'ai oublié de mentionner que c'est au cirque Herzog que s'est fait connaître comme écuyère de panneau Thérèse Renz. Elle était d'une hardiesse extraordinaire, et elle exécutait les exercices les plus périlleux avec une grâce exquise.

Familiarisée avec le panneau, elle voulut s'initier à l'équitation savante, et elle devint bien vite une écuyère remarquable.

En 1883, elle devint la femme de Robert Renz, neveu du vieux et célèbre Renz, frère de Mme Herzog. Aussitôt après son mariage, Mme Renz ne s'occupa plus que du dressage de ses chevaux de haute école.

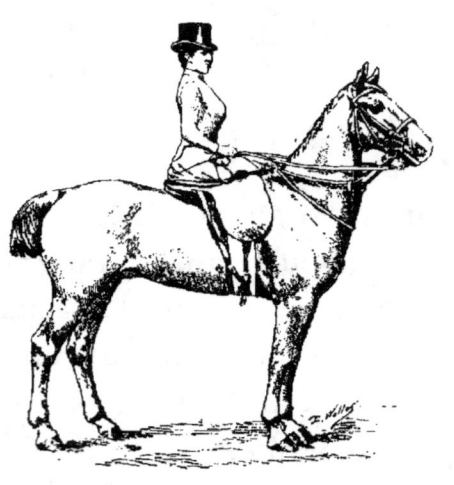

Fig. 242. — Mme RENZ STARCK.

Maintenant un mot sur l'exercice appelé LA CROIX DE BERNY, qui se faisait à l'Hippodrome en 1846. Sur la piste circulaire, de chaque côté, on avait installé deux haies de 1 mètre 50; au centre de l'Hippodrome se trouvait un pont dont le praticable à l'arrivée avait un mètre de haut. Après avoir passé cet obstacle, le cheval franchissait un vide de 3 mètres, tombait sur l'autre partie plane du pont, pour à nouveau retomber sur le sol d'une hauteur de 1 mètre 50.

Tous les chevaux étaient des steeple-chasers de pur sang, ayant appartenu aux plus célèbres écuries de l'époque, mais qui n'étaient plus en état de fournir une course de longue durée. Le saut de 3 mètres de large

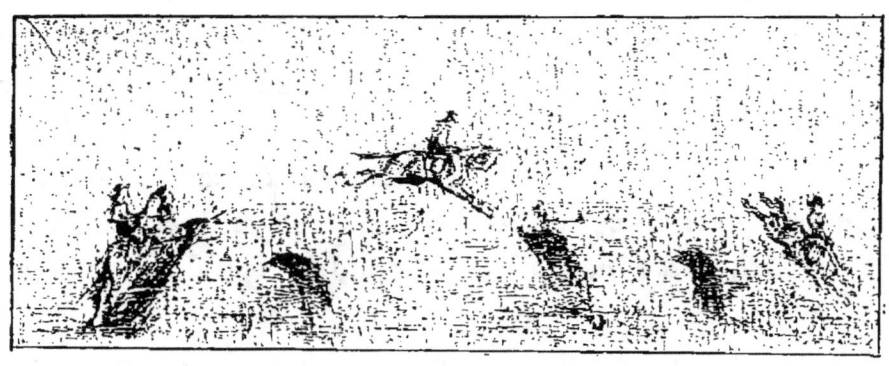

Fig. 243. — La Croix de Berny.

à une hauteur de 1 mètre 60 constituait un obstacle effrayant qui, de prime abord, fit reculer tous les jockeys. Pour faire cesser les hésitations, M. Victor Franconi donna l'exemple; il franchit l'obstacle, suivi par un piqueur, qui sauta sans accident. Les jockeys suivirent alors avec beaucoup d'entrain.

Par la suite, bien des chutes se produisirent, mais elles n'eurent de conséquences fâcheuses que pour les chevaux; les cavaliers en sortaient toujours sains et saufs.

Pour habituer les chevaux à franchir l'obstacle et les empêcher de se dérober, des écuyers tenaient le cheval au moyen de longes; peu à peu on retirait les longes, on mettait la selle sur le cheval, qui arrivait ensuite à franchir le vide avec son cavalier.

Outre le personnel de la troupe de l'Hippodrome, on avait recours, pour cet exercice périlleux, à des jockeys. Les principales écuyères qui s'adonnaient à ce sport étaient Mlles Rosalie, Amalia, Angèle Maillard, Louise Mayer, les deux sœurs de Villers et Céleste Mogador, plus tard comtesse de Chabriant. Le costume des amazones se composait d'une toque de chasse en velours, d'une casaque de différentes couleurs et d'une jupe noire en velours.

Il ne me reste plus, pour compléter ce tableau, qu'à citer les écuyères connues qui ont travaillé à Paris, soit au Cirque d'Été, soit à l'Hippodrome ou au Nouveau-Cirque.

En première ligne vient Mme Mathilde Monet, fort jolie personne, mais écuyère médiocre, quoique ayant travaillé pendant quelque temps avec Baucher; puis Maria d'Embrun, une petite femme mince, raide, bien droite sur sa selle, ce qui lui donnait l'aspect allemand; Clara Roche, qui se fit remarquer par beaucoup de tenue et par une solidité excessive; Thérèse Mach, douée d'une vigueur et d'une détermination prodigieuses; Adèle Newsome, une main énergique et légère à la fois; Luisa Chiarini, gracieuse écuyère et fort habile femme de cheval. Puis viennent encore: Mmes Anna Wulff, Vanda Incerti, Jeanne Becker, Antoinette Dupré, Berthe Petit, Nelson, Rivollet, Montbazon, etc., etc.

Dans cette revue de directeurs et écuyers de cirque que j'ai passée rapidement et sans ordre, j'ai peut-être oublié quelques noms ; qu'on me pardonne, car j'ai fait tout ce que j'ai pu pour arriver à être aussi exact que possible. Citons encore E. M. Vacano, ancien écuyer, né à Schœnberg, en Autriche, en 1840, et mort tout récemment. Après avoir abandonné sa carrière, il fut journaliste, et il a écrit de nombreux romans.

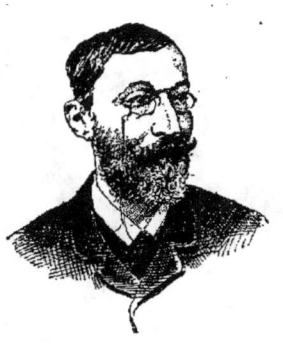

Fig. 244. — Vacano.

En terminant, je dois un remerciement à M. Waldemar Otto (Signor Saltarino) le directeur du journal « Der Artist », publié à Düsseldorf. C'est grâce aux précieux renseignements qu'il m'a fournis que j'ai pu arriver à terminer mon travail sur l'étranger.

M. Otto, tout en étant un économiste fort distingué, est un écuyer de haute école qui a fait ses preuves. Il s'est fait applaudir dans les cirques Warga,

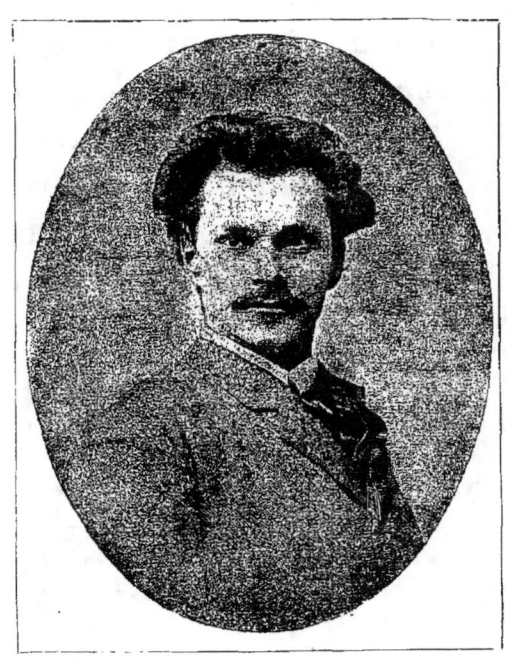

Fig. 245.
M. Waldemar Otto (Signor Saltarino).

Blumenfeld et Althoff.

Il a épousé, en décembre 1891, la veuve du baron de Marees van Swinderen, qui était citée comme une écuyère de haute école fort remarquable.

Depuis 1885, M. W. Otto a laissé la cravache pour prendre la plume;

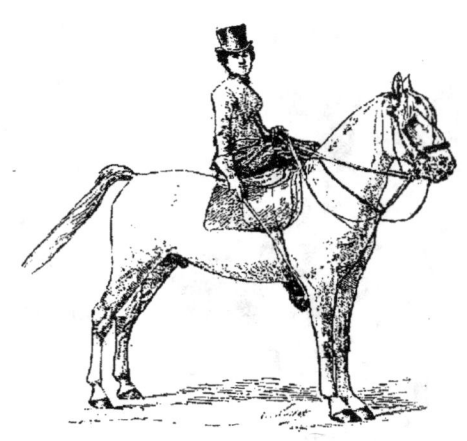

Fig. 246. — Mme Van Swinderen.

je m'en félicite, car nous lui devons sur les cirques des travaux fort intéressants, entre autres : *Pauvres Saltimbanques, Scènes de Cirque, Tableau de l'Arène; Dictionnaire des Artistes*, etc. Ces ouvrages, précieux à plus d'un titre, ont paru soit à Weimar, soit à Düsseldorf, et ont obtenu partout le plus grand succès.

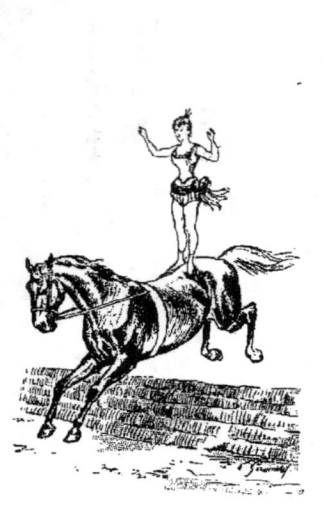
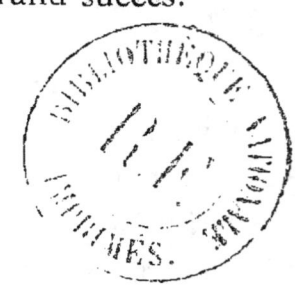

PLACEMENT

DES 20 PORTRAITS HORS TEXTE [1]

Maxime Gaussen.	En face la Page	32
Mlle Adèle Drouin.	—	128
Mlle Emilie Loisset	—	136
La Comtesse Fanny Ghika . .	—	144
Mlle Elisa Petzold. . .	—	152
Mlle Adelina Price. . .	—	156
Mlle Anna Fillis . . .	—	160
Mlle Elvira Guerra.	—	164
Mlle Diane Dupont.	—	168
Mlle Camille van Walberg.	—	176
Mlle Antoinette Gontard.	—	180
Mlle Marguerite Dudley	—	184
Mlle Mathilde Vidal.	—	192
Mme Jutard	—	196

[1]. — Faire attention en brochant et en reliant le volume, que les signatures *a* et 1 à 6 des feuilles de texte sont en double, la seconde toujours suivie d'un point après le numéro. Ces feuilles doivent se placer ainsi : *a a*. 1 1. 2 2. 3 3. 4 4. 5 5. 6 6. A partir de la 7ᵉ feuille, les signatures sont simples.

M. Claude Loyal	En face la Page	232
M. Edouard Wulff.	—	284
M. Victor Franconi.	—	296
M. Charles Franconi.	—	300
M. Raoul Donval.	—	328
M. E. Molier	—	336

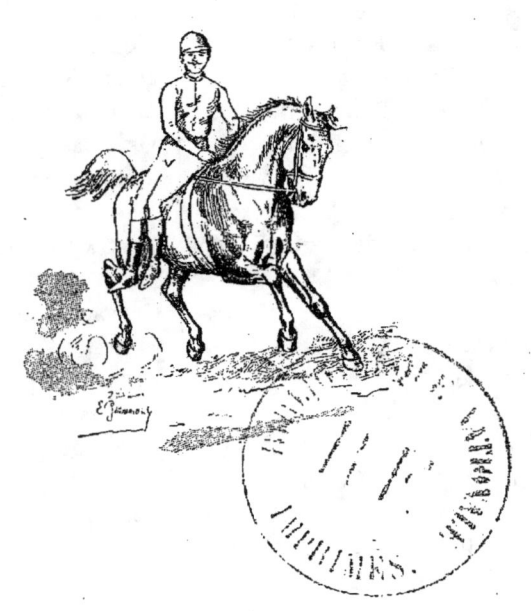

TABLE DES ILLUSTRATIONS

ET

DES 20 PORTRAITS HORS TEXTE[1]

	PAGES
Portrait de M. Henri Meilhac.	IX
Vignette (Madame Potiquet).	X
Vignette (Comtesse Sopérani).	XV
Signature de M. Henri Meilhac.	XXIII
Cul-de-lampe	XXIII
Vignette, équitation de cirque	1
Cul-de-lampe	4
Vignette	7
Les Courbettes	9
La Guérinière (Portrait). . .	11
Le Jeu de Bagues	14
Du Galop.	17
Portrait de M. Jules-Charles Pellier	19
Portrait de Nestier	21
Portrait de Louis-Charles Pellier	22
La Capriole.	24
Le Terre-à-Terre. — Le Mézair	25
La Pésade. — La Courbette.	27
Comte d'Aure (Portrait). . .	29
Maxime Gaussen (Portrait hors texte	32

	PAGES
De la Croupe au mur	32
La Volte droite. — La Pirouette à gauche	35
Le Passage. — La Galopade.	38
De l'épaule en dedans. . . .	41
Portrait équestre de Baucher	43
La Croupade. — La Balottade	48
Du Passage.	49
Cul-de-lampe	52
Vignette	55
Portrait équestre de Mme Marie Isabelle	57
Cravache et surfaix-cavalier de Mme Isabelle.	59
Les Assouplissements par le surfaix-cavalier	61
Dressage par le surfaix-cavalier.	64
Positions diverses obtenues au moyen du surfaix-cavalier.	76
Portrait équestre de M. le comte de Montigny. . . .	79
Portrait de M. le colonel Guérin	87
Portrait de M. le colonel Chaverondier.	104
Cul-de-lampe	106

[1]. Les noms des 20 portraits, imprimés hors texte, sont composés en petites capitales.

	PAGES		PAGES
Vignette.	107	Vignette	167
Affiche d'une représentation de Mlle Caroline Loyo.	112	Mlle DIANE DUPONT (portrait hors texte)	168
Portrait équestre de Mlle Caroline Loyo	113	Cul-de-lampe.	171
Cul-de-lampe.	120	Vignette	172
Vignette	121	Mlle CAMILLE VAN WALBERG (portrait hors texte).	176
Portrait de Mlle Pauline Cuzent.	124	Cul-de-lampe	177
Portrait équestre de Mlle Pauline Cuzent	126	Vignette	178
		Mlle ANTOINETTE GONTARD (portrait hors texte).	180
Cul-de-lampe.	127	Cul-de-lampe.	181
Mlle ADÈLE DROUIN (portrait hors texte)	128	Vignette	182
Vignette	128	Mlle MARGUERITE DUDLEY (portrait hors texte).	184
Cul-de-lampe	132	Cul-de-lampe.	186
Vignette	133	Vignette	187
Mlle ÉMILIE LOISSET (portrait hors texte).	136	Portrait de Mlle Maria Gentis.	188
		Cul-de-lampe.	189
Cul-de-lampe	139	Vignette	190
Vignette.	140	Mlle MATHILDE VIDAL (portrait hors texte)	192
La Comtesse FANNY GHIKA (portrait hors texte).	144	Cul-de-lampe.	193
Cul-de-lampe.	145	Vignette	194
Vignette	146	Mme JUTARD (portrait hors texte).	196
Mlle ÉLISA PETZOLD (portrait hors texte)	152	Cul-de lampe.	197
Cul-de-lampe.	153	Cul-de-lampe.	198
Vignette	154	Vignette	199
Mlle ADELINA PRICE (portrait hors texte)	156	Cul-de-lampe.	200
		Portrait de Mlle Amalia.	201
Cul-de-lampe.	156	Cul-de lampe	201
Vignette	157	Portrait de Mlle Ciniselli	202
Mlle ANNA FILLIS (portrait hors texte)	160	Vignette	203
		Cul-de-lampe.	203
Cul-de-lampe.	161	Portrait de Mme Bradbury.	204
Vignette	162	Cul-de lampe.	204
Mlle ELVIRA GUERRA (portrait hors texte)	164	Vignette	205
		Cul-de-lampe.	205
Cul-de-lampe	166	Vignette	206

TABLE DES ILLUSTRATIONS

	PAGES
Cul-de-lampe	207
Portrait de Miss Jenny	208
Portrait de Mlle Lankast.	209
Portrait de Mme la Baronne de Rhaden	212
Cul-de-lampe	213
Portrait de Mlle Chinon, montant *Cordeville*	214
Vignette	216
Portrait équestre de Mme Ilona de Szèles	217
Portrait de Mme Maestricht	220
Mlle Pia de Vérianne (portrait)	222
Cul-de-lampe	223
Cul-de-lampe	224
Course de Têtes et de la Bague	227
Portrait de Corradini	227
Chevaux dressés en liberté (d'après une ancienne gravure)	229
M. Claude Loyal (portrait hors texte)	232
Chevaux dressés en liberté (d'après une ancienne gravure)	232
Cul-de-lampe	233
Vignette	237
Portrait équestre du général Oudinot	240
Portrait de Baucher	241
Portrait du Comte d'Aure	256
Cul-de-lampe	268
Vignette	269
Cul-de-lampe	270
Vignette	271
Portrait de M. de Corbie	272
Cul-de-Lampe	273
Vignette	274
Cul-de-Lampe	283
M. Édouard Wulff (portrait hors texte)	284
Vignette	284
Portrait de M. Gaberel	287
Cul-de-Lampe	287
Vignette	288
Portrait de Ciniselli	289
Cul-de-Lampe	290
Portrait d'Antoine Franconi	293
Les quatre générations des Franconi	293
M. Victor Franconi (portrait hors texte)	296
Jacob Bates (Premier Cirque)	296
Portrait de Minette Franconi	297
M. Charles Franconi (portrait hors texte)	300
Portrait d'Henri Franconi	300
Portrait de Laurent Franconi	300
Pas de Deux	301
Pas de Deux	301
En Liberté	301
Le Pas du Châle	301
Portrait de M. Adolphe Franconi	303
Mme Cuzent (Mme Lejars) au Cirque National des Champs-Elysées (1840)	304
Le Cheval aéronaute	305
Sauteurs	305
Dressage en Liberté	305
Saut du Cerf Coco	305
Dressage en Liberté. — Sauteurs	307
Cul-de-Lampe	309
Vignette	310
Quadrille Moyen-Age (d'après une ancienne gravure)	311
Portrait de Mlle Élisa Petzold	312
Portrait de M. Zidler	313

	PAGES		PAGES
Dislocation et Corde volante (d'après une ancienne gravure)	314	Allarti, Viollat	338
		Cul-de-Lampe	339
		Vignette	343
Carrosse de Gala de feu le Duc de Brunswick	315	Portrait d'Ernest Renz	343
		Portrait de Ph. Tourniaire	344
Portrait de M. Houcke	316	Portrait de Baptiste Loisset	345
Les Échasses (d'après une ancienne gravure)	318	Portrait d'Alfredo	347
		Portrait de Wollschlæger	347
Vignette	319	Portrait de J.-W. Hager	348
Portrait de Mme Fernando	321	Portrait de Paul Busch	350
Exercices des Sauteurs (d'après une ancienne gravure)	322	Portrait de Schumann	350
		Portrait de Barnum	351
		Portrait de Sidoli	352
Singes savants	324	Portrait de Marees Van Swinderen	352
Vignette	325		
M. Raoul Donval (portrait hors texte)	328	Portrait de Mme Renz Starck	353
		La Croix de Berny	354
L'Équilibriste (d'après une ancienne gravure)	328	Portrait de Vacano	356
		Portrait de Waldemar Otto	356
Tony Grice	329	Portrait équestre de Mme Van Swinderen	357
Cul-de Lampe	332		
Portrait de Molier	333	Cul-de-lampe	357
M. E. Molier (portrait hors texte)	336	Vignette	359
		Cul-de-Lampe	360
Portraits de Mmes Judic, Rivolta, Paquerette, Chaumont, Lankast, Davenel,		Cul-de-Lampe	364
		Vignette	365
		Cul-de-Lampe	368

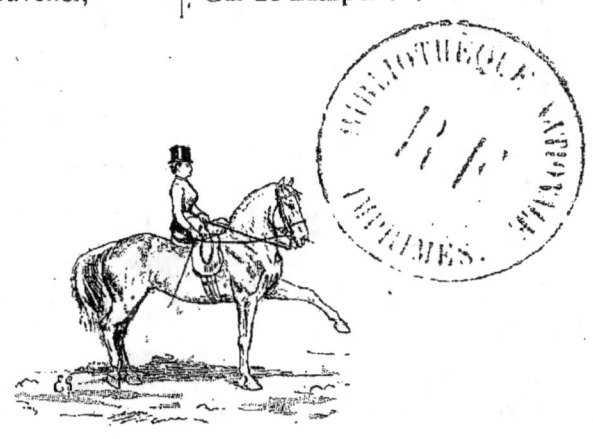

TABLE ALPHABÉTIQUE
DES MATIÈRES — NOMS — PORTRAITS
ILLUSTRATIONS [1]

	PAGES
Abzac (d'). . . . 28,	309
347. Alfredo . . .	347
Aligre (Le Marquis d'). . .	116
338. Allarti Althoff (Dominique) . .	351
201. Amalia	201
Amiral	207
Aragon (Le Clown)	346
Arnaud	201
Artist.	356
Astley.	295
Aubert. 8,	196
29, 256. Aure (Le Comte d') 10, 21, 28, 29, 30, 31, 40,	245
Auriol.	110
Azeitono	207
Bach (Christoph de). . . .	346
14. Bagues (Le jeu de) . . .	14
48. Ballotade.	48
351. Barnum.	351
Barthélemy	254
296. Bates (Jacob).	296
43, 241. Baucher, 10, 21, 33, 34, 35, 37, 39, 42, 44, 45, 50, 189, 192, 202, 237,	275
Beauharnais (Le Prince). . .	299
Bernhardt (Sarah).	206
Blennow (Auguste)	351
Blumenfeld	357

	PAGES
Boisdenemetz (de).	99
Brac (Le Général de).	247
204. Bradbury (Mme)	204
Brémont (Zane de)	337
Brillant.	192
Brionne (Duchesse de). . .	196
Buckingham.	207
Buridan. 125,	242
350. Busch (Paul). . . 349,	350
Byron (*Lord*)	152
Cambise (de)	107
Camp du drap d'or	307
Capitaine.	20
Caprice.	289
24. Capriole (La)	24
315. Carrosse de Gala du Duc de Brunswick.	
Carré (Oscar)	352
305. Cerf Coco.	305
Changeux.	326
Chardonnet.	246
338. Chaumont (Céline) . . .	339
104. Chaverondier (Colonel)	103
305. Cheval aéronaute (Le).	305
229, 232. Chevaux dressés en liberté.	
Cheval monté.	279
214. Chinon (Mlle)	214
Chóppin (Le capitaine) . 110,	118
202. Ciniselli (Emma) . . .	202
289. Ciniselli (Gaëtano). . .	288
Cinquenalli.	156
Cirque olympique . . . 108,	301
Claude	187

[1]. — Les Chiffres qui précèdent les mots indiquent les Pages où se trouvent les Portraits et les Illustrations; — ceux qui les suivent désignent les Pages du texte.

	PAGES
Cooke (Hubert)	353
Cooke (Thomas)	352
Cooke (William)	353
272. Corbie (de)	203, 271
Cordeville	215
314. Corde volante.	
227. Corradini	227
9, 27. Courbette	9, 27
227. Course de Têtes et de la Bague	
354. Croix de Berny (La)	353
48. Croupade (La)	48
32. Croupe au mur	32
Croziani	165
Cuzent (Paul)	122, 344
124, 126, 304. Cuzent (Pauline)	121, 304
Darnige,	242
Danfeld (Auguste)	269
Daru (Le comte)	107
Daudet	58
338. Davenel	
Dejean	119
Dennery	123
Dictionnaire de l'Équitation.	33
314. Dislocation	
Domino	289
328. Donval	329
Dreux (Alfred de)	107
128. Drouin (Adèle)	273, 316
184. Dudley (Mlle Marguerite)	182
268. Dupont (Mlle Diane)	167
Duthil (Barrada)	80
318. Échasses.	
École du cavalier au manège.	245
Écuyer parlementaire	276
Embrun (Maria d')	355
En liberté	301
41. Epaule en dedans	41
328. Equilibriste (l')	
1. Équitation de cirque	
7. Equitation savante,	
Etoile du Nord	181
Etreillis (Baron d'), 107, 165, 220	

	PAGES
322. Exercices sauteurs	322
Eylau	249
Fasquel	107
Faverot de Kerbrech (le Général baron)	129
321. Fernando (Mme Louis)	319
160. Fillis (Anna), 146, 162, 163, 164, 170	
Fillis (James), 156, 158, 169, 274, 329	
Fleury (Le Général)	59, 306
Forst	180
Fortunatus	110
Foureaux (Jacques)	345
Franchetti (Commandant)	205
303. Franconi (Adolphe)	303
293. Franconi (Antoine)	293
293, 300. Franconi (Charles)	137
300. Franconi (Henri)	293
293, 300. François (Laurent). 120, 298	
297. Franconi (Minette)	297
293, 296. Franconi (Victor). 155, 191, 307, 354	
Froufrou	169
Gaberel	284
Gallifet (Le Général de)	118
17. Galop (Le)	17
38. Galopade	38
32. Gaussen (Maxime). 52, 105, 128, 256, 273	
Gauthier	222
Gautier (Henri)	347, 347
188. Gentis (Maria)	187
Géricault	116
Géry (Docteur)	138, 267
144. Ghika (la Comtesse Fanny)	140
180. Gontard (Mlle Antoinette)	178
329. Grice (Tony)	329
87. Guérin (Le Colonel). 87, 214, 239, 275	
11. Guérinière (De la)	11
164. Guerra (Alessandro)	345

TABLE ALPHABÉTIQUE

	PAGES
348. Hager (J.-W.)	348
Harpon	252
Hengler (Charles)	352
Holtei (Carl De)	344
Hotti (Le Général L')	251, 275
317. Houcke	188, 316
Houssaye	321
Humbert (Le Colonel)	79
Incerti (Vanda)	355
57. Isabelle (Marie)	55
Janchène	80
Janin (Jules)	108
208. Jenny (Miss)	206
338. Judic (Mme)	337
Jumbo	319
196. Jutard	194
Kléber	302
Lamartine	20
209, 338. Lankast (Louisa)	210
Lancosmes (Le comte de)	56
Le Coupey	323
Lefort (D^r)	144
Lehmann (Fanny)	206, 337
304. Lejars (Mme)	123
Léonard (Virginie)	135, 205
Leroux (Alfred)	310
Le Roux (Hugues)	227
Leroy (Ernest)	117
301. Liberté (en)	
Liria (Mlle)	316
Loisset (Adeline)	148
345. Loisset (Baptiste)	344
Loisset (Clotilde)	135, 345
136. Loisset (Emilie)	182, 205
Loisset (François)	134
232. Loyal (Léopold)	227, 326
112, 113. Loyo (affiche et Portrait)	112
Lucifer	289
Luynes (Duchesse de)	196
Mach (Thérèse)	355
Madame le Diable	197
220. Maëstricht (Mme)	188, 220
Mahomet	192

	PAGES
Maillard (Angèle)	199
Mamouth	108
Maréchal	99
Marengo	97
Maxwell	348
Mazeppa	289
Menier (Albert)	324
Menken (Miss Ada)	223
25. Mézair (Le)	25
Michau (Le général)	78
Michaux (lieutenant sous écuyer)	249
Migel	192
Mogador (Céleste)	355
333, 336. Molier (E.)	175, 210, 211, 218, 219, 333, 337
Montauze	123
Monte au Ciel	192
Monte-Christo	289
Montero	204
79. Montigny (le Comte de)	79, 174
Moskowa	183
Moulin Rouge (Le)	119
Munito	210
Napoléon (l'Empereur)	58
Négro	192
Nelson	242
Neptune	241
Nérin (Le Général)	87
21. Nestier (De)	10, 21
Nicolas (L'Empereur)	58
Novion (De)	58
Novital (Le Commandant de)	240, 299
Océana	205
Oller (Joseph)	325
Omphaly	300
Orsay (Le Comte d')	157
356. Otto	365
240. Oudinot (Le Général)	238
338. Paquerette (Miss)	338
Partisan	20, 241
301. Pas de deux	301
301. Pas du Châle (Le)	301

	PAGES		PAGES
38, 49. Passage (Le)... 38,	49	350. Schumann (Gustave)..	350
Pastourneau (Le Colonel)..	251	Servette (De la)	103
Pélissier (Le Maréchal)...	103	Seymour (Lord).... 107,	110
19, 22. Pellier. 18, 19, 22, 57,	108	352. Sidoli	352
27. Pésade	27	324. Singes savants.	
Pétignant	251	Soullier (Eugénie).....	347
152, 312. Petzold (Mlle Elisa) 146,	315	Soullier (Louis)	346
		347. Spielmann.	
35. Pirouette à gauche...	35	59. Surfaix-Cavalier (Le)...	59
Poidevin (M^{mo})	308	61. Surfaix-Cavalier (assouplissements par le)....	61
Polard (Capitaine écuyer)..	88		
156. Price (Mme Adelina)..	154	64. Surfaix-Cavalier (Dressage par le)	64
311. Quadrille moyen âge.			
Rassembler (Le dernier de Baucher)	45	Surfaix-Cavalier (Positions diverses obtenues par le)..	76
Raux (Auguste), 77, 187, 188,	189	357. Swinderen (Mme Van)..	357
Renz	150	352. Swinderen (Marees Van)	352
343. Renz (Ernest)... 343,	348	217. Szèles (Ilona de)....	216
Renz (Franz)	180	25. Terre à Terre	25
Renz (Mme Robert)	353	Thiroux (Charles)	228
Renz (Thérèse)	353	Tinoco	189
353. Renz Starck (Mme)...	353	Tortoni	257
Reuss (Prince de).....	135	Tourniaire (Jacques)	343
Revue des Haras	105	344. Tourniaire (Philippine)..	344
212. Rhaden (La Baronne de).	212	356. Vacano	356
Rivoli	214	Vaudémont (Prince de)...	196
338. Rivolta		222. Vérianne (Pia de)...	222
Rochefort (Le Général de)..	80	Victor-Emmanuel (Sa Majesté)	202
Rochefoucauld (Cte H. de la).	335	338. Viallat (Irma)	338
Rousselet (Le Commandant).	238	192. Vidal (Mathilde)...	190
Roux (Le confiseur)	345	Voigt (Johanna Sophie)...	347
Rouzé	133	35. Volte à droite	35
Rutler	108	176. Walberg (Van) 164, 172,	339
Sabatka	176	Washington (Duc de)....	59
Saint-Ange (de)	58	*Waterley*	192
Sans-Pareil	247	347. Wollschlaeger	347
305, 307. Sauteurs		284. Wulff 216,	284
Sauteurs de Versailles....	128	Wulff (Mme)	178
Schandor (Comte)	150	313. Zidler	310

FIN DES ÉCUYERS ET DES ÉCUYÈRES

www.ingramcontent.com/pod-product-compliance
Lightning Source LLC
Chambersburg PA
CBHW052236220526
45471CB00001B/64